10.-/6

Kohlhammer
Urban-
Taschenbücher

Band 214

Jürgen Klapprott

Einführung in die psychologische Methodik

Verlag W. Kohlhammer
Stuttgart Berlin Köln Mainz

Stuttgart Berlin Köln Mainz
Verlagsort: Stuttgart
Umschlag: hace
Gesamtherstellung: W. Kohlhammer GmbH
Grafischer Großbetrieb Stuttgart
Printed in Germany
ISBN 3-17-002182-6

Inhalt

Vorwort

Wer nit kalck hat / der musz mit dreck mauren.
Alte Volksweisheit

Ein empirisch arbeitender Psychologe mag die besten Ideen haben. Seine Forschungsergebnisse werden dennoch nichts taugen, wenn er sich schlechter Methoden bedient. Das hat zur Folge, daß auch diejenigen, die seine Untersuchungsergebnisse begreifen wollen, Methodenkenntnisse benötigen. So braucht heute ein elementares Verständnis psychologischer Methoden jeder, der neuere Primärliteratur über empirische psychologische Untersuchungen lesen will, der selbst eine empirische Arbeit mit psychologischer Fragestellung anfertigen will und schließlich auch der, der in Schule, Verwaltung oder Betrieb über andere Menschen zu urteilen hat.
Bei genauerem Hinsehen stellt sich heraus, daß jedermann im Alltag ständig mit Aufgaben konfrontiert ist, die sich mit einer methodenkritischen Einstellung besser bewältigen ließen. Methodenkritisches Bewußtsein kann man sich jedoch nur durch die Auseinandersetzung mit den Methoden aneignen, und diese Auseinandersetzung gestaltet sich für den Anfänger in der Regel schwierig, einmal weil er dazu mathematisch-statistische Kenntnisse benötigt, die nicht jeder von der Schule her mitbringt, und zum anderen, weil der Anfänger nicht wissen kann, welche Methoden bei einem ersten Einstieg für ihn die nützlichsten sind.
Wenn der Laie das Schlagwort »Methoden der Psychologie« hört, fallen ihm je nach Interesse und Vorwissen vielleicht Dinge ein wie Methoden der politischen Propaganda, Methoden der Manipulation, Therapiemethoden, Methoden der Menschenführung, Methoden der Arbeitsplatzgestaltung, Methoden der Traumdeutung, Methoden der Werbung, Methoden der Diagnostik und vieles andere. Die meisten dieser Methoden beziehen sich auf die Modifikation von Verhalten. Sie sollen nicht Gegenstand der vorliegenden Arbeit sein. Jedes der aufgezählten Probleme würde allein Bände füllen. Der Begriff »Methoden der Psychologie« wird im Rahmen dieser Darstellung grundsätzlicher verstanden. Ziel des vorliegenden Textes ist es, dem Leser einen ersten Zugang zum Gebiet der psychologischen Empirie zu eröffnen. Die psychologische Empirie ist Teil der empirischen Sozialforschung. Was diese Einführung von Texten wie Friedrichs 1973, Harder 1974, König 1973ff., Selltiz et al. 1972 usw. unterscheidet, ist ihr stärkerer Bezug zu psychologischen Proble-

men. Bezüglich der Lernziele ähnelt sie Büchern wie denen von Dieterich 1972, Oppholzer 1969 oder Selg und Bauer 1971, weicht aber von diesen hinsichtlich Themenauswahl und Art der Darstellung ab. Einen wesentlichen Bereich des Gebietes der psychologischen Methodenlehre machen psychologische Testverfahren aus. Die Auseinandersetzung mit der Frage, wie man Tests konstruiert und anwendet, und wie man gute von schlechten Tests unterscheiden kann, bildet denn auch einen umfassenden Teil der Darstellung.
Psychologische Methoden erschöpfen sich nicht im Testen von Merkmalen. Viel öfter wird der Laie im Alltag mit Aufgaben konfrontiert sein, die unter dem Schlagwort der »Menschenbeurteilung« zusammengefaßt werden könnten. In der Regel können wir uns im Alltag keines psychologischen Tests bedienen, um unser Gegenüber einzuschätzen, sondern müssen uns auf unsere Urteilsfähigkeit verlassen. Der Lehrer muß Zensuren verteilen, die er durch das Benoten von Klassenarbeiten oder Verhaltensweisen der Schüler gewinnt. Der Vorgesetzte hat seine Untergebenen zu beurteilen, der Personalchef hat Abgangszeugnisse auszustellen, Kampfrichter haben die Leistung von Eisläufern zu benoten usw. Psychologische Methoden können helfen, die menschliche Urteilskraft auszunützen; sie können dazu verhelfen, eigenen und fremden Urteilen kritischer gegenüberzustehen.
In einem dritten Methodenkomplex geht es um das Problem, wie man wissenschaftliche Hypothesen überprüft. Ein Beispiel für eine Hypothese wäre etwa die Behauptung, Studenten der Betriebswirtschaftslehre seien karrierebewußter als Studenten der Soziologie. Der Problemkomplex der Hypothesenprüfung wird besonders für den interessant sein, der wissenschaftliche Untersuchungen kritisch würdigen oder selbst psychologische Fragestellungen empirisch untersuchen will.
Bei der Auswahl der Verfahren ist von der Vorstellung ausgegangen worden, daß dem Anfänger wenig daran gelegen sein kann, die neuesten und zum Teil noch umstrittenen methodischen Techniken kennenzulernen. Vielmehr wurde versucht, ein Spiegelbild der gegenwärtigen methodischen Praxis zu entwerfen. Von zwei Alternativverfahren wurde deshalb in der Regel das ausgewählt, das mit geringerem Aufwand auf empirische Daten angewandt werden kann. Auf Grenzen und Voraussetzungen der Methoden ist von Fall zu Fall hingewiesen. Nicht beabsichtigt war eine methodologische und wissenschaftstheoretische Erörterung der dargestellten Verfahren. Wissenschaftstheoretische Begründungen der geschilderten Vorgehensweisen sind im einzelnen recht umfangreich und würden den Rahmen einer Methodeneinführung bei weitem sprengen. Überdies

gibt es ausgezeichnete Informationsquellen über solche Fragen, die der Interessierte zu Rate ziehen kann (z. B. Holzkamp 1964, 1968, Schneewind 1969; anspruchsvoll: Stegmüller 1969ff.; speziell für Anfänger: Laucken und Schick 1971, Traxel 1974). Auch eine detaillierte mathematische und statistische Grundlegung der dargestellten Verfahren wurde vermieden, soweit das laufende Verständnis der Prozeduren nicht gefährdet schien; denn statistische Methoden sind heute wohl an allen Universitäten Gegenstand spezieller Lehrveranstaltungen. Überdies führt eine inzwischen unübersehbar gewordene Reihe von Lehrbüchern in das Gebiet der Sozialstatistik ein.

Soweit irgend möglich, wurden die geschilderten Verfahren an konkreten Beispielen demonstriert, um sie dem Leser intuitiv verständlich zu machen. Auf formale Ableitungen wurde weitgehend verzichtet, weil es mir sinnvoll erschien, die Mathematikangst, die bei vielen Studenten anzutreffen ist, durch eine beispielbezogene Hinführung zu diesem spröden, aber dennoch unentbehrlichen Gebiet eher abzubauen, statt sie noch zu verstärken. Dem statistisch vorgebildeten Leser wird der Text sicherlich leichter verständlich sein, ja er wird die Ausführungen vielleicht sogar als umständlich oder an manchen Stellen als fahrlässig erleben. Doch erschien mir größere formale Durchdringung auf Kosten der Verständlichkeit nicht als erstrebenswertes Ziel.

Ich danke meiner Frau Dagmar sowie Gerd Bögel, Dr. Hans-Peter Frey, Dr. Johannes Engelkamp, Dr. Reinhold Scheller und den Teilnehmern meiner Lehrveranstaltung, die eine Vorform des Manuskripts kritisch sichteten und mich auf zahlreiche Verbesserungsmöglichkeiten aufmerksam machten. Frau Claire Tilo schrieb das Manuskript, und Herr Michael Czinkota unterzog sich der Sisyphusarbeit des Korrekturlesens und half mir bei der Erstellung des Sachverzeichnisses. Auch ihnen sei herzlich gedankt.

Nürnberg, Oktober 1974 *Jürgen Klapprott*

I. Einführung

Das Schwergewicht der vorliegenden Darstellung liegt auf der *Operationalisierung,* das heißt der empirischen Umsetzung vermuteter psychischer Phänomene. Wenn man einen Überblick über dieses Gebiet gewinnen will, ist es nützlich, sich vor Augen zu führen, wozu psychologische Methoden dienen sollen. Eine empirische Untersuchung wird in der Regel mindestens eines der beiden folgenden Ziele haben:

Erstens kann man versuchen, Phänomene, die einen interessieren, in der einen oder anderen Weise in Zahlenwerte zu überführen, das heißt, sie zu quantifizieren. Quantifizierung soll hier weit aufgefaßt werden. Wenn also beispielsweise ein Interviewer das Geschlecht des Befragten mit 0 (= männlich) oder 1 (= weiblich) verschlüsselt, so soll dieser Vorgang bereits als Quantifizierung bezeichnet werden.

Zweitens kann man versuchen, angenommene Zusammenhänge in unserer Realität zu quantifizieren. Wenn man beispielsweise annimmt, zwischen Tempo 100 und der Unfallhäufigkeit bestehe ein Zusammenhang, so wird man danach trachten, quantitativ festzustellen, ob der angenommene Zusammenhang empirisch nachweisbar ist, und wenn möglich auch, wie hoch er ist.

Das zweite empirische Ziel kommt ohne das erste nicht aus. Bevor man etwas über den Zusammenhang zweier Phänomene aussagen kann, muß man sie zunächst quantifizieren. Man muß also feststellen, ob die Autofahrer wirklich das Tempolimit beachten, dann die Unfallhäufigkeit in Zahlen ausdrücken, und erst dann läßt sich der angenommene Zusammenhang überprüfen. Absichtlich ist hier nichts über Ursache und Wirkung gesagt worden. Im vorliegenden Beispiel würde man wahrscheinlich dazu neigen, einen Kausalzusammenhang anzunehmen, das heißt, die Veränderung der Unfallhäufigkeit als Wirkung und Tempo 100 als Ursache dieses Effekts zu bezeichnen. Es könnte aber auch sein, daß zwischen Tempo 100 und der Unfallhäufigkeit lediglich ein statistischer Zusammenhang nachgewiesen ist. Ob die Veränderung der Unfallhäufigkeit durch die Gesetzgebungsmaßnahme verursacht wurde, bedarf dann zusätzlicher Nachweise.

Von Lazarsfeld stammt das folgende hübsche Beispiel: Niemand wird bestreiten wollen, daß ein hoher statistischer Zusammenhang zwischen der Höhe von Brandschäden und der Zahl der an der Löschung des Brandes beteiligten Feuerwehrleute besteht. Mit anderen

Worten: Brände, an deren Löschung viele Feuerwehrleute beteiligt waren, führen zu hohen finanziellen Schäden und umgekehrt. Dennoch wäre die Behauptung, hohe Brandschäden verursachen die Anwesenheit vieler Feuerwehrleute, genauso absurd wie die Behauptung, viele Feuerwehrleute bewirken einen größeren Schaden. Beide Größen haben vielmehr die gleiche Ursache, nämlich den Umfang des Feuers. Bei vielen sozialwissenschaftlichen Beziehungen hat man keine so klare Anhaltspunkte für die Ursachen von Zusammenhängen wie in diesem trivialen Beispiel, ohne daß es deshalb nutzlos wäre, solche Zusammenhänge zu erforschen. Man weiß z. B., daß zwischen body building und Delinquenz im Jugendalter ein statistischer Zusammenhang besteht, ohne daß man genau nachweisen könnte, woran das liegt.

1. Quantifizierung psychischer Phänomene

Die Quantifizierung psychischer Phänomene kann an einzelnen Individuen geschehen (Beispiel: Mit Hilfe eines Testes wird die Leistungsbezogenheit einer Person gemessen), sie kann aber auch eine ganze Gruppe von Personen betreffen (Beispiel: Die Zahl der in einem bestimmten Zeitraum angemeldeten Patente wird als Indiz für die Leistungsbezogenheit eines Volkes genommen). Die erstgenannte Aufgabenstellung wird wesentlich öfter an den Psychologen herangetragen werden als die letztere, welche eher dem Bereich der Soziologie zuzuordnen ist.

Im folgenden liegt das Augenmerk daher primär auf der Erfassung psychischer Sachverhalte bei einzelnen Personen. Mehrere mögliche Zugänge zum psychischen Leben des Individuums sind hier denkbar, die jeweils zu anderen Daten über die Person führen. Von Cattell stammt die nützliche Unterscheidung von T-, Q-, und L-Daten (s. z. B. Cattell 1957). Analoge Datenkategorisierungen für die Belange der Soziologie finden sich übrigens bei Lazarsfeld und Rosenberg 1955 und Lazarsfeld und Menzel 1961.

T-Daten (T steht für »Test«) sind Informationen, wie man sie aus Tests gewinnt, in denen eine Verhaltensweise oder eine physiologische Reaktion registriert wird, die von den Probanden nicht als Mitteilung eigener Befindlichkeiten oder Erlebnisse gemeint ist. Wenn jemand an einem Reaktionsgerät sitzt und auf bestimmte Signale so schnell wie möglich einen Knopf drücken soll, so ist die Zeit, die er dazu im Durchschnitt benötigt, ein T-Datum. Dagegen wäre es kein T-Datum, wenn er nach dem Test sagt, daß er heute nicht in guter Verfassung war. Ein T-Datum ist beispielsweise das EKG eines

Menschen, dagegen nicht die verbale Feststellung, daß er Herzklopfen habe.
Q-Daten (Q steht für »questionnaire«) sind dagegen Informationen, die man aus Fragebogentests, Interviews usw. gewinnt und die gleichsam Selbstäußerungen der zu diagnostizierenden Person sind. Die Feststellung eines Herzkranken »Ich habe heute wieder starkes Herzklopfen« wäre also ein Q-Datum.
L-Daten (L steht für »life record«) sind Informationen, die etwas über das bisherige Leben eines Individuums aussagen, die also beispielsweise über das soziale Milieu im Kindesalter Auskunft geben oder darüber, wie die Person im Urteil anderer Menschen dasteht. Wenn von einem Politiker geschrieben wird, er sei im Zweiten Weltkrieg Widerstandskämpfer gewesen, so ist das ein L-Datum. Wenn Meinungsumfragen über den gleichen Politiker ergeben haben, daß es ihm an Führungsstärke mangele, so ist das ebenfalls ein L-Datum, allerdings ein etwas anderes. Man unterscheidet objektive und subjektive L-Daten. Objektive L-Daten sind leicht nachprüfbar, das heißt, gleichgültig ob man den Probanden selbst, einen Bekannten von ihm oder irgendwelche Dokumente befragt, das Datum wird dasselbe bleiben. Subjektive L-Daten sind dagegen Informationen mit Meinungscharakter, das heißt, es sind Urteile von dritter Seite über den Probanden, die von ihm selbst aber durchaus nicht geteilt zu werden brauchen.
Ein konkretes Beispiel mag den Unterschied der verschiedenen Zugänge zur Psyche eines Menschen noch näher verdeutlichen: Ein in unserer Gesellschaft viel diskutiertes Phänomen ist die Intelligenz eines Menschen. In vielen Situationen versuchen wir, uns ein Bild über die Intelligenz unseres Partners zu verschaffen. Welche grundsätzlichen Möglichkeiten gibt es, über die Intelligenz einer Person Klarheit zu gewinnen?
Die wohl bekannteste Möglichkeit ist, den Betreffenden einen Intelligenztest absolvieren zu lassen. Das Ergebnis wäre ein T-Datum. Eine zweite Möglichkeit wäre, den Betreffenden einfach zu fragen, für wie intelligent er sich hält. Sofern der Befragte ehrlich antwortet, kommen wir auf diese Weise sehr leicht zu einer Information, nämlich einem Q-Datum. Freilich ist dieses Q-Datum nicht selten verfälscht; denn selbst wenn der Betroffene den Fragenden nicht bewußt irreführen will, kann es sein, daß er sich Selbsttäuschungen in bezug auf sein intellektuelles Niveau hingibt. Eine dritte Möglichkeit besteht darin, einen guten Bekannten des Betreffenden zu fragen, für wie intelligent er seinen Freund hält. Wir verlassen uns in diesem Fall auf das Urteil eines Menschen über eine andere Person und gewinnen ein subjektives L-Datum. Eine weitere Möglichkeit,

etwas über die Intelligenz der Person zu erfahren, besteht darin, Informationen über den bisherigen beruflichen Aufstieg oder über die Schulbildung der Person heranzuziehen. Diese Informationen sind im allgemeinen leicht zugänglich und überprüfbar und daher sehr objektiv. Es handelt sich also um objektive L-Daten. Ein Nachteil dieser Informationsart ist, daß häufig nicht klar ist, was das Datum eigentlich für die psychische Situation des Betroffenen bedeutet. Muß man z. B. schnellen beruflichen Aufstieg als Hinweis auf überdurchschnittliche Intelligenz auffassen, oder könnte man dieses Datum nicht vielleicht als Indiz für opportunistische Einstellungen interpretieren?
Die geschilderten Datenarten könnten summarisch durch folgende exemplarische Fragestellungen charakterisiert werden:

1. T-Datum: Welchen Punktwert erzielt Person X in einem Intelligenztest?
2. Q-Datum: Für wie intelligent hält sich Person X?
3. a) Subjektives L-Datum: Für wie intelligent wird Person X von Person Y gehalten?
   b) Objektives L-Datum: Welchen Schulabschluß hat Person X erreicht?

Ein zweites Beispiel: In einem Seminar werden Arbeitsgruppen gebildet. Jeweils vier Studenten sollen zusammen ein Referat über ein bestimmtes Thema ausarbeiten. Drei Studenten, die sich schon von früher her kennen und die wissen, daß sie gut zusammenarbeiten können, suchen noch ein viertes Mitglied für ihr Team. Da alle drei Studenten sehr fleißig sind, möchten sie möglichst jemanden in ihrer Gruppe haben, der produktiv zur gemeinsamen Arbeit beiträgt. Wie könnten sie vorgehen, um ein geeignetes Team-Mitglied zu bekommen? Sie könnten eine kleine Vorarbeit mit dem Betreffenden zusammen erledigen, um nach dem Ergebnis zu entscheiden, ob sich mit ihm zusammenarbeiten läßt oder nicht. Sie holen also T-Daten ein. Bei den T-Daten handelt es sich in diesem Fall nicht um einen strengen psychologischen Test, sondern um eine testähnliche Situation, die um so zweckentsprechender ist, je bessere Aufschlüsse sie über den Partner erlaubt. Die zweite Möglichkeit wäre, das potentielle vierte Mitglied zu fragen, ob es der Gruppe nützen kann. Diese Frage müßte sehr indirekt und unauffällig gestellt werden, um keine unehrlichen Antworten zu provozieren. Je geschickter die drei Team-Mitglieder dabei vorgehen, desto eher haben sie die Chance, einen geeigneten vierten Mann zu bekommen.
Die dritte Möglichkeit für die Gruppe ist es, Informationen über den Bewerber bei anderen Kommilitonen einzuholen, die den Betref-

fenden kennen und auf deren Urteil sie sich verlassen kann. Der Nachteil solcher Erkundigungen liegt darin, daß sich die Gruppe auf das Urteil anderer verlassen muß. Jeder sieht die Welt mit seinen eigenen Augen. Der, den ich für einen guten Team-Mitarbeiter halte, muß es nicht unbedingt für jeden anderen sein.

Ein besonderer Fall liegt vor, wenn die Gruppe erfährt, daß das potentielle Team-Mitglied bereits früher eine Arbeit über das Referatthema angefertigt hat. Hier wird der Betroffene nicht beurteilt, sondern die Gruppe erhält eine Information, die sie genausogut von dem Betreffenden selbst oder aus den Unterlagen der Universität hätte erhalten können. Hier hat die Gruppe ein objektives Lebensdatum erhalten. Das Problem bei dieser Information liegt nicht in der Verläßlichkeit des Datums, sondern in der Interpretation. Die Gruppe muß selbst entscheiden, ob die frühere Arbeit des Bewerbers für das auszuarbeitende Referat wirklich einschlägig ist, und ob die frühere Arbeit den Bewerber hinreichend für die jetzige Mitarbeit qualifiziert.

Auf eine wichtige Unterscheidung zwischen subjektiven L-Daten und T-Daten sei noch hingewiesen. Der Wert, den eine Person beispielsweise in einem Intelligenztest erzielt, ist ein T-Datum. Dagegen wäre das Urteil, das ein Psychologe aus den Testergebnissen über die Eignung des Probanden zu dem einen oder anderen Studienfach ableitet, kein T-Datum, sondern ein L-Datum. Denn die Beurteilung folgt nicht zwingend aus den erhobenen Testdaten, sondern beruht auf einer Interpretation der Testwerte. Nur wenn die Abschlußbeurteilung formal aus dem Testwert abzuleiten wäre, könnte man bei dieser von einem T-Datum sprechen.

Nicht alle der in diesem Rahmen auftretenden methodischen Fragen sollen ausführlich erörtert werden. Für manche Probleme würde sich der Soziologe zuständiger fühlen als der Psychologe. Folgende Fragestellungen gehören jedoch traditionellerweise zum Gebiet der Psychologie, und ihnen sei das hauptsächliche Augenmerk gewidmet:

a) Wie konstruiert man einen psychologischen Test, und wie überprüft man seine Brauchbarkeit für die diagnostische Praxis? – Diese Frage betrifft T-Daten sowie Q-Daten. Während Intelligenztests, Fähigkeitstests, projektive Tests usw. zum Bereich der T-Daten zu zählen sind, kann man die große Klasse der Fragebogentests den Q-Daten zurechnen.

b) Nach welchen Grundprinzipien sind Instrumente zur Messung von Einstellungen aufgebaut? – Die Grundprinzipien decken sich zum Teil mit den Konstruktionsprinzipien für einen psychologischen Test. Mit dieser Frage befindet man sich auf einem wichtigen

Feld der psychologischen Methodik, das man mit dem Schlagwort »Skalierung« charakterisieren kann. Die Daten, die bei der Einstellungsmessung anfallen, sind in aller Regel Q-Daten. Es gibt zwar auch Meßmethoden, die T-Daten liefern, doch haben sie für die Wissenschaftspraxis keine große Bedeutung, so daß auf sie nicht eingegangen werden soll (vgl. dazu Summers 1970, S. 331ff.).

c) Wie kann man andere Personen oder Objekte möglichst fehlerfrei beurteilen? – Diese Frage gilt den subjektiven L-Daten und ist recht komplex. Die Frage betrifft ebenfalls zum Teil Skalierungsmethoden, geht aber darüber hinaus. Hierunter sind die Probleme der Datensammlung und Datenauswertung abzuhandeln. Beide Probleme sind relativ unabhängig voneinander, weil ein Datum auf ganz verschiedene Weise verrechnet werden kann.

Man wird bei Beurteilungsaufgaben zuweilen recht drastisch an die Grenzen des menschlichen Urteilssystems stoßen, so daß eine Unterfrage auch den häufigsten Fehlerquellen bei Beurteilungen gelten muß.

2. *Zusammenhänge zwischen mehreren psychischen Phänomenen*

Während es bei der Quantifizierung psychischer Phänomene gleichsam um eine empirische Bestandsaufnahme geht (man stellt z. B. den Intelligenzquotienten einer Person fest oder den Grad ihrer Ängstlichkeit), ergibt sich in der Psychologie häufig die Frage, ob mehrere psychische Phänomene etwas miteinander zu tun haben, oder was die Ursachen für ein bestimmtes psychisches Phänomen (z. B. ein spezielles Verhalten) sind. Fragestellungen dieser Art können beispielsweise mit experimentellen Untersuchungen angegangen werden. Um ein Experiment durchzuführen oder auch nur den Bericht über ein Experiment methodenkritisch würdigen zu können, muß man zunächst einmal Möglichkeiten und Fehlerquellen bei der Quantifizierung der Untersuchungsvariablen kennen. Zusätzlich aber braucht man Kenntnis über die verschiedenen Möglichkeiten der Versuchsanlage sowie ihre spezifischen Stärken und Schwächen.

Fragen, die sich zum Problem solcher empirischen Untersuchungen stellen könnten, wären etwa die folgenden:

1. Welche Versuchstypen gibt es?

Es gibt mehrere Möglichkeiten, theoretisch angenommene Zusammenhänge in der Empirie zu prüfen. Das Experiment als eine Untersuchungsmethode mit langer Tradition wurde schon erwähnt. In den Sozialwissenschaften kann man jedoch aus Gründen, die an gegebener Stelle erläutert werden, häufig nicht experimentieren. Man nimmt dann Zuflucht zu sogenannten Felduntersuchungen, mitunter auch Interdependenzanalysen genannt (vgl. S. 160ff.). Diese Kategorie der empirischen Untersuchung hat gegenüber dem Experiment gravierende methodische Nachteile, ist aber dennoch aus der sozialwissenschaftlichen Forschung nicht wegzudenken.

2. Wie plant man in der Psychologie eine empirische Untersuchung?

Die Antwort auf diese Frage läßt sich unter dem Stichwort »Versuchspläne« zusammenfassen. Jede wissenschaftliche Fragestellung läßt sich in der Psychologie mit verschiedenen experimentellen Anordnungen empirisch umsetzen. Diese Anordnungen können sich hinsichtlich des Vorbereitungs- und Durchführungsaufwandes, hinsichtlich der methodischen Präzision und der Beweiskraft oder hinsichtlich des Auswertungsaufwandes unterscheiden.

3. Wie wertet man eine empirische Untersuchung aus?

Was hierzu zu sagen wäre, ist weitgehend identisch mit dem, was in einschlägigen Kursen oder Einführungstexten zur induktiven Statistik nachzulesen ist. (Zum Einstieg empfehlenswerte Bücher: Bartel et al. 1971, 1972, Bernstein 1964, Bruning und Kintz 1968, Clauss und Ebner 1971, Fröhlich und Becker 1971, Guilford und Fruchter 1973, Hofstätter und Wendt 1974, Kriz 1973, Mittenecker 1958, Sachs 1970, Sahner 1971.) Deshalb soll darauf nur insoweit eingegangen werden, als es zum Verständnis der dargestellten Prinzipien unbedingt nötig ist.

II. Die Quantifizierung psychischer Phänomene

Ein wesentliches Anliegen der psychologischen Methodik besteht darin, Eigenschaften von Objekten oder Personen, die wir festzustellen glauben, Zahlen zuzuordnen. Schon in der Umgangssprache lassen sich grobe Quantifizierungen vornehmen, etwa wenn man sagt, Schüler A sei »sehr gut« in Mathematik, Schüler B aber nur »ausreichend«. Indem der Klassenlehrer eine solche Aussage macht, glaubt er tatsächliche Beziehungen zwischen den Schülern zu erfassen. Sixtl 1967 (S. 3) meint, »Messen bestehe darin, daß wir Objektrelationen, die nicht unsere Erfindung sind, durch Zahlenrelationen abbilden, die unsere Erfindung sind«. Beim Ausdrücken einer quantitativen Beziehung zwischen mehreren Objekten bedient man sich mit Vorteil nicht der relativ ungenauen quantifizierenden Begriffe der Alltagssprache (vgl. etwa Wehrle-Eggers 1968, S. 7), sondern des Zahlensystems. Durch die Zuordnung einer Zensur (Zahl) zu einer Leistung (Eigenschaft einer Person) wird also ein psychisches Phänomen quantifiziert. Man kann dabei allerdings über viele Fallstricke stolpern; denn durch die Zuordnung einer Zahl zu einer Eigenschaft des betrachteten Objekts wird beim Betrachter der Eindruck erweckt, als gelten die dem Zahlensystem innewohnenden Eigenschaften auch für das gemessene Merkmal. Zum Beispiel wird bei dem Schulkind, das in einer Klassenarbeit eine »Zwei« geschrieben hat, der Eindruck erweckt, es sei mit seiner Leistung doppelt so gut wie sein Freund, der nur eine »Vier« erzielt hat. Das trifft natürlich in keiner Weise zu. Selbst die Aussage, der Leistungsunterschied zwischen den Noten 1 und 3 sei genauso groß wie der zwischen den Noten 2 und 4, ist sicherlich äußerst fragwürdig. Das einzige, was man dem Lehrer zutrauen kann, in den Zahlen auszudrücken, wäre eine Größer-Gleich-Beziehung: Gleiche Noten repräsentieren etwa gleiche Leistungen, niedrigere Noten repräsentieren bessere Leistungen als höhere Noten. Das Bestreben des Methodikers ist darauf gerichtet, möglichst vielen Eigenschaften des Zahlensystems durch seine Messung (auch die Notenvergabe in der Schule ist in diesem Sinne als Messung aufzufassen) einen psychologischen Sinn zu verleihen. Wenn es dem Lehrer durch intensives Beurteilungstraining gelänge, die Noten so zu vergeben, daß gleichen Notenunterschieden gleiche Leistungsunterschiede entsprechen, hätte er ein höheres Meßniveau erreicht, als wenn er nur die Größer-Gleich-Relation zwischen den Leistungen in das Zahlensystem überführte.

Diese Andeutungen müssen hier genügen. Der Leser findet nähere

Informationen über Meßprobleme grundsätzlicher Art bei Sixtl 1967 oder bei Nunnally 1967. Auch die meisten Statistik-Einführungsbücher enthalten Kapitel über diese Meßprobleme und ihre Folgen für die Weiterverarbeitung der Daten.

1. Psychologische Testverfahren

Nahezu jeder Mensch ist in seinem bisherigen Leben schon einmal mit psychologischen Testverfahren in Berührung gekommen, sei es vor der Einschulung zur Feststellung der Schulreife, sei es bei der Studien- oder Berufsberatung, sei es bei der Bundeswehr oder irgendwelchen Einstellungsprozeduren, oder sei es auch nur indirekt über Berichte in Presse, Rundfunk oder Fernsehen.
Nun gibt es eine derart große Vielgestaltigkeit von psychologischen Testverfahren, daß das Bild, das sich der Laie davon macht, sehr verschieden sein kann.

1.1. Überblick über die bekanntesten Testverfahren

Es sei deshalb hier ein kurzer Überblick über die bekanntesten und auch schon vielen Laien dem Namen nach vertrauten Testverfahren gegeben. Dabei genügen einige Stichworte, die den exemplarischen Charakter der später abzuhandelnden Methoden verdeutlichen. Genauere Angaben über einzelne Testverfahren kann der Leser den Sammelwerken von Dorsch 1963, Hiltmann 1960 oder Heiss 1964 entnehmen. Über Aufgabentypen informiert Rütter 1973.
In dem Wörterbuch von Dorsch sind ungefähr 500 Tests nachgewiesen. Über den Fachhandel kann der Psychologe heute knapp dreihundert psychologische Testverfahren beziehen. Ständig kommen neue hinzu. Es gibt kaum einen Psychologen, der sie alle kennt und mit Sicherheit niemanden, der sie alle beherrscht. Um sich in dem Gewirr verschiedener Autorennamen und Testbezeichnungen zurechtzufinden, ist die Kenntnis aller Tests jedoch auch nicht nötig, wenn man einige Gesichtspunkte zur Einordnung von Tests präsent hat.
Zu einer groben, aber dennoch recht informativen Typisierung der Testverfahren können *inhaltliche Gesichtspunkte* herangezogen werden. Das sind Angaben darüber, was ein Test mißt (besser: zu messen vorgibt).
Eine recht umfangreiche Gruppe von Testverfahren sind die sogenannten *Leistungstests,* die man auch Fähigkeits- oder Begabungstests nennen kann. Zu dieser Gruppe gehören die bekannten Intelli-

genztests. Fast jeder Student ist beispielsweise schon mit dem Intelligenzstrukturtest (IST) von Amthauer 1955 in Berührung gekommen. Ein modernes Testverfahren, das dem IST formal etwas ähnelt, ist das sogenannte Leistungsprüfsystem (LPS) von Horn 1962. Sehr bekannt ist auch der sogenannte Hamburg-Wechsler-Intelligenztest für Erwachsene (HAWIE) sowie der Hamburg-Wechsler-Intelligenztest für Kinder (HAWIK) von Wechsler 1944. Tests zur Messung der intellektuellen Leistungsfähigkeit von kleinen Kindern heißen Entwicklungstests. Das bekannteste Beispiel ist die sogenannte Wiener-Entwicklungs-Testreihe (WETR) von Bühler und Hetzer 1932. Neben den Intelligenz- und Entwicklungstests gibt es noch Tests zur Messung spezieller Begabungen. Ein sehr bekanntes Beispiel hierfür ist der progressive matrices test von Raven 1938, der das sogenannte induktive Denken erfassen soll. Eine Reihe von Schultests könnten ebenso zu dieser Gruppe gerechnet werden wie Kreativitätstests, Tests zur Erfassung von künstlerischen Begabungen, des mechanisch-technischen Verständnisses usw. Schließlich gehören zur Gruppe der Leistungstests noch solche zur Messung spezieller motorischer, sensorischer oder psychischer Fähigkeiten. Ein bekannter Test zur Messung spezieller motorischer Fähigkeiten ist beispielsweise das sogenannte Steckbrett nach O'Connor 1920. Bei diesem Test müssen unter Zeitdruck jeweils drei Metallstifte mit einer Hand aufgenommen und in vorbereitete Löcher eines Holzbretts gesteckt werden. Ein Test zur Messung spezieller sensorischer Fähigkeiten sind die bekannten Stillingschen Farbtafeln, mit denen der Arzt die Farbtüchtigkeit seiner Patienten feststellt. Ein anderes Beispiel hierfür wäre der Sehschärfetest beim Augenarzt, den wohl jeder schon einmal hat über sich ergehen lassen müssen. Ein Test zur Messung spezieller psychischer Fähigkeiten wäre etwa ein Reaktionstest oder ein Konzentrationstest.

Von den Leistungstests sind die sogenannten *Persönlichkeitstests* abzuheben. Eigentlich müßte es Persönlichkeitstests im engeren Sinne heißen, weil natürlich auch die Leistungsvariablen Persönlichkeitsmerkmale sind. Eine häufig verwendete Kategorie von Persönlichkeitstests sind die Eigenschaftstests, wie es etwa ein Fragebogentest zur Erfassung der Prüfungsängstlichkeit wäre. Zu dieser Gruppe von Testverfahren gehören weiterhin die sogenannten Einstellungstests, etwa ein Test zur Erfassung der Einstellung gegenüber Gastarbeitern, gegenüber Menschen anderer Rassen usw. In der Berufsberatung spielen besonders die Interessentests eine große Rolle. Der bekannteste deutschsprachige Interessentest ist der sogenannte Berufsinteressentest (BIT) von Irle 1955. Eine neuere Version dieses Testes, die den veränderten gesellschaftlichen Verhältnissen seit

1955 Rechnung trägt, ist der Differentielle Interessentest (DIT) von Todt 1967. Eine große Gruppe von Persönlichkeitstests, die zum Teil schon eine recht lange Tradition aufweisen, sind die sogenannten globalen Persönlichkeitstests, auch projektive Tests genannt. Das bekannteste Beispiel hierfür ist der Rorschach-Test, bei dem der Proband Kleckse deuten soll. Ein ebenfalls sehr bekanntes Testverfahren ist der Thematische Apperzeptionstest (TAT), der aus einer Reihe von undeutlich gezeichneten Bildertafeln besteht. Aus den Antworten der Probanden soll nicht nur auf einzelne psychische Merkmale geschlossen werden, vielmehr erheben die Anwender der projektiven Testverfahren den Anspruch, aus den Reaktionen der Probanden ein vollständiges Bild ihrer Persönlichkeit ableiten zu können.

Neben den inhaltlichen Unterschieden finden sich zwischen vielen Testverfahren *formale Unterschiede.*

Wenn man z. B. den bekannten Raven-Matrizentest (der Proband hat die in Figurenfeldern steckenden Gesetzmäßigkeiten herauszufinden) gegen einen Test zur Prüfung des Wortschatzes abheben will, wie er beispielsweise als Untertest im HAWIE (siehe oben) vorkommt, so ist das besondere Unterscheidungsmerkmal der nicht-sprachliche bzw. sprachliche Charakter der beiden Testtypen. Diese Unterscheidung wird dort wichtig, wo es darum geht, die Intelligenz von Ausländern abzuschätzen, die der deutschen Sprache nicht mächtig sind. Ausländern könnte man nur mit nicht-sprachlichen Tests einigermaßen gerecht werden.

Die meisten psychologischen Tests sind sogenannte *Papier-Bleistift-Tests.* Das bedeutet, daß der Proband irgendwelche Testformulare auszufüllen hat, etwas zeichnen muß, etwas ankreuzen muß. Hiervon abzuheben sind die sogenannten *Handlungstests,* etwa der Test in einem Fahrsimulator zur Prüfung der Fahrtauglichkeit. Papier-Bleistift-Tests werden deshalb so häufig angewandt, weil sie ökonomischer, nicht etwa, weil sie besser sind. Der Test mit einem Fahrsimulator wäre der Führerscheinprüfung mit Hilfe eines Fragebogentests sicherlich vorzuziehen, er ist aber viel teuerer und aufwendiger.

Viele Tests dienen nur der Messung einer einzigen psychischen Eigenschaft, z. B. der Messung der Konzentrationsfähigkeit, wie es der Aufmerksamkeits-Belastungstest von Brickenkamp 1962 tut. Diesen *eindimensionalen* Tests sind *mehrdimensionale Testverfahren* gegenüberzustellen, z. B. der HAWIE (Hamburg-Wechsler-Intelligenztest für Erwachsene), der es gestattet, für jeden Probanden die sogenannte Verbalintelligenz von einer Handlungsintelligenz getrennt zu ermitteln.

Schließlich unterscheidet man *Individualtests* von sogenannten *Gruppentests.* Ein typisches Beispiel für einen Individualtest ist der Rorschach-Test (s. o.), bei dem an einem Zeitpunkt vom Testleiter nur ein einziger Proband untersucht werden kann. Ein Gruppentest ist beispielsweise der LPS, mit dem beliebig viele Probanden zugleich untersucht werden können. Der Trend in unserer auf Ökonomie bedachten Zeit geht in Richtung auf die Entwicklung von Gruppentests.

Schließlich sind es nicht zuletzt *methodisch-teststatische Merkmale,* in denen sich Testverfahren unterscheiden.

Die meisten bekannten Tests sind *standardisiert* (= normiert); das bedeutet, mit Hilfe einer großen Stichprobe von Probanden sind Maßstäbe dafür entwickelt worden, welche Testwerte als gut oder sehr gut anzusehen sind und welche als unterdurchschnittlich bezeichnet werden müssen. Bei einem standardisierten Intelligenztest ist es beispielsweise möglich, mit Hilfe der vom Testautor mitgelieferten Normtabellen die Anzahl der gelösten Aufgaben in den Intelligenzquotienten zu übersetzen. Der Gruppe der standardisierten Testverfahren stehen die nichtstandardisierten Tests gegenüber, die auch *informelle Tests* genannt werden. Man kann sagen, daß ein informeller Test noch nicht fertig entwickelt ist. Man kann aus ihm noch keine sicheren Schlüsse über einen Probanden ziehen. Andererseits ist es nicht zulässig zu sagen, standardisierte Tests seien besser als informelle Tests; denn die beste Standardisierung macht aus einem schlechten Verfahren keinen guten Test. Es gibt hervorragende Testverfahren, die noch nicht normiert worden sind, weil der Testautor zuvor noch Erfahrungen mit seinem Testverfahren sammeln will. Die Standardisierung stellt allerdings den notwendigen Schlußpunkt der Testentwicklung dar, so daß käufliche Tests Normierungsmaßstäbe aufweisen müssen.

Die meisten modernen Testverfahren sind sogenannte *psychometrische Tests.* Diese Bezeichnung ist gleichbedeutend mit *objektiv,* das heißt, bei der Auswertung eines Testprotokolls können mehrere Auswerter unabhängig voneinander stets zu ein und demselben Ergebnis kommen. Objektiv in diesem Sinne sind beispielsweise Intelligenztests wie der LPS (s.o. S. 19), der Berufs-Interessen-Test (BIT) (s.o. S. 19). Objektiv sind auch die meisten modernen Persönlichkeitsfragebögen, zum Beispiel der bekannte MMPI (Minnesota Multiphasic Personality Inventory von Hathaway und McKinley 1951), der auch in einer deutschen Version existiert (Spreen 1963). Dieser Test, der mit 566 Fragen wohl einer der längsten ist, mißt über zehn verschiedene klinische Krankheitssyndrome, zum Beispiel Depression, Psychopathie, Psychasthenie, Schizophrenie usw. Den psychometrischen Testverfahren stehen die sogenannten *projektiven Testverfahren* gegenüber, bei denen im allgemeinen keine absolut objektive Auswertung möglich ist. Diesen Testverfahren liegt die Annahme zugrunde, daß der Proband bei der Bearbeitung der vieldeutigen Testreize, seine eigene Persönlichkeit gleichsam ins Testmaterial hineinprojizieren muß, um zu einer Antwort zu gelangen (zum umstrittenen Begriff »Projektive Tests« vgl. Hörmann 1964). Am bekanntesten unter den projektiven Tests sind die sogenannten *Deuteverfahren*, zu denen etwa der Rorschach-Test oder der Thematische Apperzeptions-Test (TAT) gehören. Aus den Reaktionen des Probanden wird auf seine Eigenarten und Probleme geschlossen, zum Beispiel auf Leistungskonflikte, Schwierigkeiten in seinen Beziehungen zum anderen Geschlecht, auf seine Aggressionen und vieles andere mehr. Andere projektive Tests lassen sich unter dem Schlagwort *Assoziationstests* zusammenfassen. Diese Verfahren gehen letztlich auf die von Psychoanalytikern verwendete Prozedur der freien Assoziation zurück. Der Psychoanalytiker läßt seine Patienten in einer sehr entspannten Situation auf bestimmte Reizworte die erstbesten Antworten geben, die ihnen gerade einfallen. Aus der Art der Einfälle sowie aus der Weise, wie sie ausgesprochen werden, kann man bei Probanden unter Umständen emotional besetzte Inhalte (sog. Komplexe) aufdecken, die ihnen selbst nicht bewußt waren. Als Assoziationstests im weiteren Sinne sind zum Beispiel der Rosenzweig-P-F-Test (picture frustration test) oder der Wartegg-Erzähltest (WET) aufzufassen. Beim erstgenannten Verfahren werden dem Probanden Bilder miteinander handelnder Personen vorgelegt. Durch Sprechblasen ist angedeutet, was die Personen sagen. Eine Sprechblase ist leer und muß vom Probanden ausgefüllt werden. Der Test soll besonders die Reaktion des Probanden in frustrierenden Situationen erfassen. Beim WET muß der Proband eine angefangene Geschichte zu Ende führen. Die Auswertung geschieht ähnlich wie beim TAT. Eine große Gruppe projektiver Verfahren sind die *Zeichentests*, die in erster Linie in der Kinderdiagnostik nützlich sind. Bekannt ist der »Zeichne-einen-Mann«-Test von Goodenough 1926, der, gemessen an der Einfachheit der Testprozedur (das Kind hat lediglich einen Mann zu zeichnen), durchaus brauchbare Schätzungen des Entwicklungsniveaus des Probanden erlaubt. Heute viel seltener als in früheren Jahren werden Verfahren wie der Wartegg-Zeichentest (WZT) verwendet, bei dem der Proband angefangene Zeichnungen zu Ende führen soll. Bei einer weiteren Gruppe von Tests muß der Proband seinen persönlichen Präferenzen entsprechend unter verschiedenen Reizen wählen. Bekannte Beispiele für diese *Wahlverfahren* sind der Farbpyramidentest von

Heiß und Hiltmann 1951 und der Szondi-Test (Szondi 1947). Beim Farbpyramidentest werden dem Probanden viele Blättchen unterschiedlicher Farbe dargeboten, aus denen er mehrere Farbpyramiden vorgegebener Gestalt zusammenzustellen hat. Beim Szondi-Test hat der Proband aus 48 Fotografien von Triebkranken zwölf seiner Ansicht nach relativ sympathische und zwölf relativ unsympathische herauszusuchen. Eine in der Erziehungsberatung viel verwendete Gruppe von projektiven Tests sind die sogenannten *Spieltests.* Bekanntester Vertreter dieser Kategorie ist der Sceno-Test (von Staabs 1951), bei dem vom untersuchten Kind mit einem Baukasten von Spielfiguren (Männer, Frauen, Kinder, Tiere und diverse Bausteine) eine Szene aufzubauen und zu kommentieren ist. Von vielen Psychologen wird dieses Verfahren weniger als diagnostisches Instrument denn als Mittel zur Auflockerung der Atmosphäre und zum Gesprächseinstieg benutzt.
Generell läßt sich sagen, daß die projektiven Testverfahren heutigen Ansprüchen an methodische Exaktheit und Überprüfbarkeit nicht mehr gerecht werden. Bevor nicht in der Diagnostik neue entscheidende methodische Durchbrüche in der Verarbeitung derartig komplexer Probanden-Reaktionen erzielt sind, wird die Bedeutung dieser Verfahren als diagnostische Instrumente mehr und mehr zurückgehen. Ihr größter Wert liegt heute wohl noch darin, den Untersucher auf Hypothesen über den Probanden kommen zu lassen, die dann mit exakteren Methoden geprüft werden können.
Wer sich näher über einzelne Testverfahren informieren möchte, sei auf Heiß 1964 verwiesen. Einen amüsanten Abriß der Funktionsweise und Anwendungsmöglichkeiten gibt Sieber 1971.

1.2. Prinzipien der Testkonstruktion anhand eines Beispiels

Die heute wohl gängigsten Testformen sind Leistungstests, die nach Art von Intelligenztests aufgebaut sind, sowie Fragebogentests zur Messung bestimmter Persönlichkeitsmerkmale. Die Prozedur, nach der man einen Leistungstest konzipieren kann, ist von Belser 1967 am Beispiel des Frankfurter Analogietests eingehend beschrieben worden. Hier soll deshalb die Entwicklung eines kleinen Fragebogentests veranschaulicht werden. Die Prinzipien der Testkonstruktion ähneln den Prinzipien eines Leistungstests. Es lassen sich am Beispiel eines Fragebogentests jedoch bestimmte Störeinflüsse demonstrieren, die bei Leistungstests nicht im gleichen Maße wirksam sind.
Es gibt heute eine ganze Reihe von Büchern, die als weiterführende Lektüre zu den folgenden Abschnitten über Testkonstruktion und

Testtheorie geeignet sind. Für den Leser, der deutschsprachige Literatur bevorzugt, seien die Bücher von Belser 1967, Dieterich 1973, Horst 1971, Kleber 1973, Lienert 1973, Magnusson 1969 und Rütter 1973 empfohlen. Die folgenden Ausführungen lehnen sich im wesentlichen an die sogenannte *klassische Testtheorie* an, die bis vor kurzem die einzige brauchbare Grundlage der Testkonstruktion darstellte. Seit Beginn der sechziger Jahre ist eine Entwicklung in Gang gekommen, die Testpsychologie auf andere als die im folgenden geschilderten theoretischen Konstruktionsprinzipien zu gründen. Man findet diese neuen Methoden, die allmählich auch in die Praxis der Testkonstruktion durchzuschlagen beginnen, in der Literatur unter dem Stichwort *Rasch-Skalierung*, benannt nach dem Hauptvertreter dieser neuen Richtung (vgl. Fischer 1968, Gutjahr 1971, Lord und Novick 1968).

Fragebogentests sind häufig recht lang. Sie umfassen nicht selten mehr als 200 Items (*Item* = einzelne Aufgabe in einem Test), die abzudrucken allein schon mehrere Seiten des Textes beanspruchen würde. Die Gesichtspunkte, die man bei der Konstruktion und bei der Prüfung der Brauchbarkeit eines Testverfahrens zu beachten hat, seien deshalb an einem Fragebogen mit nur wenigen Testaufgaben erläutert. Dieses Miniverfahren dient ausschließlich der Demonstration der Prinzipien. Praktisch verwendbar ist es nicht.

Wir wollen ein Testverfahren konstruieren, das zu erfassen gestattet, wie sehr ein Individuum seine zwischenmenschlichen Beziehungen unter dem Gesichtspunkt taktischer Überlegungen regelt. Anders ausgedrückt: Die Variable, die wir messen wollen, ist das Ausmaß, in dem der einzelne Mensch taktisches Vorgehen zur Maxime des eigenen sozialen Handelns macht. Ein solches Persönlichkeitsmerkmal erscheint äußerst vage, und man hat Zweifel, ob eine solche Variable überhaupt meßbar gemacht werden kann. In jedem Fall ist es notwendig, daß man sich durch Umschreibungen klarer darüber wird, was man eigentlich erfassen will.

Man könnte vielleicht relative Einigkeit darüber erzielen, daß der taktisch agierende Mensch eher kurzfristige Ziele anstrebt, anstatt sich für langfristige Ziele zu verschleißen, daß er dem »Machbaren« Vorrang einräumt gegenüber einer Politik des Idealismus, daß er seltener als andere Personen sehr grundsätzliche Standpunkte einnehmen wird, daß er nie »mit dem Kopf durch die Wand« gehen wird. Er wird der Typ des Pragmatikers sein, sicherlich nicht der des Märtyrers.

Dieses Konzept, das wir als Taktik-Orientiertheit bezeichnen wollen, kann durch zusätzliche Veranschaulichungen immer stärker eingegrenzt werden, bis mehrere Personen darüber einig sind. Eine gewisse Unbestimmtheit wird allerdings, wie bei den meisten Persönlichkeitsmerkmalen, für die noch kein überprüftes Meßinstrument vorliegt, bleiben. Weitere Klarheit wird mit der Operationalisierung, also mit der Fertigstellung des Testverfahrens erreichbar, weil man erst dann gezielt Hypothesen über die Abgrenzung und die psychologische Funktionsweise des Merkmals prüfen kann. Für die Konstruktion des Fragebogentests sei die oben angeführte dürftige Begriffsbestimmung der Taktik-Persönlichkeitsvariable einmal als ausreichend erachtet.

1.2.1. Herstellung einer Sammlung vorläufiger Testitems

Der zweite Schritt der Testkonstruktion besteht nun darin, eine möglichst große Zahl von verschiedenartigen Aspekten dieser Persönlichkeitsvariable in Form von einfachen Aussagen zusammenzufassen. Bei der Formulierung der Aussagen sollte man sich vor Augen halten, daß die zustimmende oder ablehnende Beurteilung der Aussage Anzeichen für den Ausprägungsgrad der zu messenden Variablen beim urteilenden Probanden sein sollen.

Tabelle 1 stellt eine solche vorläufige und ungeprüfte Sammlung von Aussagen dar, von denen vorläufig angenommen sei, daß sie etwas über die Taktik-Orientierung des Antwortenden aussagen.

Tabelle 1: Vorläufige Sammlung von Aussagen, die etwas über Beziehung des Individuums zu taktischem Vorgehen aussagen könnten.

1. Ich lehne es völlig ab, mich bei meinen Vorgesetzten einzuschmeicheln.

2. Wenn man ein Ziel erreichen will, soll man den Weg des geringsten Widerstandes gehen.

3. Man sollte keinem erzählen, aus welchen Gründen man etwas getan hat, es sei denn, es bringt einem Vorteile.

4. In Verhandlungen würde ich den anderen nach Möglichkeit unannehmbare Forderungen stellen, um einen für mich günstigen Kompromiß zu erzielen.

5. Man muß eine einflußreiche Persönlichkeit oft auch dann bestätigen, wenn sie unrecht hat.

6. Es gibt viele Situationen, in denen ich es für besser halte, die anderen über meine Absichten im unklaren zu lassen.

7. Kompromißbereitschaft ist eine Stärke.

8. Man sollte idealistische Zielvorstellungen verdrängen, um aus einer augenblicklichen Situation möglichst viele Vorteile zu ziehen.

9. Ich bestimmte gerne den Verlauf von Diskussionen, um zu verhindern, daß von Dingen gesprochen wird, die mich nicht interessieren.

10. Wenn mir ein anderes Unternehmen mehr Gehalt bietet, würde ich mich sicherlich abwerben lassen.

11. Man sollte für ein Ziel der Allgemeinheit auch dann kämpfen, wenn es nicht in absehbarer Zeit erreichbar erscheint.

12. Freundschaften bewerte ich in erster Linie nach dem daraus erwachsenden gesellschaftlichen und finanziellen Nutzen.

13. Eine gute Diktatur ist besser als eine schlechte Demokratie.

14. Ich bemühe mich um persönlichen Kontakt mit Menschen, die mir beruflich nützen können.

15. Neben Fleiß und Können sind für den beruflichen Aufstieg gute Beziehungen nötig.

16. Fair play ist alles.

17. Ehrlich währt am längsten.

18. Jeder Mensch hat seinen Preis.

19. Die Aussagen vieler Politiker klingen für mich wie das Räppelchen in Kinderhand.

20. Man kann es kameradschaftlich nennen, wenn jemand seinen Arbeitskollegen aus der Klemme hilft.

21. Endlich wurde das Betriebsverfassungsgesetz verabschiedet.

22. Stehe niemals, wenn Du sitzen kannst, laufe niemals, wenn Du fahren kannst, strample Dich nicht ab, wenn Du Protektion genießen kannst.

23. Starkes Taktieren halte ich nicht nur für verwerflich, sondern letztlich für unzweckmäßig.

24. Jeder Mensch kann bestochen werden, wenn man viel Geld zur Verfügung hat und es nur ausdauernd genug versucht.

25. Es gibt keinen Menschen, der nie ungesetzliche Mittel gebraucht.

26. Etwas Rechtes zu unterlassen, ist mir keineswegs lieber, als nie etwas Unrechtes zu tun.

27. Jeder Mensch taktiert zuweilen.

28. Wenn es keine Folgen für mich hätte – ich glaube, ich würde buchstäblich über Leichen gehen.

29. Nixon zieht den Watergate-Skandal durch sein Hinhalten unnötig in die Länge.

30. Taktieren ist für mich im Berufsleben häufig ein notwendiges Übel.

In die Tabelle sind absichtlich eine Reihe von unbrauchbaren Aussagen aufgenommen worden, weil man anhand dieser Beispiele häufige Fehler bei der Abfassung von Items veranschaulichen kann. Die Sammlung von Aussagen wird zweckmäßigerweise nicht nur vom Testautor selbst zusammengestellt, sondern er sollte auch

Freunde und Kollegen mit seinem Persönlichkeitskonzept vertraut machen und von ihnen Formulierungsvorschläge erbitten. Auf diese Weise wird er leichter der Gefahr begegnen können, einseitig die ihm wichtig erscheinenden Facetten der zu messenden Variablen besonders hervorzuheben, während andere Aspekte sich nur unzureichend oder überhaupt nicht in den Itemformulierungen niederschlagen. Bei der Zusammenstellung der Aufgaben zu einem Test gilt wie sonst zu keinem Zeitpunkt der Testkonstruktion der Grundsatz: Viele Köpfe sind besser als einer. Diese Art des Vorgehens hat allerdings den Nachteil, daß viele Formulierungen einander ähneln oder daß sie sprachliche oder sachliche Mängel aufweisen, die die Messung des Merkmals erschweren können, sofern man die schlechten Formulierungen nicht aussondert oder korrigiert.

1.2.2. Formulierungsfehler

Folgende Fehler werden bei der Abfassung von Testitems besonders häufig auftreten:

1. Zu allgemeine Formulierungen

Dies trifft in besonderem Maße auf die Aussagen 16 und 17 zu (vgl. Tab. 1). So allgemeine Aussagen können von einem Probanden nur schwer mit seinem Repertoire von Verhaltensweisen verglichen und somit ehrlich beantwortet werden. Je nachdem, woran der Proband bei der Beantwortung gerade denkt, wird er die eine oder die andere Antwort geben.

2. Unklare, vieldeutige oder allegorische Formulierungen

Beispiele für diesen Fehler sind die Aussagen 18 und 19. Hier muß der Proband das Item gleichsam erst übersetzen, um eine Antwort geben zu können. Formulierungen dieser Art klingen ein wenig geheimnisvoll und erscheinen dem Ungeübten deshalb für Tests mitunter als besonders geeignet. Das Gegenteil ist der Fall. Je klarer das Item formuliert ist, eine desto eindeutigere Antwort kann der Proband geben.

3. Unklarer Antwortbezug

Besonders deutlich wird dieser Fehler bei den Aussagen 20 und 21. Man kann nicht recht angeben, was eigentlich eine zustimmende oder ablehnende Reaktion des Probanden über ihn aussagen könnte. Eine Aussage über die interessierende Persönlichkeitsvariable ist sicherlich kaum möglich.
Schwierig zu beantworten und zu interpretieren sind auch Aussagen, denen der Proband nur zum Teil zustimmt, während er den an-

deren Teil der Aussage ablehnt. Ein Beispiel hierfür ist das Item 9. Was soll z. B. ein Proband ankreuzen, der zwar gern den Verlauf von Diskussionen bestimmt, aber nicht aus dem in der Aussage ausgeführten Grunde, sondern deshalb, weil er sich gern reden hört? Manche dieser Probanden würden wegen der ersten Hälfte der Aussage zustimmend antworten, während andere wegen der zweiten Hälfte der Aussage ablehnend reagieren würden. Die Konsequenz ist, daß man Antworten nicht eindeutig interpretieren kann.

4. Fremdwörter, mundartliche Wendungen

Items zur Veranschaulichung dieser Fehlerquellen sind 19 und 22. Fremdwörter sollten soweit wie möglich vermieden werden; denn wenn der Proband das Fremdwort nicht kennt, bedeutet das keineswegs, daß er auf eine Reaktion gegenüber der Aussage verzichtet. Vielmehr wird er sich einen möglicherweise falschen oder ungenauen Sinn des Wortes zusammenreimen, was seine Antwort uninterpretierbar macht. Das gleiche gilt für mundartliche Ausdrücke und Wendungen, die nicht in jeder Region des Landes verstanden werden.

5. Mehrere Gedanken in einem Satz

Beispiele hierfür sind die Aussagen 23 und 24. Was eine Zustimmung oder Ablehnung zu diesen Sätzen bedeutet, muß in jedem Falle unklar bleiben. Welche Antwort müßte zum Beispiel ein Proband geben, der starkes Taktieren zwar nicht für verwerflich, aber für unzweckmäßig hält? Was müßte ein Proband antworten, der der Auffassung ist, Geld allein sei für Bestechungsversuche genug, Ausdauer brauche man dafür gar nicht? Bei Aussagen mit Doppelgedanken hat der Proband in vielen Fällen Antwortfindungsschwierigkeiten, und die Antworten sind dementsprechend schlecht interpretierbar.

6. Entbehrliche Negationen (besonders doppelte Verneinungen)

Prägnante Beispiele für diese Fehlerquelle liefern die Aussagen 25 und 26. Durch Negationen wird die Formulierung kompliziert, und ein Proband muß sehr konzentriert arbeiten, um nicht versehentlich eine falsche Antwort zu geben. Unkonzentrierte Probanden würden bei Item 25 sehr leicht die Antworten »nein« (mit der Vorstellung: Es gibt keinen solchen Menschen) oder »ja« (mit der Vorstellung: Solche Menschen gibt es durchaus) geben, die – da der in Klammern stehende Gedanke dem Testauswerter natürlich nicht bekannt ist – genau entgegengesetzt interpretiert würden. Aussagen, in denen Verneinungen enthalten sind, sind für den Probanden in jedem Fall schwierig aufzufassen. Deshalb sollten Verneinungen nur dann in eine Itemformulierung aufgenommen werden, wenn der Iteminhalt ohne sie noch schwerer verständlich würde. In vielen Fällen kann man die Verneinung einfach weglassen. Dadurch kehrt sich der Sinn der Aussage lediglich um, was bei der Auswertung nur in seltenen Fällen störend ist. Wie Verneinungen sollten komplizierte Formulierungen schlechthin vermieden werden.

7. Lange Aussagen

Ein Beispiel hierfür ist Aussage 22. Die ersten beiden Halbsätze sind gleichsam ein dramaturgisches Mittel, um den Leser auf den letzten Satzteil hinzuweisen. Für das zu messende Persönlichkeitsmerkmal ist nur dieser wichtig. Ohne die einleitenden Aussagen würde die letzte Aussage zwar etwas nüchterner klingen, ihren Sinn aber nicht verlieren. Für die Gesamtaussage sind die ersten Satzteile deshalb entbehrlich. Jede Aussage sollte deshalb so kurz wie möglich, aber so lang wie nötig sein.

8. Zu extreme Formulierungen

Beispiele hierfür sind die Aussagen 27 und 28. Auf die erste Aussage wird wohl nahezu jeder mit »ja« antworten, die zweite Feststellung würde wohl kaum jemand für sich zugeben. Wenn aber alle Probanden auf ein Item die gleiche Antwort geben, ist das Item ungeeignet, Unterschiede zwischen verschiedenen Probanden festzustellen. Man nennt diesen Aspekt einer Testaufgabe Itemschwierigkeit oder Itempopularität. Zur Verdeutlichung noch ein Beispiel aus der Intelligenzdiagnostik: Wenn eine Testaufgabe von allen richtig gelöst werden kann, dann sind es sowohl die Intelligenten wie auch die Dummen, die hier eine Lösung präsentieren. Aufgrund der Antwort weiß ich somit nichts über die Intelligenz eines Probanden. Das gleiche trifft zu, wenn niemand, weder die intelligenten noch die dummen Probanden eine Aufgabe herausbekommen. Auch diese Aufgabe ist unbrauchbar, weil sie nichts über die Intelligenz eines Probanden verrät.
In vielen Fällen hat es der Testkonstruktor in der Hand, durch relativ geringfügige Änderungen der Formulierung eine Aussage weniger extrem zu machen. Die tatsächliche Popularität eines Items läßt sich aus der Antwort vieler Probanden gegenüber der Aussage ersehen (vgl. S. 52).

9. Bezug auf aktuelle Tagesereignisse

Ein Beispiel hierfür ist die Aussage 29. Wenn man in einen Persönlichkeitstest Aufgaben mit aktuellem Bezug aufnimmt, läuft man

Gefahr, daß der Test in einem Jahr etwas anderes mißt als heute, weil sich die Antworten der Probanden mit den aktuellen Tagesereignissen verändern und deshalb heute anders als in einem Jahr interpretiert werden müssen. Zum Zeitpunkt des Erscheinens dieses Buches ist das Nixon-Item längst inaktuell und damit für einen Persönlichkeitstest unbrauchbar. Eine andere Beurteilung tagespolitisch relevanter Items ergibt sich, wenn keine überdauernden Persönlichkeitsmerkmale gemessen werden sollen, sondern Einstellungen zu konkreten politischen Ereignissen. Dann ist es sogar unerläßlich, den Test aus solchen aktuellen Feststellungen aufzubauen. Einstellungsskalen enthalten daher häufig aktuelle Items. Sie können allerdings auch sehr schnell inaktuell werden, wenn sich die politische Szene ändert (vgl. S. 98).

10. Nichtmonotone Itemcharakteristik

Was ist hierunter zu verstehen? Sehen wir uns einmal das Item 30 genauer an: Taktieren ist für mich im Berufsleben häufig ein notwendiges Übel. Wie würde diese Aussage von verschiedenen Probanden beantwortet werden? Ein Taktiken generell ablehnender Mensch würde wahrscheinlich ablehnend reagieren, weil taktisches Verhalten für ihn nie gerechtfertigt ist. Von einem Menschen, der Taktik sehr stark bejaht, würden wir jedoch ebenfalls eine ablehnende Stellungnahme erwarten können, weil Taktiken für ihn kein Übel darstellen. Eine zustimmende Reaktion können wir nur von Probanden erwarten, die auf dem Kontinuum Antitaktiker-Taktiker irgendwo zwischen den Extremwerten zu lokalisieren wären. Von jemandem, der taktierendes Verhalten zwar grundsätzlich ablehnt, aber für sich Ausnahmen von diesem Grundsatz zuläßt, könnte man wohl am ehesten eine zustimmende Reaktion erwarten.

Die Funktionscharakteristik des Items läßt sich in allgemeiner Form auffassen als Funktion zwischen dem latenten Merkmal der Person, das es zu messen gilt, und der Wahrscheinlichkeit für eine bestimmte Probandenreaktion (z. B. eine zustimmende Antwort). Dieser vermutete funktionale Zusammenhang zwischen der Reaktion des Probanden und seinem Ort auf dem Merkmalskontinuum könnte sich für das Item 30 etwa in folgender Kurve ausdrücken (Abbildung 1). Die Kurve weist einen auf- und einen absteigenden Teil mit einem Maximum etwa in der Mitte auf. Funktionsverläufe dieser Art nennt man nichtmonoton.

Die Funktion spiegelt keinen empirischen Sachverhalt wider, sondern eine theoretische Annahme. Insbesondere darf die Kurve keinesfalls mit der Antwortverteilung vieler Probanden gegenüber einem Testitem verwechselt werden (zu dieser vgl. S. 51 f.). Die Funk-

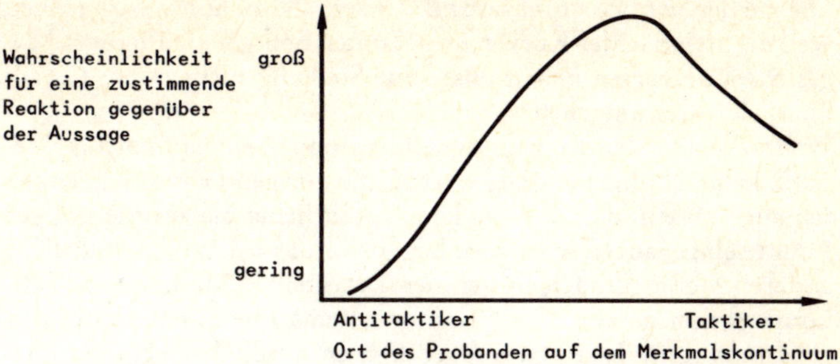

Abbildung 1: Darstellung einer nichtmonotonen Itemcharakteristik

tionscharakteristik läßt sich nicht direkt aus der Zahl von Probanden ablesen, die einem Item zustimmen, sondern ist – wenn überhaupt – nur indirekt empirisch zugänglich (vgl. etwa Lord und Novick 1968). An dieser Stelle genügt es festzuhalten, daß es häufig möglich ist, gezielte Annahmen über die Itemcharakteristik zu machen. Um für einen Test der hier besprochenen Art brauchbar zu sein, müßte die Itemcharakteristik einem Funktionsverlauf entsprechen, wie er in Abbildung 2 für Item 2 (durchgezogen) und Item 11 (gestrichelt) dargestellt ist.

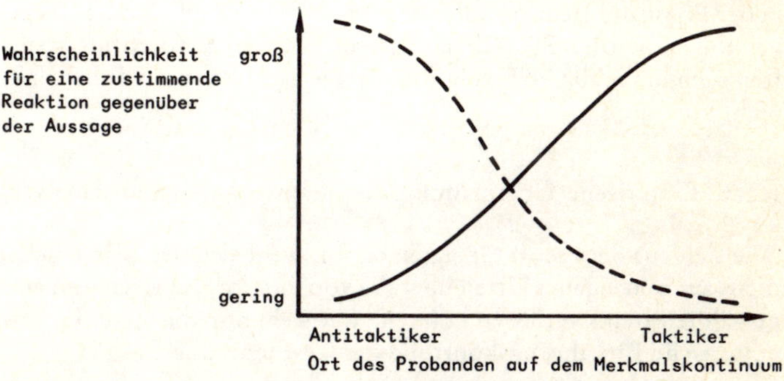

Abbildung 2: Darstellung zweier monotoner Itemcharakteristiken

Die Wahrscheinlichkeit einer zustimmenden Reaktion zu Item 2 wird um so größer sein, je stärker taktik-orientiert die Person ist. Bei Item 11 kann man das Umgekehrte erwarten: Die Wahrscheinlichkeit einer zustimmenden Reaktion zu diesem Item wird um so geringer sein, je höher die Taktik-Orientiertheit des Antwortenden ist.

Die beiden Antwortfunktionen werden als monoton bezeichnet, weil die Steigung der Kurven im gesamten betrachteten Intervall das gleiche Vorzeichen behält (also eine Steigung nicht in ein Gefälle übergeht oder umgekehrt).
Wahrscheinlich hat die Fehlerquelle der unpassenden Itemcharakteristik keinen höheren Stellenwert als die übrigen Fehlermöglichkeiten auch. Wenn darauf trotzdem ausführlicher als auf die übrigen Punkte eingegangen wurde, so liegt das nicht zuletzt daran, daß bei anderen Meßmethoden als der hier dargestellten Methode der Testkonstruktion gerade nichtmonotone Items erwünscht sind, während monotone Items zu unbrauchbaren Ergebnissen führen können (vgl. S. 99).
Ob es also ein Fehler ist, Items mit nichtmonotoner Charakteristik zu verwenden, hängt von der Meßmethode ab, die man der Messung zugrunde legen will.

Generell ist zu den aufgeführten Fehlerquellen anzumerken, daß auch ihre sorgfältige Beachtung leider keine Garantie für die Brauchbarkeit des späteren Tests ist. Die Brauchbarkeit jedes Items und des gesamten Tests muß deshalb empirisch nachgewiesen werden (vgl. S. 50ff.). Selbst die umgekehrte Schlußfolgerung, daß die Nichtbeachtung der oben aufgezählten Punkte zu einem unbrauchbaren Test führen müsse, gilt nicht uneingeschränkt. Es gibt Tests, die als gute Meßverfahren ausgewiesen sind, und bei denen trotzdem in der Phase der Itemformulierung gegen die eine oder andere Regel verstoßen wurde. Die Chancen, daß aus fehlerhaft formulierten Items ein brauchbarer Test konstruiert werden kann, sind allerdings nicht sehr groß.

1.2.3. Empirische Überprüfung der Testitems (Aufgabenanalyse)

Wie sich aus dem oben Gesagten ergibt, wird sich der Untersucher nicht auf sein eigenes Urteil über die von ihm formulierten und ausgewählten Items verlassen können. Wie sieht nun die unabdingbare empirische Bewährungskontrolle der Testitems aus?
Es sei einmal angenommen, daß wir bei der Revision der Itemsammlung zu unserem Taktik-Test die letzten fünfzehn Formulierungen wegen verschiedener Mängel ausgesondert hätten, so daß der Test nunmehr lediglich aus fünfzehn Items besteht. In der Praxis wird es in vielen Fällen günstiger sein, schlechte Items wenn möglich umzuformulieren, statt sie ganz wegzulassen, weil man sonst eventuell zu wenig Items übrig behält. Zum Zwecke der Demonstration sind jedoch fünfzehn Items voll ausreichend, so daß die folgenden Analy-

sen nur noch an den fünfzehn beibehaltenen Aussagen vorgenommen werden sollen.
Um die Brauchbarkeit der Items empirisch zu untersuchen, werden die 15 Aussagen zu einem Fragebogentest etwa von der in Tabelle 8 (S. 49f.) skizzierten Form zusammengestellt.
Dies ist die vorläufige Testform, die einer möglichst großen Stichprobe von Probanden zur Beantwortung vorgelegt wird. Das Probandenkollektiv sollte einigermaßen repräsentativ sein für die Personen, für die der spätere Test gelten soll. Kein Test kann in gleicher Weise Aussagen über alle nur denkbaren Personen erlauben. Zum Beispiel leuchtet unmittelbar ein, daß ein Fragebogentest, der an einer Studentenstichprobe erprobt wurde, später nicht unbedingt auch auf Gastarbeiter angewandt werden kann, die der deutschen Sprache kaum mächtig sind. Wenn man den Test also dazu konstruiert, ihn später zur Messung der Taktik-Orientierung von Gastarbeitern zu verwenden, dann muß man auch die Erprobung der vorläufigen Testform an einer Gastarbeiter-Stichprobe vornehmen. Dabei ist nicht ausgeschlossen, daß man den Test nicht später auch auf Studenten anwenden könnte; man müßte ihn dazu allerdings einer zusätzlichen Brauchbarkeitskontrolle an einem größeren Studenten-Kollektiv unterziehen.
Es sei einmal angenommen, es interessiere nur die Reaktionsweise von Studenten. Zur Analyse des Tests kann dann eine Studentenstichprobe herangezogen werden. Die Stichprobe sollte aus Gründen, die später noch zu erörtern sind, nicht weniger als 400 Personen aufweisen. Das Prinzip des Vorgehens kann jedoch auch an kleineren Stichproben demonstriert werden, so daß hier die Daten von den Teilnehmern mehrerer aufeinanderfolgender psychologischer Übungsveranstaltungen zur Analyse des Tests dienen mögen.
Bevor die Ergebnisse dargestellt und diskutiert werden können, müssen zunächst einige statistische Prinzipien und Techniken erklärt werden.

1.2.3.1. Einige statistische Grundprinzipien

Der Transparenz der Darstellung wegen, sind die folgenden Ausführungen an den Daten eines Miniaturtests und einer Ministichprobe verdeutlicht.
Ein zu analysierender Fragebogentest bestehe aus folgenden fünf Items:

1. Ohne taktisches Geschick kann man es zu nichts bringen.
2. Mir würde es in jedem Gesellschaftssystem gelingen, obenauf zu sein.

3. Das menschliche Zusammenleben leidet unter Menschen, die alles unter taktischen Gesichtspunkten betrachten.
4. Leute, die taktieren, sind mir verhaßt.
5. Kompromißbereitschaft ist eine Stärke.

Der Proband hat auf jede dieser fünf Aussagen zu reagieren, indem er eines der folgenden Alternativurteile ankreuzt:

Trifft überhaupt nicht zu 0 1 2 3 4 Trifft sehr stark zu*

Man hat eine Stichprobe von insgesamt sechs Probanden getestet. Die empirische Untersuchungsergebnisse (Probandenurteile) lassen sich in folgender Weise zusammenstellen (Tabelle 2):

Tabelle 2: Urteilswerte von sechs Probanden in einem aus fünf Items bestehenden Fragebogentest

Proband \ Item	1	2	3	4	5
1	0	1	4	3	4
2	4	4	0	1	4
3	1	0	3	4	2
4	1	1	2	3	2
5	2	2	2	3	0
6	1	1	4	4	3

Das erste, was man nun zu tun hat, ist, Gesamtergebnisse für die einzelnen Probanden zu ermitteln. Das ist in verschiedener Weise möglich.

Ein naheliegendes Verfahren bestünde darin, einfach die Urteilswerte jedes Probanden zusammenzuzählen, und die Summe als Testwert zu betrachten. Es läßt sich schnell zeigen, daß dieser Weg im vorliegenden Fall zu völlig unsinnigen Ergebnissen führen würde; denn ein Blick auf die einzelnen Testitems zeigt, daß man bei einigen Aussagen »Trifft zu«-Urteile als Indiz für ein hohes Maß an Taktik-Orientiertheit, bei anderen dagegen »Trifft nicht zu«-Urteile als hohe Taktik-Orientiertheit des Probanden interpretieren müßte. Dieser Sachverhalt bliebe bei einer bloßen Summenbildung unberücksichtigt. Man kann die Interpretationsrichtung der Items rechnerisch leicht einbeziehen, indem man die Urteile des Probanden zu den gegen Taktik-Orientiertheit sprechenden Aussagen (bei vorlie-

* Um den Leser auch mit einer anderen sehr üblichen Urteilsvariante vertraut zu machen, ist das Skalenschema gegenüber Tabelle 8 (S. 49f.) verändert (vgl. S. 117). An den Analyseprinzipien ändert sich dadurch nichts.

gendem Beispiel die Items 3 und 4) umpolt. Die Umpolung geschieht dadurch, daß man die Antwortskala in folgende Werte transformiert:

Probanden-antwort		Neuer Zahlenwert
0	→	4
1	→	3
2	→	2
3	→	1
4	→	0

Mit anderen Worten: Überall dort, wo in der Tabelle 2 bei den Items 3 und 4 eine 0 steht, wird sie durch eine 4 ersetzt, wo eine 1 steht, setzt man 3 ein, usw.
Nach dieser Prozedur sieht die Matrix folgendermaßen aus (Tabelle 3):

Tabelle 3: Unter Berücksichtigung der Interpretationsrichtung veränderte Matrix der Probandenurteile. Rechts ausgeworfen ist der Gesamtwert für jeden Probanden

Proband \ Item	1	2	3	4	5	Summe
1	0	1	0	1	4	6
2	4	4	4	3	4	19
3	1	0	1	0	2	4
4	1	1	2	1	2	7
5	2	2	2	1	0	7
6	1	1	0	0	3	5

Rechts ausgeworfen ist die Summe für jeden Probanden, die sich jetzt aus gleichgerichtet interpretierbaren Zahlenwerten zusammensetzt.
Aus der Summenspalte ersieht man unmittelbar, daß Proband 2 derjenige ist, der Taktiken am stärksten zur Maxime seines Handelns zu machen scheint, während Proband 3 augenscheinlich am wenigsten vom Taktieren hält. Diese Interpretationen taugen natürlich nur dann etwas, wenn die Items tatsächlich das Merkmal messen, welches man im Auge hat, und wenn man sich bei der Umpolung einzelner Items nicht geirrt hat. Im vorliegenden Fall ist die Interpretationsrichtung ziemlich unzweifelhaft. Es gibt jedoch Fälle, in denen man nicht sehr deutlich sehen kann, in welcher Richtung man eine

Antwort auslegen müßte, ohne daß das Item deshalb schlecht sein muß. Es gibt statistische Methoden, um die Interpretationsrichtung eines Items relativ zu den übrigen festzustellen, ohne den Aussageninhalt auch nur kennen zu müssen. Und zwar läßt sich aus der Verteilung der Probanden-Antworten zu den einzelnen Items rein rechnerisch ermitteln, ob diese einen gleichsinnigen oder einen gegensinnigen Zusammenhang miteinander aufweisen. Darüber hinaus ist es möglich, auch noch die Stärke des Zusammenhangs zu ermitteln. Mit anderen Worten: Ohne daß der Testkonstrukteur den Inhalt der einzelnen Aussagen miteinander vergleicht oder auch nur beachtet, kann er entscheiden, ob sie auf die Probanden relativ gleich wirken, ob sie miteinander nichts zu tun haben oder ob sie auf die Probanden gegensinnig wirken.

Die Berechnungen, die diese Resultate liefern, machen Gebrauch von den statistischen Methoden der Korrelationsrechnung.

Worin eine *Korrelation* besteht, läßt sich am leichtesten veranschaulichen, wenn wir die Items graphisch als Profile darstellen, wie dies in Abbildung 3 geschehen ist. Jedes Item ist durch ein Profil repräsentiert.

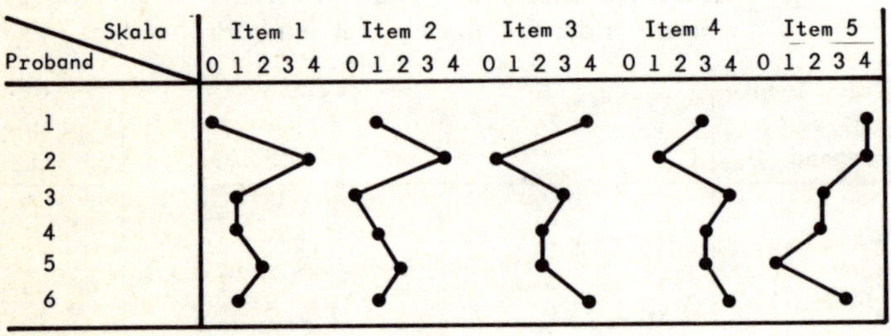

Abbildung 3: Die Urteile der Probanden, dargestellt als Itemprofile. Die Daten entsprechen Tabelle 2

Jedes Item ist in Abbildung 3 im Koordinatensystem dargestellt, das durch die Probanden und die möglichen Antworten entsteht. Wenn man die Antworten der verschiedenen Probanden zu einem Item als Punkte einträgt und miteinander verbindet, ergibt sich ein Profilverlauf, der für das Item in der vorliegenden Stichprobe von Probanden charakteristisch ist.

Eine Korrelation zwischen zwei Items läßt sich veranschaulichen als das Ausmaß, in dem das eine Profil gleichsinnig zum anderen verläuft. Den Variationen des einen Profils entsprechen ähnliche Variationen des anderen Profils. In statistischer Ausdrucksweise heißt das, zwei Profilverläufe kovariieren. Der Abbildung ist deutlich zu

entnehmen, daß die Profilverläufe von Item 1 und 2 kovariieren. Das gleiche gilt für die Meßwerte zu Item 3 gegenüber Item 4. Man sagt in diesem Fall, Item 1 korreliert positiv mit Item 2 und Item 3 korreliert positiv mit Item 4.
Eine Korrelation besteht auch dann, wenn zwei Profilverläufe *gegensinnig* sind. Dies läßt sich z. B. in bezug auf die Items 2 und 3 beobachten. Auch ein gegensinniger Zusammenhang ist eine Korrelation, und zwar eine negative. Eine negative Korrelation besteht auch zwischen Item 2 und Item 4.
Wenn zwei Meßwertreihen in der geschilderten Weise positiv oder negativ miteinander korrelieren, dann kann man aus der Kenntnis nur eines der beiden Profile den Verlauf des zugehörigen zweiten Profils näherungsweise erraten, auch wenn man das zweite noch gar nicht kennt.
Ein dritter prototypischer Fall ist gegeben, wenn überhaupt keine Kovariation zwischen zwei Profilverläufen festgestellt werden kann. Vergleichen wir beispielsweise den Profilverlauf von Item 1 mit dem von Item 5: Wenn wir aus der Kenntnis der Meßwertreihe zu Item 1 die Meßwertreihe zu Item 5 erraten sollten, würden wir uns laufend irren. Die Meßwertreihe 1 läßt keine Rückschlüsse auf den Verlauf der Meßwertreihe 5 zu und umgekehrt. Man sagt in diesem Fall, es bestehe überhaupt kein statistischer Zusammenhang zwischen beiden Meßwertreihen. Die Korrelation ist gleich Null.
Auch ohne sich die den Items zugehörenden Meßwertreihen zu veranschaulichen – was im Falle vieler Probanden oder sehr vieler Items ohnehin die menschliche Urteilsfähigkeit übersteigen würde –, kann man die Korrelation mit Hilfe geeigneter Formeln rechnerisch bestimmen. Es gibt eine ganze Reihe statistischer Korrelationsmaße, von denen nur eines (die sogenannte Produkt-Moment-Korrelation) veranschaulicht werden soll (über die Grenzen dieses Korrelationsmaßes und alternative statistische Verfahren informiert Lienert 1973a, S. 519ff.). Dem Leser, der sich für die technischen Einzelheiten bei der Berechnung von Mittelwert, Streuung und Korrelation nicht interessiert, wird empfohlen, die folgenden Kleindruckpassagen zu übergehen.

Man kann die Korrelation zweier Meßwertreihen definieren als das Ausmaß, in dem beide Meßwertreihen kovariieren, dividiert durch das Ausmaß, in dem jede der beiden Meßwertreihen für sich variiert. Die Variation jeder Meßwertreihe wird ausgedrückt als sogenannte Streuung oder Standardabweichung. Was man darunter versteht, läßt sich wiederum unter Bezug auf die fünf Beispielitems veranschaulichen.
Aus jeder Meßwertreihe läßt sich der *Mittelwert* $\bar{x}$ (sprich: x quer) nach folgender Formel berechnen:

$$\bar{x} = \frac{\sum_{i=1}^{n} x_i}{n}$$

Diese Formel ist gleichsam eine Rechenanweisung, die nichts anderes bedeutet als: Summiere über sämtliche Meßwerte x_i und dividiere die Summe durch die Zahl der Meßwerte n. i ist der Index, durch den die einzelnen Meßwerte voneinander unterschieden werden können. Er bezeichnet im vorliegenden Beispiel den Probanden. Der Mittelwert von Item 1 berechnet sich nach dieser Formel wie folgt:

$$\begin{aligned} x_1 &= 0 \\ x_2 &= 4 \\ x_3 &= 1 \\ x_4 &= 1 \\ x_5 &= 2 \\ x_6 &= \underline{1} \end{aligned}$$

$$\sum_{i=1}^{6} x_i = 9;$$

dieser Wert, dividiert durch 6, ergibt

$$\bar{x} = \frac{9}{6} = 1.5$$

Es ist in der Statistik üblich, die Variabilität einer Meßwertreihe als quadrierte Abweichung der einzelnen Meßwerte vom Mittelwert $\bar{x}$ auszudrükken. Die Berechnung geschieht nach folgender Formel:

$$s_x = \sqrt{\frac{\sum_{i=1}^{n} (x_i - \bar{x})^2}{n}}$$

Für jeden einzelnen Meßwert wird die Differenz zum Mittelwert gebildet und ins Quadrat erhoben. Die Differenzenquadrate werden aufsummiert und durch die Zahl der Meßwerte dividiert. Dieser Wert s_x^2 wird *Varianz* genannt. Die Wurzel aus diesem Wert nennt man die *Streuung.* Für Item 1 errechnen wir die Streuung folgendermaßen:

$$\begin{aligned} (x_1-\bar{x})^2 &= (0-1.5)^2 = 2.25 \\ (x_2-\bar{x})^2 &= (4-1.5)^2 = 6.25 \\ (x_3-\bar{x})^2 &= (1-1.5)^2 = 0.25 \\ (x_4-\bar{x})^2 &= (1-1.5)^2 = 0.25 \\ (x_5-\bar{x})^2 &= (2-1.5)^2 = 0.25 \\ (x_6-\bar{x})^2 &= (1-1.5)^2 = \underline{0.25} \end{aligned}$$

$$\sum_{i=1}^{n} (x_i-\bar{x})^2 = 9.50$$

$$s_x = \sqrt{\frac{9.50}{6}} = \sqrt{1.583} = 1.26$$

Beispiel Nr. 2: Item 4

Der Mittelwert (zur Unterscheidung von der ersten Meßwertreihe nennen wir ihn $\bar{y}$) beträgt:

$$\bar{y} = \frac{3+1+4+3+3+4}{6} = 3.0$$

Die Streuung beträgt:

$$s_y = \sqrt{\frac{(3-3)^2+(1-3)^2+(4-3)^2+(3-3)^2+(3-3)^2+(4-3)^2}{6}} = \sqrt{1} = 1.0$$

Die Varianz s_y^2 ist in diesem Falle also gleich der Streuung s_y nämlich 1.0. Die Kovariation zweier Meßwertreihen läßt sich analog zur Varianz für einzelne Meßwertreihen berechnen. Das entsprechende Maß heißt *Kovarianz.* Man berechnet jetzt die Differenzen zwischen den Meßwerten und dem zugehörigen Mittelwert für beide Reihen parallel, und zwar nach der Formel:

$$s_{xy} = \frac{\sum_{i=1}^{n} (x_i-\bar{x}) \; (y_i-\bar{y})}{n}$$

Für die Items 1 und 4 errechnen wir die Kovarianz folgendermaßen:

$$
\begin{aligned}
(x_1-\bar{x})\;(y_1-\bar{y}) &= (0-1.5)\;(3-3) = (-1.5)\;(0.0) = 0.0\\
(x_2-\bar{x})\;(y_2-\bar{y}) &= (4-1.5)\;(1-3) = (+2.5)\;(-2.0) = -5.0\\
(x_3-\bar{x})\;(y_3-\bar{y}) &= (1-1.5)\;(4-3) = (-0.5)\;(+1.0) = -0.5\\
(x_4-\bar{x})\;(y_4-\bar{y}) &= (1-1.5)\;(3-3) = (-0.5)\;(0.0) = 0.0\\
(x_5-\bar{x})\;(y_5-\bar{y}) &= (2-1.5)\;(3-3) = (+0.5)\;(0.0) = 0.0\\
(x_6-\bar{x})\;(y_6-\bar{y}) &= (1-1.5)\;(4-3) = (-0.5)\;(+1.0) = \underline{-0.5}
\end{aligned}
$$

$$\sum_{i=1}^{n} (x_i-\bar{x}) \; (y_i-\bar{y}) = -6.0$$

Dieser Wert, dividiert durch n, ergibt

$$s_{xy} = \frac{-6.0}{6} = -1.0$$

Die Kovarianz trägt ein negatives Vorzeichen. Wir erkennen daran, daß Item 1 mit Item 4 negativ korreliert sein muß, was wir bereits aufgrund der Profilverläufe prognostiziert hatten. Der genaue Wert für die Korrelation zwischen Item 1 und Item 4 ergibt sich nach der folgenden einfachen Formel:

$$r_{xy} = \frac{s_{xy}}{s_x \cdot s_y}$$

Im vorliegenden Beispiel beträgt die Korrelation also

$$r_{xy} = \frac{-1.0}{1.26 \cdot 1.0} = -0.795$$

Der höchste Wert, den ein Korrelationskoeffizient erreichen kann, beträgt 1.0. Diesen Grenzfall eines korrelativen Zusammenhangs bezeichnet man als funktionalen Zusammenhang, wie er in der Mathematik besteht, wenn sich eine Größe x nach einer Gleichung aus einer zweiten Größe y errechnen läßt. Zwischen der Brenndauer und der Länge einer Wunderkerze besteht ein funktionaler Zusammenhang und damit eine Korrelation von 1.0. Der höchstmögliche negative korrelative Zusammenhang beträgt –1.0. Auch in diesem Fall haben wir es mit einem funktionalen Zusammenhang zu tun; denn von dem einen Merkmal kann man mit Sicherheit auf den entsprechenden Meßwert im anderen Merkmal schließen. Als Beispiel für einen negativen funktionalen Zusammenhang könnte eine Petroleumlampe herhalten. Merkmal A sei die Zeit, die die Lampe bereits brennt, Merkmal B sei die Menge an Petroleum, die sich noch in der Lampe befindet. Je länger die Lampe schon brennt, desto weniger Petroleum wird sich noch darin befinden. Eine Korrelation von –1.0 ist genausogut wie eine Korrelation von +1.0; denn wenn man im vorliegenden Beispiel das Merkmal B nicht als Menge des noch vorhandenen, sondern als Menge des schon verbrannten Petroleums fassen würde, ergäbe sich eine Korrelation von +1.0, obwohl sich die sachliche Aussage nicht ändert.

Es ist kein Zufall, daß die beiden Beispiele nicht aus dem Bereich der Sozialwissenschaften stammen. Funktionale Zusammenhänge sind hier nämlich sehr selten. Die Korrelationen, die man hier erreichen kann, sind in der Regel geringer als ± 1.0. Je höher sie ist, desto sicherer kann man, ausgehend von einer der beiden Meßwertreihen, die zweite schätzen. Im ungünstigsten Fall beträgt die Korrelation 0.0, das heißt, beide Meßwertreihen weisen überhaupt keinen statistischen Zusammenhang auf. Die eine Reihe von Meßwerten liefert keinerlei Informationen über die zweite. In der Korrelationsstatistik bezeichnet man übrigens Meßwertreihen, die miteinander korreliert werden können, als *Variable*, gleichgültig ob es sich dabei um einzelne Testitems, Merkmale wie Alter, Geschlecht oder sonstige gemessene Größen handelt.

Bezogen auf Testitems könnte man sagen: Je höher zwei Items miteinander korrelieren, desto ähnlicher ist ihre Wirkung auf die Probanden. Aus der Antwort eines Probanden auf das eine Item kann man seine Antwort zum zweiten Item je nach Höhe der Korrelation mehr oder minder genau voraussagen. Wäre die Korrelation zwischen zwei Items gleich 1.0 oder –1.0, so würde eine Antwort des Probanden genügen; wir könnten seine Antwort auf das zweite Item mit absoluter Sicherheit vorhersagen. Solche Fälle von funktionalen Zusammenhängen zwischen zwei Items treten in der Psychologie praktisch nie auf. Das psychische Geschehen in den Probanden ist so vielfältig und komplex, daß immer nur Wahrscheinlichkeitsaussagen über ihre Reaktion möglich sein werden.

Das statistische Maß der Korrelation kann zur Analyse der vorliegenden Daten herangezogen werden. Und zwar wird jedes Item mit jedem anderen korreliert. Die errechneten Korrelationskoeffizienten werden in einer sogenannten Korrelationsmatrix dargestellt, wie sie in Tabelle 4 für die fünf Testitems des Beispiels gezeigt ist. Von einer solchen Korrelationsmatrix wird üblicherweise nur eine Hälfte als Dreieckmatrix dargestellt, weil die andere Hälfte symmetrisch zur ersten ist. Die Diagonalelemente der Matrix sind stets 1.0. Deshalb läßt man sie ebenfalls weg.

Tabelle 4: Matrix der Interkorrelationen der fünf exemplarischen Testitems sowie einiger zusätzlicher Item-Kennwerte (bei Zahlen unter 1.0 sind die führende Null und der Dezimalpunkt weggelassen)

Item \ Item	2	3	4	5	$\bar{x}$	s	s^2
1	895	–909	–795	048	1.50	1.260	1.59
2		–813	–927	239	1.50	1.260	1.59
3			843	043	1.50	1.387	1.92
4				–361	3.00	1.000	1.00
5					2.50	1.387	1.92

Die Korrelationen in der Tabelle sind höher, als man sie in der Praxis erwarten könnte; denn das Beispiel ist zum Zwecke der Demonstration manipuliert. In der testpsychologischen Praxis würde man bereits Item-Interkorrelationen von 0.5 bis 0.6 als hoch bezeichnen müssen.

Eine Korrelationsmatrix kann sehr hilfreich sein, wenn die Frage zu klären ist, ob die Items eines Fragebogens alle das gleiche messen, also zu einer ähnlichen Reaktion beim Probanden führen. Offensichtlich ist das bei vier der fünf Items der Fall; denn alle Korrelationen zwischen den ersten vier Variablen weisen einen hohen absoluten Betrag auf. Die Korrelationsmatrix bestätigt die aufgrund der Itemformulierung getroffene Feststellung, daß die Items 3 und 4 umgepolt werden müssen, bevor sie zu einem Gesamttestwert aufgerechnet werden; denn in der Korrelationsmatrix lassen sich deutlich zwei Variablengruppen (Gruppe 1: Items 1 und 2 und Gruppe 2: Items 3 und 4) unterscheiden, bei denen die Korrelationen zwischen den Variablen innerhalb einer Gruppe positiv und die Korrelationen zwischen den Variablen verschiedener Gruppen negativ ausfallen.

In einem zweiten Punkt ist die Korrelationsmatrix ebenfalls sehr instruktiv: Auf der Basis der vorliegenden Ergebnisse kann gesagt werden, daß die Variable 5 weitgehend zusammenhanglos ist mit den übrigen Variablen. Daraus kann der Schluß gezogen werden, daß das Item 5 nicht das gleiche mißt wie die übrigen vier Variablen. Entweder ist dieses Item irrelevant für das zu messende psychische Merkmal Taktik-Orientiertheit, oder aber das Merkmal Taktik-Orientiertheit muß durch mehrere voneinander unabhängige *Faktoren* erklärt werden. Vergleichbar wäre etwa das Merkmal »Guter Autofahrer«, das auch nicht nur durch den Faktor »Fahrzeugbeherrschung«, sondern nur unter Rückgriff auf zusätzliche Faktoren, wie »Wissen um Verkehrsregeln«, »Reaktionsschnelligkeit« usw. erklärt werden kann. Man nennt solche Faktoren auch *Dimensionen.*

Sofern die psychische Variable Taktik-Orientiertheit als mehrdimensional, das heißt aus mehreren unabhängigen Faktoren zusammengesetzt aufgefaßt werden muß, wäre der vorliegende Test unzureichend; denn vier seiner fünf Items sind auf eine Dimension konzentriert, während mögliche andere unabhängige Dimensionen nur durch ein einziges Item repräsentiert sind. Immer wenn eine Korrelationsmatrix von Testitems in mehreren Gruppen von zusammengehörigen Variablen zerfällt, ist dies ein Zeichen für die Mehrdimensionalität des Tests. Aus der Tatsache, daß vier Items untereinander hoch korreliert sind, läßt sich der Schluß ziehen, daß der Test insoweit konsistent ist, also daß diese Items etwas Ähnliches messen. Sie erfassen offenbar eine Dimension. Über das fünfte Item kann man noch keine endgültige Entscheidung treffen. Wenn man sich auf die eine Dimension des psychischen Merkmals Taktik-Orientiertheit konzentrieren will, sollte man das fünfte Item aus dem Test eliminieren. Das wiederum hieße, die vorläufig berechneten additiven Testwerte für die Probanden (vgl. S. 35) sind ungültig und müssen unter Außerachtlassung des fünften Items neu berechnet werden. Die neuen Testwerte würden lauten:

Proband 1: 2 Punkte
Proband 2: 15 Punkte
Proband 3: 2 Punkte
Proband 4: 5 Punkte
Proband 5: 7 Punkte
Proband 6: 2 Punkte

Man sieht unmittelbar, daß sich durch die Neuberechnung der Testwerte die Reihenfolge unter den Probanden geändert hat. Während die Rangfolge (beginnend mit dem höchsten Testwert) vorher lautete: Proband 2, Proband 4 und 5 (je 7 Punkte), Proband 1, Proband 6 und Proband 3, lautet die Reihenfolge nun: Proband 2, Proband 5, Proband 4 und (mit gleicher Punktzahl) die Probanden Nr. 1, 3 und 6.

1.2.3.2. Statistische Methoden der Dimensionsanalyse

In der vorliegenden Korrelationsmatrix ist durch Augenschein ohne Schwierigkeiten festzustellen, daß die Meßdaten anscheinend mit Ausnahme der Variable 5 etwas Ähnliches erfassen. Bei Tests, die aus vielen Items bestehen, wäre dieses Verfahren sehr subjektiv; denn zum einen trifft man in der Testpsychologie höchst selten so hohe Korrelationen an wie in dem Beispiel. Zum anderen liegen die zu einer Gruppe gehörenden Variablen in der Regel nicht nebeneinander, sondern sind über die Matrix verstreut. So wären beispielsweise in der folgenden Korrelationsmatrix von 5 Intelligenztestaufgaben die zusammengehörigen Variablen nicht mehr so offensichtlich (Tabelle 5).

Tabelle 5: Matrix der Korrelation zwischen 5 Intelligenztestaufgaben

	Test-item	1	2	3	4	5
»Was ist Idiosynkrasie?«	1	100	–18	70	17	–64
»Wieviel ist 2^8?« (Lösungszeit)	2	–18	100	10	–73	16
»Zählen Sie Wörter auf mit dem Anfangsbuchstaben M.«	3	70	10	100	–08	54
»Lösen Sie die Gleichung $x^2 - x = 3.5$ nach x auf.«	4	17	–73	–08	100	–15
»Lösen Sie so schnell wie möglich das Kreuzworträtsel, das ich Ihnen hier zeige.« (Lösungszeit)	5	–64	16	54	–15	100

Wenn man die Variablen dagegen in anderer Reihenfolge darstellt, so ergibt sich folgende Korrelationsmatrix, in der die Gruppierungen zusammengehöriger Variablen unmittelbar auffallen (Tabelle 6). Diese Matrix zerfällt deutlich in zwei Gruppen zusammengehöriger Variablen, die in der Matrix eingerahmt sind. Man bezeichnet derartige Variablenbündel als *Cluster.* Auch ohne sich auf den Augenschein verlassen zu müssen, kann man in einer Korrelationsmatrix Cluster zusammengehöriger Variablen aufdecken. Es gibt eine ganze Reihe von statistischen Verfahren, die das leisten. Sie sind in der einschlägigen Literatur unter der Sammelbezeichnung Cluster-

Tabelle 6: Matrix von Tabelle 5 in anderer Variablenabfolge

Test-item	1	3	5	2	4
1	100	70	–64	–18	17
3	70	100	54	10	–08
5	–64	54	100	16	–15
2	–18	10	16	100	–73
4	17	–08	–15	–73	100

analyse zu finden (vgl. etwa Anderberg 1973, Baumann 1971, Bijnen 1973). In dem vorliegenden Beispiel liegt es nahe, die beiden Cluster mit Sammelbezeichnungen zu belegen. So könnte man die drei Testaufgaben der ersten Gruppe als Prüfungen der sprachlichen Fähigkeiten bezeichnen, während die übrigen zwei Aufgaben das rechnerische Denken betreffen. Eine verwandte Klasse von statistischen Verfahren, die Technik der *Faktorenanalyse*, geht das Problem der sinnvollen Interpretation von Ähnlichkeiten zwischen den Variablen von einer etwas anderen Position an. Während die Clusteranalyse danach fragt, welche Variablen dichter beieinanderliegen als andere, ist die Frage der Faktorenanalyse abstrakter. Der Faktorenanalytiker sucht nach hypothetischen Größen (den Faktoren) und deren Korrelationen mit den Variablen. Die Matrix dieser Korrelationen nennt man *Faktorenstruktur.* Die Faktorenstruktur für unser Demonstrationsbeispiel zeigt Tabelle 7. Sie ergibt sich aufgrund von

Tabelle 7: Faktorenstruktur zu den Korrelationen von Tabelle 5

	Faktor I	Faktor II
Variable 1	.90	.10
Variable 2	.10	–.90
Variable 3	.80	–.20
Variable 4	–.10	.80
Variable 5	–.70	–.10

komplizierten statistischen Berechnungen, die hier nicht einmal ansatzweise erklärt werden können. Wichtig für den Anfänger ist zu wissen, daß eine Faktorenstruktur gut oder weniger gut sein kann. Gut ist eine Faktorenstruktur dann, wenn sich daraus die Originalkorrelationen zwischen den Variablen rückrechnen (reproduzieren) lassen. In unserem Fall muß sich also jede Korrelation von Tabelle 5 durch die zwei Faktoren von Tabelle 7 »erklären« (=reproduzieren) lassen. Diese Rückrechnung der Korrelationen aus den Faktorenstrukturkoeffizienten geschieht nach folgender Formel:

$$r_{xy} = r_{xI} \cdot r_{yI} + r_{xII} \cdot r_{yII} + \ \ldots \ + r_{xF} \cdot r_{yF}$$
$$= \sum_{j=I}^{F} r_{xj} \cdot r_{yj}$$

Die Buchstaben x und y bezeichnen die miteinander korrelierten Variablen (also etwa Testitem 1 und Testitem 3 von Tabelle 5); die römischen Zahlen bezeichnen die Faktoren (im vorliegenden Falle nur zwei).

Aus den Faktoren lassen sich nach obiger Formel die Korrelationen von Tabelle 5 rückrechnen. Die Korrelation zwischen den Testitems 1 und 3 ergibt sich somit als

$$r_{13} = r_{1I} \cdot r_{3I} + r_{1II} \cdot r_{3II}$$
$$= 0.90 \cdot 0.80 + 0.10 \cdot -0.20$$
$$= 0.72 + -0.02 = 0.70$$

Dieses Ergebnis stimmt mit Tabelle 5 genau überein. In der Praxis würden sich gewisse Diskrepanzen zwischen rückgerechneter und originaler Korrelation ergeben, die dann toleriert werden, wenn sie nicht zu groß sind. Je größer die Diskrepanzen sind, desto schlechter erklärt die Faktorenstruktur die empirischen Daten. Unter Umständen müssen dann weitere Faktoren in den Erklärungsversuch (das heißt: in die Faktorenstruktur) aufgenommen werden. In konstruierten Beispielen wie diesem ist die Übereinstimmung perfekt. Auch alle übrigen in Tabelle 5 aufgeführten Koeffizienten der Interkorrelationsmatrix lassen sich auf die gleiche Weise mit Hilfe der Faktorenstrukturkoeffizienten reproduzieren, wovon sich der Leser leicht überzeugen kann. Lediglich für die Eins-Korrelationen in den Diagonalfeldern gelten andere Gesetzmäßigkeiten. Wenn man zum Beispiel den Koeffizienten r_{11} ausrechnet, ergibt sich

$$r_{11} = r_{1I} \cdot r_{1I} + r_{1II} \cdot r_{1II}$$
$$= 0.90^2 + 0.10^2 = 0.82$$

Diesen Wert bezeichnet man als *Kommunalität.*

Die Kommunalität des Testitems ist ein Maß dafür, wieviel dieses Item mit allen berechneten hypothetischen Größen (Faktoren) gemeinsam hat. Im allgemeinen liegt die Kommunalität einer Variablen unterhalb von 1.0, womit zum Ausdruck kommt, daß bestimmte Aspekte für diese Variable spezifisch sind und nicht durch die Beziehungen mit anderen Items vorausgesagt werden können.

Man kann danach sagen, daß die Testaufgabe 5 am wenigsten mit den extrahierten Faktoren gemeinsam hat; denn ihre Kommunalität ist mit 0.50 die geringste von allen. Dies kann einmal daran liegen, daß die Antwort bei diesem Testitem von mancherlei Zufälligkeiten abhängig ist, die die Aufgabe insgesamt nur wenig brauchbar machen. Es kann aber auch sein, daß zur Erklärung der Probandenantwort andere hypothetische Faktoren zusätzlich herangezogen werden müßten, die in der vorliegenden Faktorenstruktur nicht repräsentiert sind.

Mit Hilfe der Faktorenstruktur kann man nun nicht nur die Korrelation zwischen den Items reproduzieren und die Kommunalität jedes Items bestimmen. Ihre praktische Bedeutung liegt vor allem darin, daß man daraus entnehmen kann, wie hoch jede Variable mit dem hypothetischen Faktor zusammenhängt.

Jeder Faktorenstrukturkoeffizient ist ja als Korrelation zwischen Variable und Faktor aufzufassen. Dieser Umstand ermöglicht eine inhaltliche Interpretation der Faktoren. Im vorliegenden Fall trägt zum Faktor I am meisten die Variable 1 bei, am zweitmeisten Variable 3 und am drittmeisten Variable 5. Variable 5 weist zudem einen negativen Zusammenhang mit Faktor I auf, was für die Interpretation wichtig ist. Faktor II wird durch die Variablen 2 (negative Beziehung) und 4 konstituiert. Ausgehend von diesen Beziehungen kommt man, ähnlich wie bei der einfachen Betrachtung der Korrelationsmatrix zu dem Schluß, daß der Faktor I ein Faktor der sprachlichen Fähigkeiten ist, während der Faktor II eher das rechnerische Denken widerspiegelt.

Es ist anzumerken, daß die vorliegende Korrelationsmatrix zum Zwecke der eindeutigen Faktorisierbarkeit eigens konstruiert war. Bei empirisch vorfindbaren Korrelationsmatrizen lassen sich die Interkorrelationen durch die Faktorenstruktur im allgemeinen nur näherungsweise reproduzieren. Je mehr Faktoren man extrahiert, desto besser stimmen die rückgerechneten mit den tatsächlichen Korrelationskoeffizienten überein. Der Untersucher steht also bei jeder Faktorenanalyse vor der Frage, wieviele Faktoren er extrahieren will, das heißt, mit welcher Voraussagegenauigkeit er sich zufriedengeben will.

Wie das Verfahren der Faktorenanalyse im einzelnen durchzuführen ist, übersteigt den Umfang dieser Darstellung bei weitem. Der interessierte Leser sei hier auf die Spezialliteratur verwiesen. (Zum Einstieg kann empfohlen werden: Child 1970, Comrey 1973, Lienert und Orlik 1968, Rummel 1970, Überla 1968.) Der Rechenaufwand sowohl der clusteranalytischen als auch der faktorenanalytischen Techniken ist im übrigen so hoch, daß er nur mit Hilfe elektronischer Datenverarbeitungsanlagen in angemessener Zeit bewältigt werden kann.

1.2.3.3. Trennschärfeberechnung

Wir wollen nun wieder zu dem in Tabelle 2 (S. 34) dargestellten Zahlenbeispiel zurückkehren, mit dem wir die Erörterungen über statistische Techniken begonnen hatten. Durch die Analyse der in Tabelle 4 (S. 41) aufgeführten Korrelationsmatrix hatten wir festgestellt, daß Item 5 nicht zu den übrigen vier Aussagen paßt. Wäre das nicht durch Augenschein möglich gewesen, dann hätte man sich der faktorenanalytischen Technik bedienen können. Das Ergebnis wäre ein Faktor gewesen, der durch die ersten vier Testitems konstituiert worden wäre. Das fünfte Testitem hingegen würde keine nennenswerte Korrelation zu diesem Faktor aufweisen. Das gleiche Ergebnis, daß Item 5 nicht zu den übrigen vier Items paßt, kann man mit wesentlich geringerem rechnerischen Aufwand auch auf eine andere Weise ermitteln, und zwar durch Berechnung von sogenannten *Trennschärfekoeffizienten.* Die Trennschärfe einer Aufgabe ist, statistisch betrachtet, die Korrelation des Ergebnisses in der Einzelaufgabe mit dem Ergebnis im gesamten Test. Der Trennschärfekoeffizient drückt aus, ob das einzelne Item etwas Ähnliches mißt wie der gesamte Test. Die Meßwertreihen, die in den bisherigen Zahlenbeispielen miteinander in Beziehung gesetzt wurden, bezogen sich stets auf einzelne Testitems. Bei der Trennschärfe ist eine der beiden Meßwertreihen der Punktwert im gesamten Test. Um also beispielsweise die Trennschärfe von Item 1 auszurechnen, setzt man die Antwortwerte der sechs Probanden zu Item 1 in Beziehung zu den Summenwerten, die die sechs Probanden im Test erzielt haben (vgl. Tabelle 3, S. 35). Die Trennschärfe ergibt sich nach den auf S. 38 und 39 veranschaulichten Rechenprinzipien. Es ergibt sich ein Trennschärfekoeffizient von $r = 0.895$. Dieser Koeffizient ist wie jeder andere Korrelationskoeffizient zu interpretieren und somit als hoch zu bezeichnen. Aus dem Ergebnis kann geschlossen werden, daß bereits die Antwort eines Probanden auf Item 1 genügen würde, um das Gesamttestergebnis mit einiger Sicherheit zu prognostizieren. Mit anderen Worten: Item 1 kann in Grenzen den gesamten Test vertreten und ist daher trennscharf. Es erlaubt eine gute Trennung von Probanden mit hohem Testwert gegenüber Probanden mit niedrigem Testwert im gesamten Test. Die Trennschärfe eines Item i mit dem Gesamttest t wird üblicherweise mit r_{it} symbolisiert. Der Trennschärfekoeffizient von Item 1 lautet also $r_{1t} = 0.895$.

Die Logik, die hinter der Berechnung von Trennschärfekoeffizienten steht, ist die folgende: Man kann im allgemeinen annehmen, daß

der Testkonstrukteur bei der Auswahl seiner Items nicht völlig danebengegriffen hat. Es werden zwar einige Items entgegen den Erwartungen nicht mit dem interessierenden Merkmal zusammenhängen. Doch wird – da alle Items ausgehend von einem einheitlichen Konzept entworfen wurden – die Mehrzahl der Items etwas Ähnliches erfassen. Der Gesamttestwert eines Probanden ist von seiner Reaktion auf alle Testitems, sowohl der einander ähnlichen wie auch der zusammenhanglosen, bestimmt. Wenn man nun annehmen kann, daß das Gesamttestergebnis im großen und ganzen das widerspiegelt, was der Testkonstrukteur zu messen wünscht, muß sich der Zusammenhang eines Items mit den übrigen in der Korrelation dieses Items mit dem gesamten Test niederschlagen. Daraus folgt, daß Items mit hoher Trennschärfe stärker zur Konsistenz des Tests beitragen als Items mit geringer Trennschärfe.
Wenn diese Überlegungen richtig sind, müßte sich für das Item 5 unseres Beispiels (vgl. Tabelle 3, S. 35) eine niedrigere Trennschärfe ergeben als für Item 1. In der Tat ergibt sich für Item 5 der sehr viel niedrigere Trennschärfekoeffizient von $r_{5t} = 0.407$. Nach dem, was die Sichtung der Korrelationsmatrix aller fünf Items ergeben hat, ist die Trennschärfe von Item 5 allerdings trotzdem noch beachtlich hoch; denn wie der Vergleich des Trennschärfekoeffizienten mit Tabelle 4 (Korrelationsmatrix, S. 41) zeigt, korreliert das Item mit keinem anderen so hoch wie mit dem Gesamtergebnis. Mißt es womöglich doch etwas Ähnliches wie die übrigen vier Items? Die Antwort lautet: Nein. Item 5 ist von den übrigen Items weitgehend unabhängig, und der Trennschärfekoeffizient von 0.406 täuscht eine Beziehung vor, die nur dadurch zustande kommt, daß die Antwort der Probanden auf dieses Item mit in den Gesamttestwert eingeht. Mit anderen Worten: Item 5 trägt in diesem kurzen Test $^1/_5$ zum Gesamttestwert bei, so daß sich auch dann noch eine nennenswerte Trennschärfe ergeben muß, wenn eigentlich keine Beziehung zu erwarten ist. Je geringer die Anzahl von Testitems, um so gravierender ist dieser Fehler. Man kann den Fehler dadurch umgehen, daß man vor Berechnung der Trennschärfe den Beitrag dieses Items vom Gesamtergebnis abzieht*. Die hinsichtlich Item 5 korrigierten Gesamttestwerte lauten: 2, 15, 2, 5, 7, 2 (in der Reihenfolge der Probanden). Wenn wir die Antwortwerte zu Item 5 mit dieser Wertefolge korrelieren, ergibt sich in der Tat eine Trennschärfe von etwa Null (genau 0.225). In der Testpraxis ist diese Form der Trennschärfeberechnung unüblich, weil der Fehler, den man macht, wenn man das Item mit dem Gesamttestergebnis korreliert, bei einer größeren Anzahl von

* Zu rechnerischen Korrekturmöglichkeiten siehe Wolf 1967.

Items minimal ist. Darüber hinaus ist für den Testpraktiker nicht so sehr die absolute Höhe der Trennschärfekoeffizienten wichtig, als vielmehr der Vergleich zwischen den Trennschärfen verschiedener Items. Die Items mit der relativ geringsten Trennschärfe werden eliminiert, Items mit höherer Trennschärfe werden beibehalten. In der testpsychologischen Praxis werden Trennschärfekoeffizienten von 0.4 bei kürzeren und von 0.3 bei längeren Tests als noch hinreichend angesehen.

Die Bestimmung von Trennschärfekoeffizienten ist ein relativ einfaches und recht effektives Verfahren, um den Test auf solche Items zu kürzen, die in etwa das gleiche messen. Es ist deshalb in der Praxis nicht unbedingt erforderlich, die vollständige Matrix der Item-Interkorrelationen zu berechnen, um zu vorläufigen Aussagen über die Brauchbarkeit der einzelnen Items zu kommen.

Tabelle 8: Vorläufige Version eines Fragebogentests zur Messung der Taktikorientiertheit von Personen

Sie sehen unten eine Reihe von Äußerungen. Wir bitten Sie, dazu Stellung zu nehmen. Den Grad Ihrer Zustimmung oder Ablehnung können Sie durch folgende Zahlen ausdrücken:

Extrem starke Ablehnung	Starke Ablehnung	Schwache Ablehnung	Weder noch	Schwache Zustimmung	Starke Zustimmung	Extrem starke Zustimmung
–3	–2	–1	0	+1	+2	+3

Sie brauchen nur am Blattrand die Zahl einzukreisen, die Ihrem Urteil entspricht.

Beispiel:
Viele Köche verderben den Brei. –3 –2 –1 0 +1 +2 +3
Ablehnung Zustimmung
Angenommen Sie lehnen diese Äußerung ganz entschieden ab, dann kreisen Sie in diesem Fall die –3 ein.

1. Ich lehne es völlig ab, mich bei meinen Vorgesetzten einzuschmeicheln. –3 –2 –1 0 +1 +2 +3
2. Wenn man ein Ziel erreichen will, soll man den Weg des geringsten Widerstandes gehen. –3 –2 –1 0 +1 +2 +3
3. Man sollte keinem erzählen, aus welchen Gründen man etwas getan hat, es sei denn, es bringt einem Vorteile. –3 –2 –1 0 +1 +2 +3

4. In Verhandlungen würde ich den anderen nach Möglichkeit unannehmbare Forderungen stellen, um einen für mich günstigen Kompromiß zu erzielen.	−3	−2	−1	0	+1	+2	+3
5. Man muß eine einflußreiche Persönlichkeit oft auch dann bestätigen, wenn sie unrecht hat.	−3	−2	−1	0	+1	+2	+3
6. Es gibt viele Situationen, in denen ich es für besser halte, die anderen über meine Absichten im unklaren zu lassen.	−3	−2	−1	0	+1	+2	+3
7. Kompromißbereitschaft ist eine Stärke.	−3	−2	−1	0	+1	+2	+3
8. Man sollte idealistische Zielvorstellungen verdrängen, um aus einer augenblicklichen Situation möglichst viele Vorteile zu ziehen.	−3	−2	−1	0	+1	+2	+3
9. Ich bestimme gerne den Verlauf von Diskussionen, um zu verhindern, daß von Dingen gesprochen wird, die mich nicht interessieren.	−3	−2	−1	0	+1	+2	+3
10. Wenn mir ein anderes Unternehmen mehr Gehalt bietet, würde ich mich sicherlich abwerben lassen.	−3	−2	−1	0	+1	+2	+3
11. Man sollte für ein Ziel der Allgemeinheit auch dann kämpfen, wenn es nicht in absehbarer Zeit erreichbar erscheint.	−3	−2	−1	0	+1	+2	+3
12. Freundschaften bewerte ich in erster Linie nach dem daraus erwachsenden gesellschaftlichen und finanziellen Nutzen.	−3	−2	−1	0	+1	+2	+3
13. Eine gute Diktatur ist besser als eine schlechte Demokratie.	−3	−2	−1	0	+1	+2	+3
14. Ich bemühe mich um persönlichen Kontakt mit Menschen, die mir beruflich nützen können.	−3	−2	−1	0	+1	+2	+3
15. Neben Fleiß und Können sind für den beruflichen Aufstieg gute Beziehungen nötig.	−3	−2	−1	0	+1	+2	+3

1.2.3.4. Aufgabenanalyse des Demonstrationstests

Nach dem Exkurs in testrelevante statistische Techniken kehren wir zurück zu unserem Taktiktest aus fünfzehn Items. Der Test wurde einer Stichprobe von 217 Teilnehmern einer psychologischen Methodenübung dargeboten. Es wurde schon an anderer Stelle angedeutet, daß zum Zwecke der Testanalyse diese Stichprobengröße als unzureichend angesehen werden muß. Für den Zweck der Demonstration des Verfahrens ist sie aber ausreichend. In der folgenden Tabelle 9 sind für jedes der fünfzehn Items Mittelwert, Streuung und Trennschärfekoeffizient aufgeführt. Drei der fünfzehn Items wurden vor der Berechnung der Trennschärfekoeffizienten umgepolt, nämlich Item 1, 7 und 11. Zusätzlich ist für jedes Item angegeben, welcher Prozentsatz der Antworten auf die einzelnen Antwortmöglichkeiten entfiel.

Tabelle 9: Antwortmittelwerte, Streuungen, Trennschärfekoeffizienten und prozentuale Antwortverteilung. Die laufenden Nummern der Items entsprechen Tabelle 8

Item Nr.	$\bar{x}_i$	s_i	r_{it}	Prozentuale Antworthäufigkeiten –3	–2	–1	0	1	2	3
1	+0.92	1.65	0.46	3	6	19	6	18	33	16
2	–0.44	1.86	0.57	11	30	15	7	17	12	7
3	–1.10	1.46	0.60	14	34	24	10	12	4	2
4	–1.29	1.52	0.53	6	18	27	9	27	12	1
5	–1.46	1.38	0.54	23	39	19	5	11	4	0
6	+0.56	1.46	0.47	2	10	15	7	40	21	5
7	+1.25	1.21	0.11	1	2	9	8	30	41	9
8	–0.83	1.54	0.60	9	33	26	10	11	9	2
9	–0.89	1.49	0.26	8	37	22	10	14	7	1
10	+0.20	1.37	0.35	2	10	18	29	23	14	4
11	+1.25	1.22	0.46	1	3	8	6	34	38	10
12	–2.07	1.08	0.56	42	35	14	5	2	1	0
13	–1.36	1.79	0.50	35	25	14	6	6	10	3
14	+0.55	1.21	0.45	0	6	16	12	45	18	2
15	+1.47	1.05	0.32	0	1	6	4	34	42	12

Man ersieht aus Tabelle 9, daß die Trennschärfekoeffizienten für die einzelnen Items unterschiedlich hoch ausfallen. Die höchsten Koeffizienten liegen bei 0.6, der niedrigste beträgt 0.11. Wenn man die Grenze der noch akzeptierbaren Koeffizienten bei 0.4 ansetzt, kommen elf Items für die endgültige Testform in Betracht. Um zu prüfen, wie diese elf Items mit dem auf der Basis der gekürzten Testform errechneten Gesamttestwert zusammenhängen, wird eine neue Trennschärfebestimmung durchgeführt, vor deren Durchführung die Items mit unzureichender Trennschärfe eliminiert werden. Die Ergebnisse dieser neuen Analyse zeigt Tabelle 10.

Der Tabelle ist zu ersehen, daß sich das Niveau der Koeffizienten durch die Eliminierung der wenig trennscharfen Items etwas erhöht hat. Der höchste Koeffizient liegt jetzt etwas über 0.7, drei weitere Koeffizienten liegen über 0.6.

Tabelle 10: Trennschärfekoeffizienten und Anteile von zustimmenden und ablehnenden Antworten für die Items des gekürzten Tests

Item Nr.	r_{it}	Ablehnung	Zustimmung
1	0.47	28	67
2	0.64	56	36
3	0.66	72	18
4	0.51	51	40
5	0.64	81	15
6	0.49	27	66
8	0.71	68	22
11	0.46	12	82
12	0.55	91	3
13	0.51	74	19
14	0.43	22	65

Das, was hier an den fünfzehn Items durchgeführt worden ist, ist der wichtigste Schritt in der Aufgabenanalyse, der in einer Testkonstruktion nicht fehlen sollte, es sei denn, man ermittelt brauchbare und nicht brauchbare Items aus der gesamten Korrelationsmatrix mit Hilfe dimensionsanalytischer Verfahren (vgl. S. 43ff.).
Ein zweiter Schritt der Aufgabenanalyse besteht darin, die Items auf ihre Popularität zu untersuchen. Es wurde schon oben bei den Fehlerquellen ausgeführt (vgl. S. 29), daß zu extreme Formulierungen, seien sie positiv oder auch negativ, in einem Fragebogentest störend sind, weil sie bei vielen Probanden zu der gleichen Reaktion führen. Für extrem populäre oder extrem unpopuläre Items ist unter sonst gleichen Umständen eine befriedigende Trennschärfe unwahrscheinlich (vgl. Tabelle 9 – Prozentuale Antworthäufigkeiten). Wenn die Trennschärfe eines extremen Items hoch ausfällt, dann nicht wegen, sondern trotz der extremen Formulierung (vgl. etwa Item 12). In Tabelle 10 sind die zustimmenden und ablehnenden Urteile als Prozentanteile der überhaupt gegebenen Antworten aufgeführt. Die Aufstellung zeigt, daß sich auch unter den als trennscharf nachgewiesenen Items noch sehr extrem formulierte Aussagen befinden, zum Beispiel das Item Nr. 12, dem nur drei Prozent aller Probanden zustimmten. Wenn man einen Test für die diagnostische Praxis konzipiert, ist es zweckmäßig, dem Probanden die Testbearbeitung so einfach wie möglich zu machen. Man wird deshalb auf eine abgestufte Antwort verzichten und nur eine »Ja-Nein«- bzw. »Stimme-zu-/Lehne-ab«-Antwort vorsehen. Für ein solches vereinfachtes Antwortformat wären aber Items so hoher Extremität, wie sie einige

der Beispiele zeigen, unbrauchbar, weil die Antworten der Probanden zu einheitlich ausfallen würden. In einem Ja-Nein-Test würde man im allgemeinen Testitems eliminieren, die auf einer der beiden Antwortalternativen weniger als 20% der Antworten aufweisen. Das wären in unserem Kurztest die Items 3, 5, 11, 12 und 13. Allerdings würde sich unser Taktiktest dadurch auf weniger als zehn Items verkürzen, so daß dieser Selektionsschritt hier nicht vorgenommen werden soll. Wir müssen uns allerdings klar darüber sein, daß die Verwendbarkeit des Fragebogentests auf ein mehrstufiges Antwortformat eingeschränkt ist, weil hier von dem Probanden zwischen schwacher und starker Ablehnung oder Zustimmung differenziert wird.

Der Aspekt der Popularität findet sich in der Literatur meist unter dem Stichwort *Schwierigkeit* abgehandelt. Das liegt daran, daß die Testtheorie zunächst an Leistungstests entwickelt wurde, bei denen man richtige und falsche Antworten unterscheiden konnte. Eine schwierige Testfrage wurde von sehr vielen Probanden entsprechend der Antwortkategorie »falsch« beantwortet, während bei sehr leichten Aufgaben die meisten Antworten auf die Kategorie »richtig« entfielen. Bei Fragebogenitems ohne Richtig-Falsch-Antwort spricht man im übertragenen Sinne von »leichten« Fragen, wenn die Aussage populär ist, also von vielen Probanden bejaht wird. Ein schwieriges Fragebogenitem ist entsprechend ein unpopuläres Item, das von den meisten Probanden abgelehnt wird.

Die Aufgabenanalyse umfaßt noch weitere Schritte, von denen allerdings die Schwierigkeits- und die Trennschärfeanalyse die wichtigsten sind (Näheres bei Lienert 1973).

1.2.3.5. Zusammenfassung

Eine Itemanalyse ist die empirische Überprüfung der einzelnen Aufgaben eines Tests auf ihre Brauchbarkeit.

Man muß dazu die Items an einem größeren für die spätere Population von Testprobanden repräsentativen Analysekollektiv (nicht unter 400 Versuchspersonen) mindestens auf folgende Kriterien hin untersuchen:

a. Schwierigkeit (Popularität)

Wenn bei einem Testitem die tatsächlichen Antworten nur einen Bruchteil der möglichen Alternativen ausmachen, ist die Testaufgabe nur eingeschränkt brauchbar.

Beispiel: Eine Intelligenztestaufgabe, die niemand oder die alle lösen, weil sie für die zu untersuchenden Probanden zu schwierig oder zu leicht ist, differenziert nicht zwischen intelligenten und weniger

intelligenten Personen. Analog dazu spricht man von einem schwierigen Fragebogenitem, wenn die meisten Probanden die Itemaussage ablehnen, und von einem leichten Item, wenn die Mehrzahl der Probanden der Itemaussage zustimmen. Bei Fragebogenitems bedeutet eine hohe Schwierigkeit also nicht, daß es dem Probanden schwerfällt, eine Antwort zu finden.
Items sollten nach Möglichkeit eine mittlere Schwierigkeit aufweisen, das heißt, etwa gleich viele Probanden des Untersuchungskollektivs sollten sich auf alle Antwortalternativen verteilen.

b. Trennschärfe

Die Items eines Tests müssen zwischen Probanden mit hoher und Probanden mit geringer Merkmalsausprägung differenzieren. Je besser sie dazu geeignet sind, desto trennschärfer sind sie.
Beispiel: Es genügt nicht, wenn etwa 50 Prozent der Probanden eine Intelligenztestaufgabe richtig lösen. Diejenigen, die die Aufgabe richtig bearbeitet haben, müssen auch tatsächlich die intelligenteren sein, nur dann ist das Item trennscharf.
Die Trennschärfe eines Testitems wird als Korrelation zwischen dem Testergebnis in diesem Item und einem bestimmten Kriterium (meist dem Ergebnis im Gesamttest) ausgedrückt. Mit anderen Worten: Es wird festgestellt, ob die Probanden mit positivem Ergebnis in dem geprüften Item auch ein positives Gesamttestergebnis aufweisen und umgekehrt. Je höher diese Übereinstimmung zwischen dem Ergebnis im Gesamttest und im überprüften Item, desto höher ist die Trennschärfe des Items. Die Trennschärfe eines Items sollte nicht unter $r_{it} = 0.3$ liegen.
Die Trennschärfe ist in der Praxis wohl das wichtigste Kriterium der Itemanalyse; denn ein Item mit sehr niedriger Trennschärfe ist auf jeden Fall unbrauchbar, während ein Item mit extremer Schwierigkeit möglicherweise beibehalten werden kann, wenn es eine hohe Trennschärfe aufweist.

1.2.4. Auswertung und Normierung (Eichung, Standardisierung) von Testverfahren

Nach Abschluß der bisher geschilderten Konstruktionsschritte haben wir eine gewisse Gewähr dafür, daß die Items des Tests zur Messung von Taktikorientierung in etwa das gleiche messen. In welchem Ausmaß man sich auf die Meßergebnisse verlassen kann, das heißt, ob eine Testwiederholung nicht vielleicht ganz andere Ergebnisse bringen würde als die erste Testung, muß noch überprüft werden. Außerdem ist bisher unbewiesen, ob das Testergebnis wirklich etwas mit dem Alltagsverhalten der Probanden zu tun hat. Diese wichtigen Fragen sollen einstweilen noch etwas zurückgestellt werden, und wir wollen vorab einige naheliegende Probleme der Testauswertung besprechen.

Angenommen, eine Person hat in unserem Taktiktestfragebogen einen Gesamtpunktwert von –4 erzielt. Heißt das, daß der Proband wenig von Taktieren hält? Bedeutet das, daß die Person nur wenige der Testaussagen ablehnend beantwortet hat, also eigentlich geringfügig für Taktik eingestellt ist? Sind negative Testwerte vielleicht überhaupt nicht zu interpretieren, weil man von einer negativen Taktikorientierung nicht sinnvoll sprechen kann?

Auf diese Fragen ist folgendermaßen zu antworten:

Für sich allein genommen, ist der Testwert von –4 völlig bedeutungslos und uninterpretierbar. Es fehlt gleichsam der Testmaßstab, an den man das Testergebnis heranhalten kann, um ihn damit zu vergleichen. Ähnlich wie man die Gesamtleistung eines Zehnkämpfers nur dadurch bewerten kann, daß man seine Leistungen mit einer genormten Punktetabelle vergleicht, so können wir die individuelle Taktikorientiertheit erst dadurch bewerten, daß wir sie mit einer Norm vergleichen. Die Norm gewinnen die Psychologen (wie übrigens auch die Sportfunktionäre) aus den Testergebnissen anderer Personen. Wie kommt man nun im einzelnen zu solchen Testnormen? Man führt eine Statistik über die üblicherweise auftretenden Testergebnisse. Dazu legt man den Test einer großen repräsentativen Probandenstichprobe, der sogenannten Eichstichprobe, zur Beantwortung vor.

Die Rekrutierung einer repräsentativen Stichprobe*, für die je nach dem Anwendungsbereich des Tests Personenzahlen zwischen einigen hundert bis einigen tausend gefordert werden (vgl. Lienert 1973, S. 319), bedeutet einen hohen Aufwand. Deshalb lohnt sich die Normierung eines Tests erst dann, wenn er seine Brauchbarkeit in Voruntersuchungen schon unter Beweis gestellt hat. Es sind hervorragende Tests denkbar, die nicht normiert sind, ähnlich wie eine Chemikerwaage hervorragend sein kann, obwohl man ihre Qualitäten möglicherweise mangels fein abgestufter Gewichte gar nicht voll ausnutzen kann. In der testpsychologischen Praxis stellt deshalb die Normierung eines Tests den zeitlich letzten Konstruktionsschritt dar. Für das Verständnis psychologischer Testverfahren ist dagegen die Frage der Interpretierbarkeit psychologischer Testwerte von primärem Interesse, so daß dieser Konstruktionsschritt vorab erörtert werden soll.

---

* Eine *repräsentative Stichprobe* ist ein getreues Abbild des Personenkreises, für den man den Test konstruiert. Eine sehr kurze und trotzdem klare Diskussion darüber, was man unter Repräsentativität versteht und wie man zu repräsentativen Stichproben kommen kann, findet der Leser bei Selg und Bauer 1971, S. 89ff.

Das Prinzip der Standardisierung soll hier an einem Unterkollektiv unserer Analysestichprobe demonstriert werden. Aus den insgesamt 217 getesteten Probanden werden dazu 100 Personen nach dem Zufall ausgewählt. Diese Probanden mögen für die Eichstichprobe stehen. Ihre Testrohwerte sind in Tabelle 11 geordnet nach ihrer Größe zusammengestellt.

Tabelle 11: Testwerte eines Kollektivs von 100 Probanden, die im Demonstrationsbeispiel als Eichstichprobe fungieren. Die Testwerte sind der Größe nach geordnet. Gleiche Werte sind durch eine Klammer zusammengefaßt. Der mittlere Testwert beträgt –7.89, die Streuung beträgt 9.31

–31	–15	–11	–5	0
–25	–15	–11	–5	0
–24	–15	–11	–4	0
–21	–15	–11	–4	0
–21	–15	–11	–4	0
–21	–15	–10	–4	1
–20	–14	–10	–3	2
–20	–14	–10	–3	2
–20	–14	–10	–3	2
–19	–14	–10	–3	3
–18	–13	– 9	–2	4
–18	–13	– 9	–2	7
–18	–13	– 9	–2	7
–18	–13	– 9	–2	7
–17	–12	– 8	–2	10
–17	–12	– 8	–2	11
–17	–12	– 8	–2	12
–17	–12	– 6	–2	14
–16	–12	– 6	–1	14
–16	–12	– 6	–1	18

Man unterscheidet zwei grundsätzliche Typen von Testnormen, nämlich die sogenannten Rangnormen und die linearen Normen.

1.2.4.1. Rangnormen (Flächennormen*, Häufigkeitsnormen)

Das Wesen der Rangnormen kann durch die Reaktion eines Grundschülers charakterisiert werden, der auf die Frage seines strengen

* In graphischen Darstellungen von Testwertverteilungen präsentieren sich Häufigkeiten als Flächen. Deshalb wird in diesem Zusammenhang häufig von Flächennormen gesprochen.

Vaters nach seiner Zeugnisnote antwortet: »Ein Drittel der Klasse war schlechter als ich.« Der Schüler hat mit seiner Aussage eine Rangnormierung seiner (Test-)Leistung vorgenommen. Die einfachste Möglichkeit einer Rangnormierung bestünde denn auch darin, die Testwerte aller Probanden der Eichstichprobe der Größe nach hintereinander zu ordnen und dann von unten abzuzählen, wieviele Probanden ein Testabsolvent mit seinem Punktwert übertrifft. Wie man allerdings aus Tabelle 11 leicht erkennt, teilen sich einige der 100 Bezugspersonen ein und denselben Testwert. Das hat zur Folge, daß keine eindeutige Rangfolge von eins bis hundert möglich ist. Da nur endlich viele Rohpunktwerte vergeben werden können, werden derartige Rangbindungen um so häufiger auftreten, je größer die Eichstichprobe ist. Im vorliegenden Fall finden sich in der Eichstichprobe nur 34 unterschiedliche Testwerte (vgl. Tabelle 11). Allerdings ist das in der Praxis auftretende Bedürfnis nach Differenzierung häufig gar nicht so groß, daß alle möglichen Unterscheidungen bei der Normierung des Tests ausgenutzt werden müßten. So hat es sich eingebürgert, die der Größe nach geordnete Wertefolge der Eichstichprobe in häufigkeitsgleiche Klassen einzuteilen, die dann als Etikett zur Kennzeichnung eines in die jeweilige Klasse fallenden Testwerts verwendet werden können. Für den Taktiktest wäre beispielsweise folgende Klasseneinteilung möglich (Tabelle 12).

Tabelle 12: Zusammenfassung der Verteilung auftretender Testrohwerte in sogenannte Dezilklassen

Klassenbezeichnung	Klassengrenzen von	bis	Probanden in jeder Klasse in Prozent
1	–31	–19	10
2	–18	–16	10
3	–15	–14	10
4	–13	–12	10
5	–11	–10	10
6	– 9	– 6	10
7	– 5	– 3	10
8	– 2	– 1	10
9	0	3	10
10	4	18	10

Alle Klassen sind häufigkeitsgleich, enthalten also die gleiche Probandenzahl. Wenn der Anteil der in jeder Klasse befindlichen Probanden zehn Prozent beträgt, spricht man von sogenannten Dezilnormen. Wie man an den Klassengrenzen sehen kann, sind die Klassen sehr unterschiedlich breit. Die Klasse 1 (das erste Dezil) umfaßt 13 verschiedene Testwerte, die Klasse 5 (das fünfte Dezil) dagegen umfaßt nur 2 verschiedene Testwerte. Das ist nicht verwunderlich, weil extreme Testwerte seltener vorkommen und deshalb die extremen Klassen größer sein müssen, um zehn Prozent aller Probanden zu überspannen. Wenn ein Proband den Testrohwert von –2 erreicht, sagt man, er befinde sich im achten Dezil. Damit ist gleichzeitig gesagt, daß 70 Prozent aller Testabsolventen der Eichstichprobe einen niedrigeren Testwert erzielt haben.

Eine andere Normierungsart, die auf dem gleichen Prinzip beruht wie die Dezilnorm, ist die sogenannte Perzentil- oder Prozentrangnorm. In diesem Fall ist die Eichstichprobe in 100 häufigkeitsgleiche Klassen unterteilt worden, die den 100 Perzentilen gleichgesetzt werden. Wenn ein Proband mit seinem Testergebnis im 45. Perzentil liegt, kann man ihm sagen, daß 44 Prozent aller Probanden einen niedrigeren Testwert erzielten als er selbst. Im vorliegenden Testbeispiel wäre eine Perzentilnorm nicht sehr sinnvoll, weil der Test überhaupt nicht 100 verschiedene Testergebnisse erlaubt. Doch selbst wenn ein Test sehr viele verschiedene Testwerte zuläßt, stellt sich die Prozentrangnorm häufig als unangemessen differenziert heraus; denn die geringe Präzision (vgl. dazu S. 79ff.) vieler Tests ließe eine eindeutige Unterscheidung benachbarter Prozentrangstufen in der Regel gar nicht zu. Die Prozentrangnorm suggeriert dem Testbenutzer eine Meßgenauigkeit, die von den meisten Tests nicht gewährleistet ist.

Die oben veranschaulichte Dezilnorm dürfte in vielen Fällen angemessen und auch voll hinreichend sein.

Bei groben psychologischen Tests wird manchmal eine dritte Häufigkeitsnorm verwendet, nämlich die sogenannte Quartilnorm. Die Rohwerteverteilung wird hierbei nur in vier häufigkeitsgleiche Klassen unterteilt, die als Q_1 bis Q_4 bezeichnet werden. Wenn jemand mit seinem Testrohwert in die zweite Klasse fällt, liegt er im zweiten Quartil, und er gehört zu den 25 Prozent aller Probanden, unter denen noch weitere 25 Prozent niedrigere Testwerte existieren. Ein Test, der nach der Quartilnorm standardisiert ist, erlaubt also nur eine grobe Diagnose; denn der Proband kann nur einen von vier Werten erhalten. Innerhalb jeder der vier Klassen wird nicht zwischen den Probanden unterschieden.

Wie die Berechnung von Flächennormen wie Perzentilen, Dezilen oder Quartilen konkret durchzuführen ist, wird unten im Zusammenhang mit der Messung von Einstellungen erläutert werden (vgl. S. 100ff.).

Flächennormen können auch dem Laien, der noch nie etwas von

psychologischen Testverfahren gehört hat, leicht verständlich gemacht werden. Es ist jedem einsehbar, was es bedeutet, wenn ein Testabsolvent mit seinem Ergebnis im 40. Perzentil, im 4. Dezil oder im 2. Quartil liegt. Darin liegt einer der wesentlichen Vorzüge der Flächennormen gegenüber den unten zu erörternden Normierungsprinzipien. Auch sind Flächennormen recht voraussetzungslos, was den Zusammenhang zwischen den Testrohwerten auf der einen und den hypothetischen Ausprägungen des psychischen Merkmals auf der anderen Seite betrifft. So ist es beispielsweise keineswegs selbstverständlich, daß der »wahre« Merkmalsunterschied, der in dem Abstand zwischen dem Rohwert von –12 und –11 zum Ausdruck kommt, genauso groß ist wie der Merkmalsunterschied, der den Werten von +1 und +2 entspricht. Eine solche Annahme, daß gleichen Zahlendifferenzen gleiche Merkmalsdifferenzen entsprechen müßten, braucht bei den Flächennormen auch gar nicht gemacht zu werden. Das einzige, was man zur Anwendung von Häufigkeitsnormen behaupten können muß, ist: Höhere Zahlenwerte entsprechen höheren Merkmalsausprägungen und umgekehrt. Nur diese Informationen stecken in einem Dezil- oder Perzentilwert.
In dieser Informationsarmut der Zahlen ist auch der wesentlichste Nachteil der Rangnormen zu sehen. Zahlen verführen den Testinterpreten leicht dazu, psychologische Schlußfolgerungen zu ziehen, die die Meßwerte nicht hergeben. Es seien einmal vier Schüler angenommen, die einen Intelligenztest absolviert haben. Fritz hat das 100. Perzentil erreicht, Franz das 80., Max das 50. und Moritz das 30. Wer daraus den Schluß zieht, Fritz sei um das gleiche Maß intelligenter als Franz, wie Max gegenüber Moritz, der überinterpretiert die Daten gröblich. Selbst wenn gleiche Abstände zwischen den Rohwerten des Tests gleiche psychische Abstände bedeuten würden, wäre der Schluß nicht zulässig; denn nehmen wir die Daten in Tabelle 12: Zwischen zwei Probanden, von denen einer im 10. und der andere im 8. Dezil liegen, können bis zu 20 Testrohpunkte liegen. Zwischen zwei Probanden, die mit ihren Testwerten in das 5. bzw. 3. Dezil fallen, können nur bis zu 5 Rohpunkte Unterschied liegen. Es liegt auf der Hand, daß eine Gleichsetzung der Differenzen grobe Fehlinterpretationen zur Folge hätte. Entsprechende Verhältnisse muß der Testanwender für die meisten Testverfahren erwarten. Wenn für einen Test nur Flächennormen angegeben sind, kann der Testpraktiker nicht einmal rückrechnen, wie groß die Differenzen zwischen den einzelnen Perzentilen, Dezilen usw. sind. Schlüsse der oben veranschaulichten Art müssen deshalb unbedingt vermieden werden. Nur wenn für einen Test sowohl Flächennormen als auch die noch zu schildernden linearen Testnormen angege-

ben sind, lassen sich die zwischen zwei verschiedenen Dezilklassen bestehenden Unterschiede rechnerisch abschätzen. In solchen Fällen pflegen Probanden im Mittelbereich der Testskala durch Rangnormen übermäßig stark unterschieden zu werden, während im Extrembereich selbst offensichtliche Differenzen zwischen mehreren Probanden in den individuellen Rangwerten nicht deutlich werden (vgl. Lienert 1973, S. 329). Weiterhin ist es nicht zulässig, aus mehreren rangnormierten Testwerten einen Mittelwert zu berechnen. Wenn ein Proband z. B. im Intelligenztest A einen Prozentrang von 90 und im Intelligenztest B den Prozentrang 80 erreicht hat, kann man keineswegs sagen, sein mittleres Intelligenzniveau liege bei Prozentrang 85.

Dem Vorteil der leichten Verständlichkeit von Rangnormen steht also der gewichtige Nachteil der eingeschränkten Interpretierbarkeit dieser Normen gegenüber. Testautoren streben deshalb an, für ein neu entwickeltes Testverfahren nicht nur Rangnormen zu entwikkeln, sondern zusätzlich sogenannte

1.2.4.2. Lineare Testnormen (Standardnormen)

Das Grundprinzip der linearen Normen wird an dem Dialog eines Grundschülers mit seinem Vater deutlich. Er kommt mit einer Klassenarbeit nach Hause und erklärt seinem Vater: »Ich liege mit meiner Leistung um zehn Punkte über dem Durchschnitt der ganzen Klasse.« Worauf der Vater fragt: »Und wo liegen die Besten?« Antwort: »Ungefähr zwanzig Punkte über dem Durchschnitt.« Damit kann der Vater die Leistung seines Sohnes in etwa einordnen. Er weiß, daß sein Sohn eine ganz gute, aber keine überragende Arbeit geschrieben hat.

In etwas allgemeinerer Form lautet das Grundprinzip der linearen Testnormierung: Man vergleiche das individuelle Testergebnis mit dem Mittelwert der gesamten Eichstichprobe und gebe an, um wieviel das Testergebnis diesen Standard über- oder unterschreitet. Die Frage nach dem »wieviel« hat der Vater in unserem kleinen Dialog für sich dadurch zu beantworten gesucht, daß er nach den Leistungen der besten Schüler fragte. Eindeutiger ließe sie sich beantworten, wenn man die Streuung der Testwerte (Klausurnoten) in der Eichstichprobe (Schulklasse) als Maßeinheit benutzte. Dieser Weg wird bei der Erarbeitung von linearen Normen beschritten.

In der Praxis läuft das darauf hinaus, von jedem einzelnen Testrohwert den Mittelwert der Eichstichprobe abzuziehen. Die Differenz läßt an ihrem Vorzeichen erkennen, ob der individuelle Testwert größer oder kleiner ist als der Durchschnitt. Die Differenz wird nun noch durch die Streuung aller Testwerte der Eichstichprobe dividiert. Der resultierende Ausdruck ist größer als ± 1.0, wenn die individuelle Testpunktzahl mehr als eine Streuungseinheit vom Mittelwert entfernt ist. Er liegt unter ± 1.0, wenn der Proband dichter beim Durchschnitt liegt. Formal läßt sich das wie folgt ausdrücken:

$$z_i = \frac{x_i - \bar{x}}{s},$$

wobei z_i = normierter Testwert
x_i = individueller Testrohwert
$\bar{x}$ = Durchschnitt der Testwerte in der Eichstichprobe
s = Streuung der Testrohwerte in der Eichstichprobe

Mathematisch ausgedrückt wird mit dem individuellen Testrohwert lediglich eine lineare Transformation vorgenommen. Dies erklärt den Terminus *lineare Testnormen.* Einige Beispiele:

$z_1 = +0.5$ = Proband 1 befindet sich mit seinem Testergebnis eine halbe Streuungseinheit über dem Durchschnitt aller Probanden.

$z_2 = -1.0$ = Proband 2 befindet sich mit seinem Testergebnis genau eine Streuungseinheit unter dem Durchschnitt.

Wenn man den z-Wert eines Probanden kennt, braucht man sich um Mittelwert und Streuung bei der Interpretation nicht mehr zu kümmern. Man ersieht aus dem z-Wert unmittelbar, in welchem Verhältnis sich der Proband zur Normpopulation befindet. In dem individuellen z-Wert stecken sogar noch mehr Informationen über den Probanden. Wenn alle Voraussetzungen für eine lineare Normierung erfüllt sind (siehe unten), hat man bei 68 von 100 Probanden z-Werte zwischen –1.0 und +1.0 zu erwarten. Nur etwa 32 Prozent aller Probanden werden Werte darüber oder darunter aufweisen. In dem Bereich von ±2.0 z befinden sich rund 95,5 % aller Fälle. Ein Proband mit einem z-Wert von +2.0 würde also nur von etwas über zwei Prozent aller Probanden übertroffen. Im Bereich von ±3 z schließlich liegen etwa 99,8 Prozent aller Probanden. Mit anderen Worten: Nur zwei unter tausend Probanden würden einen z-Wert von weniger als –3.0 oder von mehr als +3.0 erzielen. Man kann also die z-Werte gleichsam in Häufigkeitsnormen übersetzen. Im übrigen kann man anders als bei einer reinen Rangnormierung auch z-Wert-Differenzen zwischen mehreren Probanden psychologisch interpretieren. Der psychologische Unterschied zwischen zwei Probanden mit dem z-Wert von 0.5 und 1.0 ist also beispielsweise genauso groß wie der Unterschied zwischen zwei anderen Probanden, von denen der eine z = –2.0 und der andere z = –1.5 erzielt hat. Darüber hinaus ist es psychologisch sinnvoll, Mittelwerte aus mehreren individuellen z-Werten zu berechnen. Wenn also ein Proband an mehreren Intelligenztests teilgenommen hat, könnte man seine z-Werte beispielsweise zu einem Gesamtwert zusammenfassen. All das ist mit rangnormierten Testwerten nicht zulässig, wie bereits ausgeführt wurde (vgl. S. 60). Was allerdings weder bei den Rangnormen noch bei den linearen Normen zulässig ist, ist das Interpretieren von Verhältnissen. So wäre es psychologisch falsch zu behaupten, ein Proband mit einem z-Wert von +2.0 hätte doppelt so viel von dem Merkmal wie ein Proband mit z = +1.0. Wenn das der Fall wäre, würde das die Konsequenz nach sich ziehen, daß Probanden mit einem z-Wert von 0.0 nichts, und Probanden mit negativen z-Werten sogar weniger als nichts von dem Merkmal aufweisen müßten. Das ist aber offenbar unsinnig; denn niemand würde behaupten, daß ein Proband, der in einem Intelligenztest genau durchschnittlich abgeschnitten hat, nichts gewußt hat, also keine Intelligenz aufweist.

Die gegenüber den Rangnormen erweiterten Interpretationsmöglichkeiten setzen bestimmte Charakteristika bei den Rohwerten voraus. Wenn diese nicht vorliegen, ist die Berechnung linearer Testnormen unzulässig, weil die darauf basierenden Interpretationen dann falsch würden. Eine erste Voraussetzung für die Zulässigkeit linearer Testnormen ist die sogenannte *Normalverteilung* der Testrohdaten. Was man unter einer Normalverteilung versteht und wie man prüft, ob empirische Daten normal verteilt sind, ist in jedem Statistiklehrbuch dargestellt, so daß hier wenige Andeutungen ge-

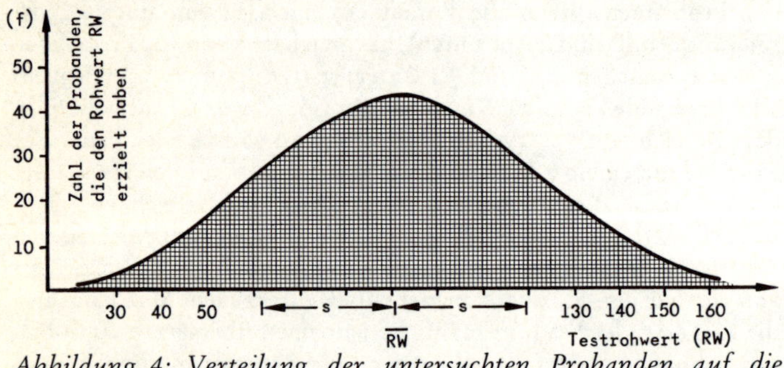

Abbildung 4: Verteilung der untersuchten Probanden auf die Testwerte eines Tests. Jeder Proband ist als millimeterkleines Quadrat dargestellt. Etwas über 40 Probanden haben beispielsweise den Testrohwert 91 erreicht. Die schmalen Häufigkeitssäulen, die sich für jeden Testwert ergeben, sind von einer Kurve umhüllt. Diese Kurve zeigt durch ihre Form an, daß die Daten normal verteilt sind. Mittelwert und Streuung der Daten sind eingezeichnet.

nügen. In einem Test mit 200 prinzipiell möglichen Rohwerten mögen sich die untersuchten Probanden so auf die Testwerte verteilen, wie es die Abbildung 4 zeigt.
Wenn die Häufigkeitsverteilung eine annähernd glockenförmige Gestalt aufweist, spricht man von einer Normalverteilung. Geringfügige Abweichungen von der idealen Glockenform werden sich bei empirisch gewonnenen Daten allerdings meist ergeben, besonders wenn nur wenige Probanden untersucht werden und der Test überhaupt nur wenige verschiedene Punktwerte zuläßt.
Offensichtlich nicht normal verteilt wären aber Testrohwerte, die eines der folgenden Verteilungsbilder aufweisen (Abbildung 5).

Mit Hilfe geeigneter statistischer Verfahren kann man prüfen, ob etwaige Abweichungen einer Testwerteverteilung von der Idealform der Glockenkurve durch Zufall zustande gekommen sein können oder ob man für die Abweichungen andere Gründe vermuten sollte.
Eine Normalverteilung ist durch zwei Größen vollständig beschreibbar, nämlich den Mittelwert und die Streuung. Man könnte beispielsweise die Kurve in Abbildung 4 exakt rekonstruieren, auch

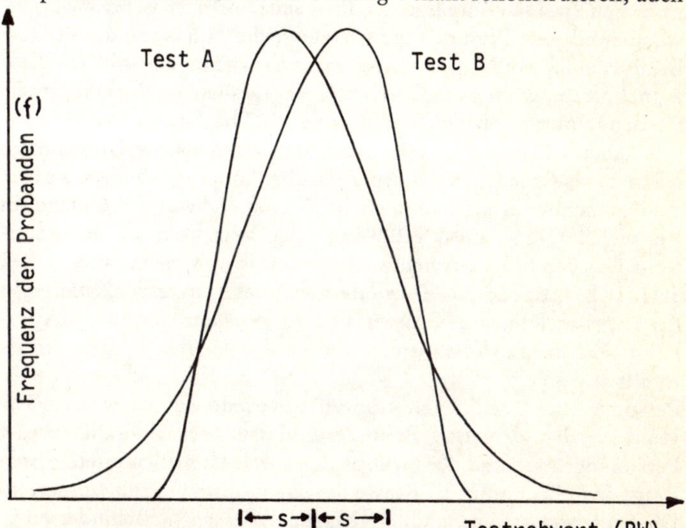

Abbildung 5: Verteilungsbilder für zwei hypothetische Testverfahren A und B, die für Nichtnormalität der Daten sprechen. Mittelwert und Streuung sind bei beiden Datenmengen gleich.

wenn man die Abbildung vorher nicht gesehen hätte. Es muß einem nur der Mittelwert und die Streuung der Daten bekannt sein.
Auch für die Daten in Abbildung 5 sind der Durchschnittswert sowie die Streuung angegeben. Diese Werte sind für beide Datenmengen gleich, obwohl ganz deutlich ist, daß sich die Kurven in keiner Weise decken. Wenn man davon ausginge, daß die beiden Verteilungen zwei Testverfahren A und B entsprächen, könnte man die Testwerte nicht dadurch vergleichbar machen, daß man die Rohwerte z-transformiert. Während ein Testwert von $z = 2.0$ bei dem Testverfahren A nichts Außergewöhnliches ist, kommt ein solches Ergebnis im Testverfahren B nur sehr selten vor. Beide z-Werte sind also recht unterschiedlich zu interpretieren. Das Beispiel zeigt, welche Folgen es hat, wenn die Voraussetzung der Normalität der Rohdaten nicht erfüllt ist.
Die zweite Voraussetzung für die Berechnung von linearen Testnormen ist, daß Differenzen zwischen zwei Rohwerten überall auf der Testskala der gleichen psychologischen Differenz entsprechen. Ein Unterschied von zehn Rohpunkten in einem Intelligenztest muß also die gleiche psychologische Bedeutung haben, gleichgültig ob er zwischen zwei sehr intelligenten Probanden oder zwischen zwei geistig behinderten Personen registriert wurde. Nur wenn das der Fall ist, dürfen lineare Normen berechnet werden. Leider läßt sich diese Annahme nur schwer empirisch belegen. Deshalb müssen Plausibilitätsbetrachtungen in vielen Fällen reichen. Der Nachteil von Plausibilitätsbetrachtungen besteht darin, daß verschiedene Untersucher leicht zu verschiedenen Aussagen darüber kommen können, was für ein Datenmaterial anzunehmen plausibel ist und was nicht. Dazu ein Beispiel: Intelligenztests gehören zu den Verfahren, die anerkanntermaßen den höchsten heutzutage erreichbaren meßmethodischen Standards entsprechen. Zu modernen Intelligenztests existieren in der Regel auch lineare Normen. Die Voraussetzungen zur Interpretation von linearen Testnormen werden also von den Testautoren als erfüllt angesehen.
Personen mit Intelligenzleistungen unterhalb eines gewissen Niveaus werden als geistig Behinderte klassifiziert. Zwischen dieser Personengruppe und der Gruppe der durchschnittlich intelligenten Individuen liegt noch die Klasse der sogenannten Lernbehinderten. Die am schwersten gehandikapte Gruppe der geistig Behinderten ist nun in sich keineswegs homogen. So wird für den Heilpädagogen, der mit minderbegabten Personen beruflich zu tun hat, eine breite Kluft zwischen den noch zu sprachlicher Kommunikation fähigen geistig Behinderten und den noch schwerer betroffenen Personen, die zum Erlernen der Sprache nicht mehr fähig sind, bestehen. Die-

sem Unterschied gegenüber ist die beobachtbare psychische Differenz zwischen einem lernbehinderten Sonderschüler und einem normalintelligenten Schüler der Grundschule geradezu unbedeutend. Der in Rohwerten eines Intelligenztests ausgedrückte Unterschied kann dagegen in beiden Fällen gleich groß sein (in z-Werten ausgedrückt etwa 1.0 z). Das Beispiel zeigt, daß selbst für Intelligenztests die für die Berechnung linearer Normen notwendigen Annahmen nicht gerade sehr plausibel sind.

Nach diesen allgemeinen Erörterungen wollen wir zu unserem Test der Taktikorientierung von Personen zurückkehren, um an diesem Beispiel konkret zu prüfen, wie die Normierung eines Tests vor sich gehen kann. In Abbildung 6a sind die Daten von Tabelle 11 (vgl. S. 56) graphisch dargestellt. Jeder Proband entspricht einem kleinen Quadrat. Die Quadrate sind bei dem jedem Proband entsprechenden Ort auf dem Testkontinuum angeordnet. Wenn das vielfältig zerklüftete Häufigkeitsdiagramm, welches so entsteht, erst einmal eingezeichnet ist, werden die Rohwerte für alle weiteren Normierungsschritte im Prinzip nicht mehr gebraucht; denn alle notwendigen Informationen stecken nun in der Häufigkeitsverteilung*.

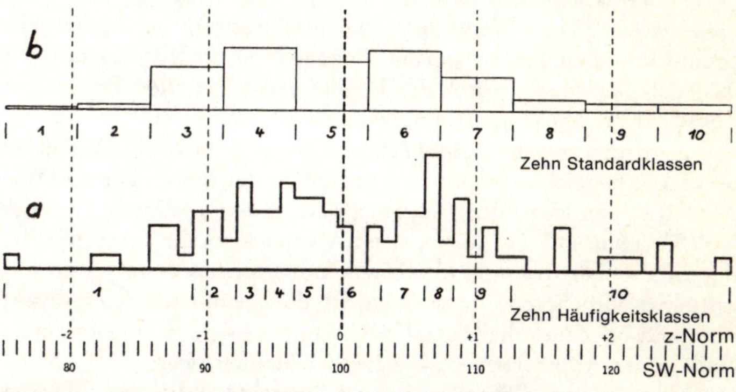

Abbildung 6: Graphische Darstellung der in Tabelle 11 aufgeführten Ergebnisse des Taktiktests. Näheres siehe Text.

Unmittelbar unterhalb der Rohwertverteilung sind die zehn Dezilklassen eingezeichnet, die der Tabelle 12 (S. 57) entsprechen. Man erkennt unmittelbar, daß die zehn Häufigkeitsklassen recht unterschiedlich breit sind. Um den prinzipiellen Unterschied zwischen

* Zur Frage, ob diese Verteilung den Voraussetzungen zur Berechnung linearer Testnormen entspricht, siehe S. 68.

Rangnormen und linearen Normen auch graphisch noch einmal deutlich zu machen, ist die durch die Rohwerte überdeckte Spanne des Kontinuums im Teil b der Abbildung in zehn Klassen gleicher Breite, aber unterschiedlicher Häufigkeit – hier als Standardklassen bezeichnet – aufgeteilt. Oberhalb jeder Klasse ist die Zahl der in diese Kategorie fallenden Probanden als Fläche eingezeichnet. Die Fläche des dadurch entstehenden Säulendiagramms entspricht exakt der Fläche der von der zerklüfteten Kurve darunter umschriebenen Fläche. Wenn man die Rohwerte von Abbildung 6a in z-Werte transformiert, ergibt sich die z-Norm, die in der Graphik durch mehrere lotrechte gestrichelte Linien angedeutet ist. Die z-Norm ist – wie man dem Bild ersieht – recht grob. Um nicht ständig mit Dezimalstellen und mit negativen z-Werten arbeiten zu müssen, hat sich in der Testpsychologie eine Reihe von abgeleiteten Normen eingebürgert, von denen eine die sogenannte Standardwertnorm (SW-Norm) ist. Diese Norm berechnet sich aus jedem z-Wert nach folgender Transformationsformel:

$$SW = 100 + 10\,z$$

Das bedeutet, einem Wert von $z = 0$ wird ein Wert von $SW = 100$ gleichgesetzt. Ein z-Wert von Null bezeichnet nun aber den Durchschnitt aus allen Testrohwerten. Bezogen auf die SW-Norm heißt das, daß bei dieser Norm der Durchschnitt aus allen Probanden künstlich auf den Wert 100 festgesetzt wird. SW-Werte über 100 bedeuten demzufolge überdurchschnittliche Testrohwerte; SW-Werte unter 100 bezeichnen Rohwerte unterhalb des Durchschnitts. Wie der Formel zu entnehmen ist, entspricht einem z-Wert von 1.0 der SW-Wert von 110. Genau wie den z-Werten kann der Testbenutzer, der die SW-Norm kennt, also einem individuellen Testergebnis unmittelbar entnehmen, um wieviele Streuungseinheiten der Proband oberhalb oder unterhalb des Durchschnitts liegt. In Abbildung 6a sind die den Rohwerten entsprechenden Standardwerte als Eichstriche eingezeichnet. Tabelle 13 zeigt die gebräuchlichsten linearen Testnormen.

In der Tabelle ist die jeweilige Normskala, eine Transformationsformel sowie je ein Test angegeben, der nach der Skala normiert wurde. Die Transformationsformel dient zur Überführung eines individuellen z-Werts in den entsprechenden Normwert sowie umgekehrt der Umwandlung eines Normwerts in einen z-Wert. Die Transformationen werden für den Testpraktiker dann wichtig, wenn es darum geht, mehrere Testergebnisse miteinander zu vergleichen. Angenommen ein Proband hätte in unserem Taktiktest einen Standardwert von $SW = 108$ erhalten. Dieses Testergebnis soll

Tabelle 13: Zusammenstellung der gebräuchlichsten linearen Testnormen. Zum Vergleich ist ganz unten die Prozentrangnorm mit aufgeführt. (Mit RW sind die individuellen Testrohwerte bezeichnet)

Norm								Skala	z
$RW = \overline{RW} + z \cdot s$	−3	−2	−1	0	1	2	3	z-Skala	$z = \frac{RW - \overline{RW}}{s}$
$SW = 100 + 10z$ (I-S-T)	70	80	90	100	110	120	130	Standardwerte-Skala	$z = \frac{SW - 100}{10}$
$IQ = 100 + 15z$ (HAWIE)	55	70	85	100	115	130	145	Intelligenzquotienten-Skala	$z = \frac{IQ - 100}{15}$
$C = 5 + 2z$ (L-P-S)	−1	1	3	5	7	9	11	Centil-Skala	$z = \frac{C - 5}{2}$
$N = 3 - z$ (Div. Schultests)	6	5	4	3	2	1	0	Standardschulnoten-Skala	$z = \frac{3 - N}{1}$
$T = 50 + 10z$ (Wort-Bild-Test)	20	30	40	50	60	70	80	T-Skala	$z = \frac{T - 50}{10}$
	0.1	2	16	50	84	98	99.9	Prozentrang-Skala	

mit dem Ergebnis desselben Probanden in einem Karrieretest verglichen werden, in dem der Proband einen Centilwert von C = 7.0 erzielt hat. Es ist dazu zweckdienlich, beide Testwerte in z-Werte zu transformieren und dann direkt miteinander zu vergleichen. Nach den entsprechenden Formeln ergibt sich: $z_1 = (108-100)/10 = 0.8$; $z_2 = (7-5)/2 = 1.0$. Die beiden Tests liefern also recht ähnliche Ergebnisse.

Grundsätzlich liefern alle abgeleiteten linearen Testnormen die gleiche Information über den getesteten Probanden. Es ist deshalb lange Zeit eine Frage der persönlichen Präferenz des jeweiligen Testautors gewesen, nach welcher Norm er seinen Test standardisierte. Die Standardwertnorm ist wohl die gängigste derartige Normskala. Deshalb ist in Abbildung 6 diese Norm eingezeichnet worden. In Zukunft dürfte jedoch die Centilskala mehr und mehr Bedeutung gewinnen, und zwar aus recht triftigen meßmethodischen Gründen. Psychologische Testverfahren sind nämlich, wie in dem Kapitel über Reliabilität auszuführen sein wird, keineswegs völlig präzise Verfahren. Hofstätter hat psychologische Testverfahren mit Bandmaßen verglichen, die aus dehnbarem Gummi gefertigt wurden. Auf die Messung mit Hilfe eines Gummibandmaßes kann man sich verständlicherweise nur in recht eingeschränktem Ausmaße verlassen. Die Testnormen würden der Zentimetereinteilung auf dem Bandmaß entsprechen. Es liegt auf der Hand, daß ein Gummibandmaß, das bei jeder Meßwiederholung zu einem anderen Ergebnis führt, nicht dadurch zu vervollkommnen ist, daß man es mit einer Millimeterskala versieht. Im Gegenteil würden dadurch im Benutzer nur Erwartungen in die Meßpräzision geweckt werden, die das Band dann doch nicht halten kann. Ähnlich liegen die Verhältnisse in der Psychologie. Normen wie zum Beispiel die SW-Skala oder die IQ-Skala sind der heute bei Testverfahren erreichbaren Meßpräzision völlig unangemessen, weil sie beim Testbenutzer die Vermutung nahelegen, daß ein Testabsolvent, der einen um eins höheren IQ-Wert erzielt hat als ein anderer, tatsächlich der intelligentere sein müsse. In Wirklichkeit könnte das Verhältnis bei einer zweiten Messung auch genau umgekehrt ausfallen. Näheres zum Problem des Meßfehlers wird unten (s. S. 83f.) ausführlich erörtert werden. Im Augenblick genügt es festzuhalten, daß eine relativ grobe Norm, wie sie die Centilskala darstellt, den meßmethodischen Möglichkeiten wesentlich besser Rechnung trägt. Zu grob freilich sollte eine Testnorm auch wieder nicht sein; denn entweder würden Informationen verschenkt (etwa wenn man nur mit ganzzahligen Standardschulnoten arbeiten würde) oder man würde doch wieder Zuflucht zu Dezimalstellen nehmen, was zu vermeiden ja eines der Ziele der linearen Transformation ist.

Kehren wir wieder zurück zu unserem Taktiktest. Mancher Leser wird sich angesichts der in Abbildung 6 dargestellten Rohdaten die Frage gestellt haben, ob die Berechnung linearer Testnormen für diesen Test überhaupt zulässig sei; denn die Häufigkeitsverteilung ist doch so unregelmäßig, daß man unmöglich von einer Normalverteilung sprechen könne. Selbst wenn man jeweils mehrere Rohwerte zu einer Klasse zusammenfaßt, ergibt sich keine regelmäßige glokkenförmige Gestalt, wie dem Teil b der Abbildung 6 zu entnehmen ist. Diese Verteilung ist zwar ausgeglichener, weist aber in ihrer Mitte nicht die größte Häufigkeit auf, wie man es für eine Normalverteilung erwarten müßte.

Dieser Einwand muß im Lichte statistischer Erwägungen geprüft werden. Wenn man die Frage der Normalität einer empirischen Verteilung vollständig beantworten will, darf man sich nicht mit dem Augenschein zufriedengeben. Eine gewisse Abweichung von der glockenförmigen Idealgestalt muß sich beinahe zwangsläufig ergeben, wenn man mit endlich großen Stichproben arbeitet. Nur wenn die Normstichprobe unendlich groß wäre, ließe sich die ideale Normalverteilungskurve einbringen. Die vorliegende Eichstichprobe besteht demgegenüber nur aus 100 Probanden, ist also kleiner, als es für einen guten Test zulässig wäre. Im Falle endlich großer Stichproben muß die Frage nach der Normalität deshalb präziser lauten: Sind die zufallsbedingten Abweichungen der empirischen Verteilung vom Idealmodell der Normalverteilung so groß, daß man zu der Überzeugung gelangen muß, es könne sich dabei nicht um eine Normalverteilung handeln? Diese Frage läßt sich mit Hilfe statistischer Prüfverfahren beantworten. Bei D'Agostino 1970 ist ein sehr einfaches Verfahren dargestellt. An dieser Stelle sei nur das Ergebnis genannt. Die empirisch aufgetretene Häufigkeitsverteilung weicht zwar ein wenig von den nach dem Normalverteilungsmodell zu erwartenden Häufigkeiten ab. Jedoch sind die Abweichungen bei weitem geringer, als daß man die Normalitätsannahme verwerfen müßte. Man kann also davon ausgehen, daß es sich entgegen dem Augenschein bei der vorliegenden Rohwerteverteilung um eine Normalverteilung handelt. Die z-Transformation der Testwerte ist also zulässig und erweitert unseren Interpretationsspielraum auf die Deutungen, die bei linearen Testnormen erlaubt sind. Da die meisten modernen Tests linear normiert sind, läßt sich das Testergebnis eines Probanden nun auch mit seinen Ergebnissen in anderen Tests vergleichen, wie das oben bereits geschildert wurde (S. 67f.). Man könnte beispielsweise das Testergebnis eines Probanden im Taktiktest in einen Taktik-IQ umwandeln. Für eine Person mit einem z-Wert von –0.4 wäre der Taktik-IQ beispielsweise 100 + 15 (–0.4) = 94. Es ist natürlich nicht sehr sinnvoll, die IQ-Norm auf andere als Intelligenztests anzuwenden, weil jedermann damit das Merkmal Intelligenz verbindet. Formale teststatistische Überlegungen würden einer solchen Anwendung jedoch nicht entgegenstehen.

1.3. Bewährungskontrolle von Testverfahren

Wie schon erwähnt, ist die Normierung des Testverfahrens nur eine notwendige, aber nicht hinreichende Bedingung für seine praktische Verwendbarkeit. Was nützt die genaueste Millimetereinteilung auf einem Bandmaß, das aus Gummi besteht und deshalb jedesmal andere Werte ergibt. Konkret: Was würde die Normierung unseres Taktiktests nützen, wenn man feststellen müßte, daß er bei Meßwiederholungen immer ein anderes Ergebnis erbringt? Was würde die Normierung nützen, wenn sich schließlich herausstellte, daß der Test nicht die Taktikorientierung, sondern vielleicht die politischen Ansichten des Probanden widerspiegelt?

Die Frage, die sich stellt, ist: Welche Merkmale muß ein Test aufweisen, um als guter Test bezeichnet werden zu können? Wie darauf zu antworten ist, sei an einem kleinen Beispiel aus der Physik veranschaulicht. Die unten aufgeführten Kriterien zur Unterscheidung von guten gegenüber schlechten Tests gelten übrigens nicht nur im Bereich der Psychologie, sondern auch für die Naturwissenschaften. Nur stellen sich die damit verbundenen Probleme dem Psychologen in besonderer Schärfe.

Ein Schrotthändler handelt mit Buntmetall und zahlt für jede Gewichtseinheit einen bestimmten Betrag. Um das Gewicht der anzukaufenden Metallteile zu ermitteln, benutzt er eine alte Waage, die in seinem Schuppen steht. Das Gewicht wird an einem Skalenblatt abgelesen, das kaum noch leserlich ist, weil manche Skalenstriche überhaupt nicht mehr zu erkennen sind. Die Skalenabstände müssen deshalb geschätzt werden. Überdies ist die Waage sehr verrostet und nicht geölt. Und schließlich befindet sich in der Nähe der Waage ein starker Elektromagnet, der die Gewichtsangabe für magnetische Metalle verfälscht. Ähnliche Verhältnisse herrschen in der Testpsychologie (vgl. z. B. Clauss 1968), nur werden sie erst bei einer empirischen Überprüfung augenfällig. Welche verschiedenen Fehlerquellen lassen sich unterscheiden?

Für das Ablesen der verblaßten Skala ist so viel Augenmaß notwendig, daß zwei Schrotthändler, die die Skala unabhängig voneinander ablesen müßten, zu unterschiedlichen Meßwerten kämen. Das Meßinstrument mißt also nicht objektiv. Unter der *Objektivität* eines Meßinstruments versteht man das Ausmaß, in dem mehrere Personen, die unabhängig voneinander die Meßwerte registrieren, zu übereinstimmenden Resultaten kommen.

Selbst wenn man die Skala erneuert, wird aus der Schrottwaage noch kein gutes Meßinstrument; denn sie ist so verrostet, daß Meßwiederholungen immer wieder zu anderen Meßwerten führen würden. Diesen Gesichtspunkt bezeichnet man als *Reliabilität* oder *Zuverlässigkeit.* Ein Meßinstrument ist dann reliabel, wenn die Meßwerte präzise, das heißt reproduzierbar sind.

Selbst wenn die Skala erneuert und die Waage gut geölt wird, wäre sie noch nicht uneingeschränkt verwendbar; denn das angezeigte Gewicht hinge bei magnetischen Metallen kaum mit dem tatsächlichen Gewicht zusammen. Dieser Aspekt der Messung wird als *Validität* oder *Gültigkeit* bezeichnet. Ein Meßinstrument ist dann valide, wenn es das, was es messen soll, tatsächlich mißt. Die Schrottwaage ist nur für nichtmagnetische Metalle valide; denn nur bei diesen Metallen hängt der Meßwert mit dem tatsächlichen Gewicht zusammen.

Ein vierter Gesichtspunkt läßt sich unter dem Schlagwort *Utilität* oder *Nützlichkeit* zusammenfassen. Lohnt es sich für den Schrotthändler überhaupt, die schweren Metallteile auf die Waage zu heben? Könnte er das Gewicht der angelieferten Teile nicht schon per Augenmaß hinreichend genau abschätzen? Ein Meßinstrument ist dann nützlich, wenn die Information (Entscheidungshilfe), die man durch die Messung gewinnt, in einem angemessenen Verhältnis zu dem Aufwand der Messung steht.

Die drei zuerst genannten Testgütekriterien bezeichnet man als klassische Gütekriterien; denn auf sie konzentrierte sich lange Zeit die psychologische Methodenentwicklung, bis im Jahre 1957 der Gesichtspunkt der Utilität durch eine Arbeit von Cronbach und Gleser eine fest umrissene Stellung im Kanon der Gütekriterien zugewiesen bekam. Der Gesichtspunkt der Nützlichkeit ist vor allem dann bedeutsam, wenn größere Testuntersuchungen geplant und durchgeführt werden sollen, also wenn eine Gruppe von Individuen mit Hilfe einer ganzen Batterie von Tests untersucht werden soll. Demgegenüber gelten die klassischen Gütekriterien ohne Einschränkungen auch für den Einzelfall. Sie stehen zueinander in einer Ordnung der Inklusivität, das heißt, ein Test mit hoher Validität weist z. B. auch immer eine hohe Reliabilität auf, aber nicht umgekehrt. Von einem Test mit hoher Reliabilität kann man annehmen, daß er gleichzeitig objektiv ist, nicht aber umgekehrt, daß ein objektiver Test reliabel sein müsse. Unter den klassischen Gütekriterien ist deshalb die Validität das wichtigste. Ist ein Test als valide nachgewiesen, so braucht sich der Testkonstrukteur um alles weitere nicht mehr zu kümmern. Die Chancen, daß ein Test ohne gezielte Bemühungen um maximale Objektivität und Reliabilität gültig sein wird, sind allerdings gering. Der Testkonstrukteur wird deshalb gut daran tun, seine Bemühungen zunächst auf den Gesichtspunkt der Objektivität, dann auf die Reliabilität und schließlich auf die Validität des Tests zu richten. Nur durch dieses schrittweise Vorgehen kommen in der Praxis brauchbare Tests zustande.

Wie stellt man nun im einzelnen Objektivität, Reliabilität, Validität und Utilität fest, wie kann man sie sicherstellen, und welche Möglichkeiten gibt es, unzureichende Werte zu verbessern? Dies sei im folgenden für jedes Gütekriterium getrennt an Beispielen erläutert.

1.3.1. Objektivität

Ein Test ist in dem Maße objektiv, in dem mehrere Untersucher unabhängig voneinander bei ein und demselben Probanden zur gleichen diagnostischen Aussage gelangen. Auf dem Weg zur diagnostischen Aussage lassen sich drei Etappen unterscheiden, nämlich die Testdurchführung, die Testauswertung und die Interpretation des

Testergebnisses. Nicht immer liegen diese drei Tätigkeiten in der Hand einer Person. Entsprechend den Fehlerquellen, die bei den drei Untersuchungsschritten auftreten können, unterscheiden viele Testtheoretiker drei Arten von Objektivität, die Durchführungs-, Auswertungs- und Interpretationsobjektivität.

Durchführungsobjektivität: Ein Test ist um so objektiver, je weniger der Testleiter das Testergebnis durch die Art der Instruktionsgebung die soziale Interaktion mit den Probanden, seine eigenen Erwartungen, Ziele, Stellungnahmen usw. beeinflussen kann. Mit anderen Worten, je einheitlicher die Instruktion, je standardisierter die sozialen Interaktionen zwischen Testleiter und Proband, und je weniger direkt der Kontakt zwischen beiden ist, desto unabhängiger vom Testdurchführenden und damit objektiver ist das Testergebnis. Vollkommen auszuschalten ist diese Fehlerquelle kaum, es sei denn, man wollte auf die Anwesenheit eines Testleiters bei der Durchführung des Tests überhaupt verzichten. In Gruppentests dürfte die Durchführungsobjektivität höher sein als in Individualtests, weil der Testleiter gegenüber einer Probandengruppe weniger auf den einzelnen eingehen kann als im Individualversuch. Als relativ durchführungsobjektiv gelten Leistungstests, wenig durchführungsobjektiv sind dagegen projektive Testverfahren.

Auswertungsobjektivität: Ein Test ist um so objektiver, je weniger Freiheitsgrade der Auswerter bei der Auszählung der Testergebnisse hat. Bei Tests mit Aufgaben, in denen der Proband nicht frei antworten kann, ist die Auswertungsobjektivität praktisch verwirklicht; denn man braucht die Kreuzchen des Respondenten nur richtig zusammenzuzählen. Von Flüchtigkeitsfehlern abgesehen, müssen verschiedene Auswerter zwangsläufig zu dem gleichen Ergebnis kommen, wenn ihnen unabhängig voneinander ein Testprotokoll zur Auswertung vorgelegt wird. Bei Tests mit freier Antwortform ist die Auswertungsobjektivität dagegen stets mehr oder minder eingeschränkt, weil den Auswertern die Aufgabe obliegt, die Reaktionen der Probanden zunächst bestimmten Antwortkategorien zuzuordnen, ehe an eine Umsetzung des Testergebnisses in Zahlen gedacht werden kann.

Interpretationsobjektivität: Ein Test ist um so objektiver, je weniger Freiheitsgrade der Interpretierende hat, aus den gleichen Auswertungsergebnissen unterschiedliche diagnostische Schlüsse zu ziehen. Bei normierten Tests ist die Interpretationsobjektivität vollkommen. Der Interpretierende braucht nur in einer Normtabelle nachzuschlagen oder das Testergebnis den angegebenen Vorschriften entsprechend umzurechnen, um zu einer psychologischen Interpretation zu kommen. Häufig wird die Auswertung und die Interpretation der Testergebnisse in einer Hand liegen, so daß die Auswertungs- und Interpretationsobjektivität nicht voneinander getrennt zu werden brauchen. Sachlich ist allerdings jeder Fall denkbar. Bei Tests mit freier Antwortform, für die Normtabellen vorliegen, ist die Interpretationsobjektivität absolut verwirklicht, die Auswertungsobjektivität hingegen nur näherungsweise. Der HAWIE und der HAWIK (vgl. S. 19) enthalten Untertests dieser Art. Für Tests mit gebundener Antwortform, für die noch keine Testnormen vorliegen, gilt das Umgekehrte: Ideale Auswertungsobjektivität, aber eingeschränkte Interpretationsobjektivität. In vielen Erziehungsberatungsstellen, Personalbüros, Unternehmensberatungen wird mit solchen Tests gearbeitet, die man sich ausgedacht hat, aus Mangel an Geld oder Gelegenheit noch nicht normieren konnte, und die man trotzdem schon diagnostisch verwerten möchte. Bei verschiedenen anderen Testverfahren ist sowohl dem Auswerter als auch dem Interpretierenden ein Ermessensspielraum gegeben. Beim Rorschachtest (vgl. S. 20) muß sich der Auswerter zum Beispiel entscheiden, wieviele Antworten des Probanden er als originell (sog. Orig+) signieren soll. Später muß er sich (da keine eindeutigen Normwerte vorliegen) überlegen, welche diagnostischen Schlüsse er aus einem bestimmten Prozentsatz origineller Antworten ziehen will. Die diagnostischen Schlüsse sind von den Erfahrungen des Interpretierenden mit dem Testverfahren abhängig, und diese wiederum werden von Testanwender zu Testanwender differieren.

Aus der Schilderung der drei Objektivitätsarten geht schon hervor, was ein Testautor tun kann, um die Objektivität seines Verfahrens sicherzustellen.

Die Durchführungsobjektivität läßt sich in vielen Fällen steigern, indem die Testinstruktion schriftlich fixiert wird und der Durchführende sich streng daran halten muß. Letzteres ist keine Selbstverständlichkeit, weil vor allem bei älteren Testverfahren dem Durchführenden in der Handanweisung, die jedem Verfahren beigegeben ist, explizit ein gewisser Freiheitsspielraum in der Instruktionsgebung eingeräumt wurde.

Eine zweite Möglichkeit der Objektivierung besteht darin, die Interaktion zwischen Testleiter und Proband auf ein Minimum herabzusetzen. In einzelnen Fällen ist das so weit gesteigert worden, daß der Testleiter gar nicht mehr physisch präsent ist, und der Testabsolvent sich die Instruktion per Tonbandknopfdruck selbst abrufen kann. Ob eine so radikale Technisierung des Testvorgangs nicht unerwünschte psychische Effekte beim Probanden auslöst, ist eine andere Frage.

Die Auswertungsobjektivität sollte soweit möglich durch eine Formalisierung der Testaufgaben gesteigert werden. Wenn das nicht möglich ist, sollte der Testautor zumindest genaue Auswertungsrichtlinien ausarbeiten, die ein breites Spektrum der überhaupt möglichen Antworten umfassen. Eine weitere Möglichkeit, von der bei verschiedenen projektiven Testverfahren Gebrauch gemacht wird, ist die Schulung der Testanwender in Spezialkursen, in denen die Konzeption des Tests und möglichst viele und verschiedenartige praktische Fälle behandelt werden.

Die Interpretationsobjektivität sollte dadurch sichergestellt werden, daß sich der Testautor auch in schwierigen Fällen um Normen bemüht. Besonders hilfreich sind für den Testanwender getrennte Normtabellen für unterschiedliche Populationen (zum Beispiel Schülernormen, Studentennormen, Berufsnormen bei Intelligenztests oder Normen für verschiedene klinische Syndrome, sofern es um die Diagnose von psychischen Krankheitsbildern geht). Auch die Interpretation kann im übrigen durch Spezialkurse für die Testanwender vereinheitlicht werden.

Bisher war nur die Rede davon, was Objektivität ist, und wie man sie verbessern kann. Falls ein Test durch das Aufgabenformat und durch geeignete Normentabellen objektiviert ist, bereitet lediglich die Durchführungsobjektivität noch Schwierigkeiten. In allen übrigen Fällen sollte man die Objektivität des Verfahrens berechnen und in der Testhandanweisung zur Information des Testbenutzers angeben. Wie kann man aber den Aspekt der Objektivität quantitativ in den Griff bekommen?

1.3.1.0. Quantitative Bestimmung der Objektivität

Man könnte, sofern man wollte, alle drei Aspekte der Objektivität unabhängig voneinander für einen Test überprüfen.

a) Wenn uns die Durchführungsobjektivität interessiert, müßten wir den Test von mehreren Testleitern an möglichst demselben Probandenkollektiv durchführen und sodann durch eine andere Person auswerten und interpretieren lassen. Der Vergleich der Testwerte gibt dann unmittelbar Aufschluß darüber, wie hoch die Durchführungsobjektivität des Tests ist.

b) Die Prüfung der Auswertungsobjektivität würde voraussetzen, die Position des Auswerters durch unterschiedliche Personen zu besetzen, die den Test unabhängig voneinander auszuwerten haben. Die Durchführung und die Interpretation des Tests müssen dagegen durch andere Personen, und zwar stets die gleichen, besorgt werden. Ein Vergleich der Testwerte würde Aufschluß über die Auswertungsobjektivität des Tests geben. In vielen Fällen erübrigt sich die Überprüfung der Auswertungsobjektivität, weil der Test trivialer-

weise auswertungsobjektiv ist (etwa bei Aufgaben mit vorgegebenen Antworten, von denen der Proband eine anzukreuzen hat).
c) Ganz analog verläuft die Prüfung der Interpretationsobjektivität. Hier wird die Position des Interpretierenden variiert und die Position des Testleiters und des Auswerters konstant gehalten. Wiederum wären die Testwerte miteinander zu vergleichen. Bei normierten Tests braucht die Interpretationsobjektivität nicht überprüft zu werden, weil sie praktisch nur durch Flüchtigkeitsfehler eingeschränkt sein kann.
Wie geschieht nun der Vergleich mehrerer Testwerte praktisch? Sind nur zwei Reihen von Testwerten miteinander zu vergleichen (etwa eine Reihe von Testprotokollen, die von zwei Auswertern ausgezählt wurden), dann kann man einen Korrelationskoeffizienten berechnen (vgl. S. 39). Der Korrelationskoeffizient wäre dann ein Objektivitätskoeffizient. Hat man mehr als zwei Zahlenreihen miteinander zu vergleichen, kann die normale Korrelationsformel nicht angewandt werden. Es existieren dafür Spezialformeln, die hier an einem Beispiel demonstriert seien.
In einer Lehrveranstaltung über psychologische Methoden wurde im Jahre 1973 auf dem Höhepunkt der Ölkrise folgender informeller Test zur Messung der Originalität durchgeführt. Die Studenten bekamen folgende Instruktion:

Instruktion: »Bitte überlegen Sie, welche langfristigen Folgen für den Alltag des sogenannten kleinen Mannes die Ölverknappung haben wird, wenn sie in der gegenwärtigen oder noch verschärfter Form weiterbestehen bleibt. Gefragt ist nicht nach Folgen, die man in Zeitungen nachlesen kann und von denen jeder spricht, wie Preisauftrieb, Fahrverbote, kältere Schlafzimmer, Kälteferien, um nur einige zu nennen.
Gefragt ist vielmehr nach wirtschaftlichen, technischen, soziologischen, psychologischen oder politischen Folgen, an die bisher offenbar noch niemand gedacht hat. Es kann sich dabei auch um Konsequenzen handeln, die im Augenblick noch gar nicht erkennbar sind, weil sie erst mit langer Verzögerung eintreten werden. Versetzen Sie sich einmal ins Jahr 1976 und überlegen Sie, wie Sie dann leben, was Sie in Ihrer Freizeit und im Beruf tun werden usw. Ihre Einfälle sollten einen hohen Wahrscheinlichkeitsgrad aufweisen, also so realistisch wie möglich sein. Sie sollten aber zugleich so außergewöhnlich sein, daß niemand außer Ihnen darauf kommen würde. Sie haben zehn Minuten Zeit. Falls Ihnen mehrere Einfälle kommen, schreiben Sie bitte nur den besten auf.«

Zehn Testprotokolle wurden eingesammelt und dienten als Anschauungsmaterial zur Quantifizierung der Auswertungsobjektivität. Die zehn Testprotokolle sind im folgenden zusammengestellt:

1. Steigende Geburtenrate und dadurch bedingt Wachstum der pharmazeutischen Industrie.

2. Steigende Geburtenziffer.
3. Es wird ein Apparat entwickelt, der es dem Menschen ermöglicht, eigene Bewegung in Wärme umzuwandeln und sie zu speichern.
4. Abbau der Aggressivität über Gruppensex.
5. Veränderte Tagesrhythmikkurve (resultierend aus verändertem Tagesablauf, bzw. Diskrepanz zwischen Sommer und Winter).
6. Ich werbe fünf bis zehn Araber an, die mein Leichtgewichtautomobil ziehen.
7. Zurück aufs Land – Stadtflucht zwecks Selbstversorgung – Städte werden leer stehen und verfallen.
8. Winterschlaf.
9. Private Kontakte werden unter der Ölkrise zu leiden haben, wenn sie nur durch das eigene Fahrzeug möglich sind. Über drei Kilometer werden die Menschen zunächst nicht laufen wollen. Bekanntschaften in näherem Umkreis werden intensiver werden. In Neubausiedlungen wird sich die Kommunikation verbessern. Rückkehr zu sozialen Beziehungen wie sie vor dem Krieg in Altstädten herrschten.
10. Benzinfeuerzeuge wird es mangels Benzin nicht mehr geben. Wegen Trend zu Kohle und Holzfeuerung auch weniger Streichhölzer. Dadurch weniger Zigarettenkonsum. Gesundheitsstatistiken werden sich verbessern. Krankenkassenbeiträge werden sinken.

Diese zehn Testprotokolle wurden von drei Gutachtern nach der Originalität (sprich: Einmaligkeit) und Realitätsangepaßtheit (sprich: Wahrscheinlichkeit des Eintreffens) beurteilt. Im folgenden sind zwei Verfahren zur Verdichtung der Objektivität in einem Korrelationskoeffizienten demonstriert. Im ersten Auswertungsbeispiel fungierten drei Studenten verschiedener Fachrichtungen der Wirtschafts- und Sozialwissenschaften als Gutachter, im zweiten begutachten drei Sozialwissenschaftler verschiedener Fachrichtungen die Einfälle.

N = 10 Testprotokolle	N = 3 Gutachter 1	2	3	S	S^2
1	8	7	6	21	441
2	10	8	7	25	625
3	2	4	1	7	49
4	9	9	9	27	729
5	7	3	10	20	400
6	1	10	5	16	256
7	3	6	3	12	144
8	5	2	2	9	81
9	6	5	4	15	225
10	4	1	8	13	169
					3119

1. Auswertungsmodus: Die drei Gutachter brachten die zehn Einfälle unabhängig voneinander in eine Rangreihe. Rangplatz 1 erhielt der beste, Rangplatz 10 erhielt der schlechteste Einfall. Um die Übereinstimmung zwischen den Auswertern festzustellen, empfiehlt es sich, die Urteile in ein Schema der obigen Art einzutragen.
Es gibt mehrere Möglichkeiten, diese Zahlen zu einem Objektivitäts-Koeffizienten zu verrechnen (Hays 1963, S. 656; Guilford 1954, S. 253). Wir benutzen folgende Guilford-Formel:

$$R_{obj} = 1 - \frac{N(4n+2)}{(N-1)\ (n-1)} + \frac{12 \sum_{i=1}^{n} S^2}{N(N-1)\ n(n^2-1)}$$

Wenn man obige Ergebnisse in die Formel einsetzt, erhält man

$$R_{obj} = 1 - \frac{3(40+2)}{(3-1)\ (10-1)} + \frac{12 \cdot 3119}{3(3-1) \cdot 10(100-1)}$$

$$= 1 - \quad 7 \quad + \quad 6.30 \quad = 0.30$$

Da der Objektivitätskoeffizient bei völliger Übereinstimmung zwischen den Auswertern 1.0 betragen würde, muß die tatsächlich erzielte Auswerterobjektivität als dürftig bezeichnet werden.
2. Auswertungsmodus: Drei andere Gutachter beurteilen unabhängig voneinander die zehn Einfälle auf der Skala

»sehr schlecht 1 2 3 4 5 sehr gut«

Ihre Urteile sind im folgenden Schema zusammen mit den für die Berechnung notwendigen Zahlenspalten zusammengestellt.

		N = 3 Gutachter 1	2	3	$\sum^{N} x$	$(\sum^{N} x)^2$	$\frac{(\sum^{N} x)^2}{N}$	$\sum^{N} x^2 - \frac{(\sum^{N} x)^2}{N}$	$\sum^{N} x^2$
N = 10 Testprotokolle	1	1	2	2	5	25	8.3	0.7	9
	2	1	1	4	6	36	12.0	6.0	18
	3	2	1	1	4	16	5.3	0.7	6
	4	2	1	1	4	16	5.3	0.7	6
	5	3	3	2	8	64	21.3	0.7	22
	6	1	2	4	7	49	16.3	4.7	21
	7	1	2	4	7	49	16.3	4.7	21
	8	1	2	3	6	36	12.0	2.0	14
	9	2	3	4	9	81	27.0	2.0	29
	10	3	3	5	11	121	40.3	2.7	43
					67	493		24.9	

Die Berechnung der Auswerter-Übereinstimmung geschieht nach folgender Formel (vgl. Horst 1949):

$$R_{obj} = 1 - \left[\frac{N}{N-1} \cdot \frac{\sum^{n} \left[\sum^{N} x^2 - \frac{(\sum^{N} x)^2}{N} \right]}{\sum^{n} (\sum^{N} x)^2 - \frac{1}{n} (\sum^{n} \sum^{N} x)^2} \right]$$

Wenn man die Ergebnisse in die Formel einsetzt, erhält man:

$$R_{obj} = 1 - \left[\frac{3}{2} \cdot \frac{24.9}{493 - 1/10 \cdot 67^2} \right]$$

$$= 1 - \frac{3 \cdot 24.9}{2 \cdot 44.1} = 1 - 0.85 = 0.15$$

Die Übereinstimmung zwischen den Auswertern ist nach diesem Verfahren noch geringer als im ersten Fall. Auch bei diesem Koeffizienten würde 1.0 vollständige Übereinstimmung bedeuten.

Angesichts der geringen Übereinstimmung zwischen den Urteilen liegt die Frage nach den möglichen Ursachen nicht fern. Woran kann es gelegen haben, daß sich die Gutachter über den Grad der Originalität so uneinig waren? Hier seien nur zwei offensichtliche Fehlerquellen genannt: Es ist möglich, daß sich die Auswerter nicht klar darüber waren, wie sie die zwei Aspekte der Testleistungen (Ausgefallenheit und Wahrscheinlichkeitsgrad) zu einem Gesamturteil zusammenfassen sollten. Gutachter 1 (linke Spalte des ersten Auswertungsschemas) betrachtete anscheinend den Aspekt der Ausgefallenheit als den wichtigeren, während Gutachter 2 (mittlere Spalte) den Aspekt des Wahrscheinlichkeitsgrades vorrangig bewertete. Das kann man nach den Urteilen beider Gutachter gegenüber Einfall 6 vermuten, der eine hochgradig ausgefallene, aber nicht gerade wahrscheinliche Konsequenz der Ölkrise beinhaltet.

Im übrigen kann es auch sein, daß die Gutachter die Einfälle durch die Brille ihrer eigenen Fachrichtung betrachtet haben, wodurch ebenfalls stärkere Divergenzen zwischen den Urteilern auftreten konnten.

Während man die erste Fehlerquelle durch eine detaillierte Auswertungsanleitung minimieren kann, wäre wohl der in der Person des Auswerters liegenden Subjektivität nur durch eine intensive Ausbildung der Gutachter beizukommen. Mit einer gewissen »persönlichen Gleichung« wird man jedoch auch dann noch rechnen müssen. Wir haben es hier mit dem Problem zu tun, vor dem jede Jury steht, und das nur zum Teil lösbar ist. Auf die Frage nach der menschlichen Urteilsfähigkeit und den häufigsten Urteilsfehlern wird in anderem Zusammenhang noch ausführlich einzugehen sein (vgl. S. 154 ff.).

1.3.2. Reliabilität

Ein Test ist in dem Maße reliabel, in dem die Meßwerte genau sind. In der Regel wird man die Genauigkeit eines Meßwertes an seiner Reproduzierbarkeit ablesen können, das heißt daran, ob man bei einer Meßwiederholung wieder den gleichen Meßwert erhält. Ein Beispiel mag dies deutlicher werden lassen: Ein junges Studentenehepaar richtet sich seine erste Wohnung ein. Die Ehefrau möchte gern weiterhin so schlank bleiben wie sie ist und kauft sich zu einem sehr günstigen Preis eine Waage, um jeden Tag ihr Körpergewicht kontrollieren zu können. Am zweiten Tag ihrer Ehe stellt sie fest, daß sie dem Vortag gegenüber um ein Kilogramm leichter geworden ist. Sie ist darüber nicht sonderlich erstaunt. Allerdings registriert sie am Tage darauf eine Gewichtszunahme um 1,5 kg, was sie schon eher beunruhigt. Sie nimmt sich vor zu fasten, doch die Waage zeigt am nächsten Tag sogar ein noch höheres Gewicht an. Nun beginnt sie daran zu zweifeln, daß die Gewichtsschwankungen ausschließlich auf ihre Lebensgewohnheiten zurückgeführt werden können und unterzieht die Waage einem Test. Sie stellt sich am nächsten Tag alle fünf Minuten auf die Waage (insgesamt einhundert Mal) und registriert ihr Körpergewicht. Die Meßwerte stellt sie in folgender Häufigkeitsverteilung zusammen:

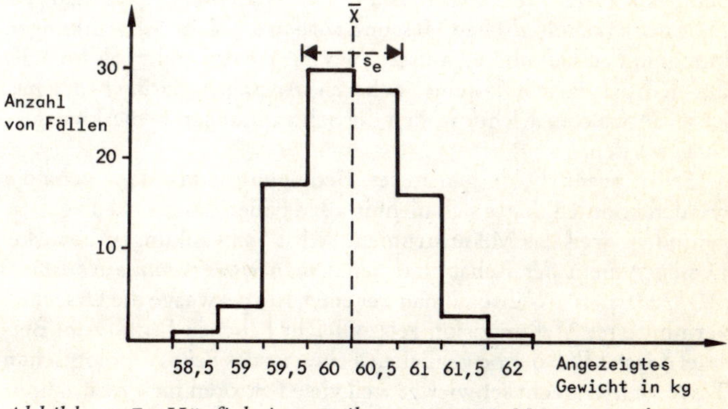

Abbildung 7: Häufigkeitsverteilung von 100 Messungen des Körpergewichts einer Person. Die Meßwiederholungen erfolgten im Abstand von 5 Minuten.

Der mittlere Meßwert liegt bei 60,225 kg. Die Standardabweichung beträgt 0,565 kg. Da die Meßwerte etwa normal verteilt sind, liegen etwa 68% der Werte in dem Bereich von 60,225 ± 0,565, das heißt zwischen 59,66 und 60,79 kg. Die Größe von 0,565 bezeichnet man in der psychologischen Testtheorie als *Standardmeßfehler*, auch kurz *Meßfehler* (standard error s_e); denn diese Größe ist ein Maß für die Ungenauigkeit des Meßinstruments, hier: der Körperwaage.

An dem vorliegenden Beispiel läßt sich nun nicht nur der Meßfehler veranschaulichen, sondern auch die Faktoren, die für die Ungenauigkeit der Messung verantwortlich sein können. Drei Fehlerquellen fallen unmittelbar ins Auge:

1. Die Situation der Messung war sicherlich nicht bei allen Messungen die gleiche. Die junge Frau wird vielleicht einmal von rechts, das andere Mal von links auf die Waage getreten sein. Vielleicht hatte sie einmal mehr, ein anderes Mal weniger Schwung, als sie sich auf die Waage stellte. Diese Einflüsse faßt man unter dem Aspekt der *Bedingungskonstanz* zusammen. Im Falle der psychologischen Messung werden eine Vielzahl solcher Bedingungen die Testergebnisse verändern können (Aufmerksamkeitsschwankungen, Wetterbedingungen, Störungen durch Lärm usw.).

2. Das Gewicht selbst war sicherlich nicht bei allen Messungen genau gleich. Da sich die Messungen über einen ganzen Tag verteilten, mußten sich Mahlzeiten und Stuhlgang zwangsläufig mit in den Meßwerten niederschlagen. Auch wenn die junge Frau den ganzen Tag über nichts gegessen hätte, wäre die letzte Messung wahrscheinlich anders ausgefallen wie die erste. Man faßt diese Einflüsse unter dem Aspekt der *Merkmalskonstanz* (Meßstabilität) zusammen. Im Falle der psychologischen Messung wird man solche Schwankungen immer mit einkalkulieren müssen, wobei man oft, anders als im Falle des Körpergewichts, keine sicheren Aussagen darüber machen kann, in welcher Richtung sich die Schwankungen bemerkbar machen werden.

3. Selbst wenn beide genannten Bedingungen konstant gehalten werden könnten, hätte sich nicht in allen Fällen das gleiche Ergebnis gefunden, weil das Meßinstrument selbst Schwankungen bewirkt. Diesen Aspekt der Reliabilität nennt man *instrumentale Konstanz (Meßpräzision).* Während man bei einer Körperwaage die Ursachen verminderter Meßpräzision relativ leicht beheben kann (zum Beispiel durch Ölen der beweglichen Teile), ist das bei psychologischen Testverfahren recht schwierig, weil viele Faktoren für eine unzureichende Meßpräzision verantwortlich sein können. Die Analogie zwischen Körperwaage und psychologischem Testverfahren ist in einer Hinsicht nicht tragfähig. Während man seine Gewichtsmes-

sung viele Male wiederholen kann, sind Meßwiederholungen bei psychologischen Tests nur in sehr eingeschränktem Umfang möglich; denn jede Messung verändert hier das Meßinstrument mit. Die Verhältnisse in der Psychologie sind so, als würde sich die Feder der Körperwaage bei jeder Messung ein wenig überdehnen, so daß die Waage nach einigen Messungen nicht mehr tauglich wäre. Mit anderen Worten, in der psychologischen Diagnostik verändern sich die Meßinstrumente durch die Messung. So ist der Bekanntheitsgrad von Intelligenztestaufgaben bei der zweiten Messung nicht mehr der gleiche wie beim ersten Testversuch. Die Wiederholung eines Intelligenztests bringt deshalb meist höhere IQ-Werte, weil die Aufgaben für die Probanden vertrauter sind und sie in der vorgegebenen Zeit mehr Aufgaben bearbeiten können.

Die Konsequenz dieser Schwierigkeiten ist, daß man die Reliabilität eines psychologischen Tests nicht so einfach bestimmen kann, wie die einer Körperwaage. Die Reliabilität eines psychologischen Testverfahrens wird üblicherweise als sogenannter *Reliabilitätskoeffizient* mitgeteilt. Die üblichsten Verfahren, um zu einem Reliabilitätskoeffizienten zu kommen, sind die folgenden:

1. *Retest-Reliabilität:* Man führt den Test an einer Stichprobe von Probanden durch und wiederholt ihn nach einer gewissen Zeit. Die Korrelation der ersten Testwerte mit den Ergebnissen des Retests bezeichnet man als die Retest-Reliabilität des Testverfahrens. In die Retest-Reliabilität eines Tests gehen Bedingungsschwankungen, Merkmalsschwankungen und instrumentale Faktoren ein. Die Merkmalsschwankungen werden gegenüber den anderen Fehlerquellen um so mehr ins Gewicht fallen, je länger die Zeitspanne zwischen den Testungen ist. Dies spricht in manchen Fällen dafür, die Zeitspanne kurz zu halten. Auf der anderen Seite spielen bei einer Testwiederholung nach kurzer Zeit die oben geschilderten Gedächtniseffekte eine besondere Rolle, die zu einer fälschlichen Überhöhung des Reliabilitätskoeffizienten führen können. Dies trifft vor allem auf Leistungstests zu, bei denen die Aufgaben gut im Gedächtnis haften, oder auf projektive Tests, die häufig nur aus wenigen Aufgaben mit hohem Einmaligkeitscharakter bestehen. Bei solchen Testverfahren empfiehlt sich die Berechnung von Retest-Koeffizienten nicht, sofern zwischen Test und Retest nur kurze Zeit liegt. Bei Fragebogentests mit zahlreichen Items genügen dagegen wenige Tage bis Wochen, um die Gedächtnisspuren der ersten Messung weitgehend verblassen zu lassen.

2. *Paralleltest-Reliabilität:* Die Schwierigkeiten des Retests lassen sich vermeiden, wenn es dem Testkonstrukteur gelingt, von vornherein zwei formal gleiche, aber inhaltlich verschiedene Testverfah-

ren zu konstruieren. Diese beiden Paralleltests werden einer Stichprobe von Probanden entweder unmittelbar hintereinander oder nach einer gewissen Zeitspanne dargeboten. Die Korrelation zwischen beiden Testergebnissen bezeichnet man als Paralleltest-Koeffizienten des Tests. Zusätzlich zu den bereits genannten Fehlerquellen (Bedingungsschwankungen, Merkmalsschwankungen, Meßungenauigkeiten) wirkt noch ein vierter Faktor auf die erzielten Koeffizienten ein, nämlich die Unähnlichkeit der Parallelformen des Tests. Deshalb werden Paralleltest-Koeffizienten in der Regel niedriger sein als unter gleichen zeitlichen Bedingungen registrierte Retest-Koeffizienten.

3. *Halbierungsreliabilität:* Man bietet den Test einem Probandenkollektiv dar und teilt den Test anschließend in zwei Aufgabenhälften auf, für die ein getrennter Testwert errechnet wird. Die Testwerte beider Hälften werden miteinander korreliert und ergeben den Halbierungskoeffizienten. Die beiden Testhälften werden gleichsam als Paralleltests behandelt. Das bekannteste Verfahren der Zuteilung der einzelnen Items zu den Testhälften ist die sogenannte *Odd-Even-Methode* (Items mit gerader laufender Nummer kommen in die eine, Items mit ungerader Nummer in die andere Testhälfte). Da die beiden Testhälften kürzer sind als der gesamte Test, ist die Halbierungsreliabilität eine Unterschätzung der tatsächlichen Zuverlässigkeit. Man kann nämlich generell sagen, daß ein Test ceteris paribus um so zuverlässiger ist, je mehr Items er enthält. Die Reliabilität des gesamten Tests kann man mit Hilfe folgender *Spearman-Brown*-Korrekturformel aufgrund der Halbierungsreliabilität schätzen:

$$r_{tt} = \frac{2r_{12}}{1 + r_{12}}, \text{ wobei } \begin{array}{l} r_{tt} = \text{Reliabilität des Gesamttests} \\ r_{12} = \text{Halbierungsreliabilität} \end{array}$$

Es ist einleuchtend, daß in die Halbierungsreliabilität lediglich die instrumentalen Fehlerfaktoren eingehen können, nicht aber Bedingungsschwankungen oder Merkmalsschwankungen. Die Halbierungsreliabilität gibt also die Meßpräzision ziemlich rein wieder.

4. *Innere Konsistenz:* Man teilt den Test nicht nur in zwei Hälften, sondern betrachtet jedes Item als einen eigenständigen Test, der das gleiche zu messen hat wie der Gesamttest. Eine sehr einfache Formel zur Bestimmung der inneren Konsistenz setzt die Varianzen der Einzelitems mit der Varianz des Gesamttestergebnisses in Beziehung. Den errechneten Koeffizienten bezeichnet man als Alpha-Koeffizienten (Cronbach 1951):

$$\text{Alpha} = \frac{k}{k-1}\left[1 - \frac{\sum_{i-1}^{k} s_i^2}{s_t^2}\right], \text{ wobei}$$

$\sum_{i=1}^{k} s_i^2$ = die Summe über sämtliche Item-Varianzen

s_t^2 = Varianz der Ergebnisse im Gesamttest.

Die Höhe von Alpha hängt ab von der Höhe der Interkorrelationen der Items. Der Koeffizient ist nahezu wie jeder andere Korrelationskoeffizient zu interpretieren. Allerdings sind negative Koeffizienten testpsychologisch unsinnig, obwohl sie bei sehr kurzen Tests manchmal auftreten. Denn was sollte man von einem Test halten, dessen Zuverlässigkeit weniger als Null beträgt?
Ebenso wie die Halbierungsreliabilität spiegelt die innere Konsistenz eines Tests ausschließlich die Meßpräzision wider.
Der Reliabilitätskoeffizient vermittelt dem Testbenutzer einen allgemeinen Eindruck über die Verläßlichkeit der Testergebnisse. Welche Koeffizienten in der Praxis erreicht werden können, hängt vom gemessenen Merkmal und vom Testtyp ab. Für gute Fragebogentests oder Leistungstests sollte man Reliabilitätskoeffizienten von über 0.85 fordern. Manche Leistungstests erreichen Zuverlässigkeitskoeffizienten von 0.95, in Einzelfällen sogar 0.99. Die Reliabilität von projektiven Tests ist dagegen wesentlich niedriger. In der einschlägigen Literatur werden Koeffizienten zwischen 0.3 und 0.9 berichtet (vgl. Clauss 1968).
Aus dem Reliabilitätskoeffizienten läßt sich der *Meßfehler* des Testergebnisses abschätzen, den wir am Beispiel der Körperwaage schon diskutiert haben. Dies geschieht nach der Formel

$s_e = s_x \sqrt{1 - r_{tt}}$, wobei

s_e = Meßfehler (standard error)
s_x = Streuung der Testwerte in der Stichprobe von Probanden, für die der Meßfehler geschätzt werden soll
r_{tt} = Reliabilitätskoeffizient

Der Meßfehler ist aufzufassen als die Streuung der Häufigkeitsverteilung, die man erhielte, wenn man einen Test an ein und demselben Individuum viele Male wiederholen könnte.
Der Standardmeßfehler liefert also Angaben über den Vertrauensbe-

reich einer individuellen Messung, das heißt über die Wahrscheinlichkeit, mit der man den »wahren« Meßwert in einem bestimmten Intervall oberhalb und unterhalb des konkreten Meßwertes vermuten kann.

Möglichkeiten zur Steigerung der Reliabilität:

a) Eine der wirksamsten Steigerungen der Reliabilität kann durch die Eliminierung von wenig trennscharfen Items herbeigeführt werden. Deshalb sollte im Zuge der Testkonstruktion eine Itemanalyse nicht fehlen.
b) Falls es sich nicht um einen trivialerweise objektiven Test handelt, steigt die Reliabilität in dem Maße, in dem es gelingt, den Test objektiver zu machen.
c) Eine weitere Möglichkeit, einen Test zuverlässiger zu machen, besteht darin, ihn mit Hilfe von vergleichbaren Items zu verlängern. Eventuell kann man zwei als Parallelformen konzipierte Tests zu einem einzigen Test zusammenfassen, falls sie einzeln nicht das von modernen Tests zu fordernde Maß an Reliabilität erbringen.
d) Sofern man die Möglichkeit hat, Aufgaben umzuformulieren, sollte man mittlere Schwierigkeiten anstreben.
e) In Leistungstests mit Mehrfachwahlaufgaben kann die Zuverlässigkeit manchmal durch Einführung einer sogenannten Zufallskorrektur gesteigert werden (vgl. Lienert 1973).

1.3.3. Validität

Ein Meßinstrument ist in dem Maße valide, in dem es genau das mißt, was es messen soll. Das bedeutet, daß ein Test immer nur in bezug auf ein bestimmtes Merkmal oder eine Merkmalsgruppe gültig sein kann. Der Testwert »Zahl der pro Minute korrekt eingeschlagenen Nägel« ist wohl kaum valide für die Studienbewerberauslese; er könnte aber vielleicht für die Berufseignung von Zimmermannslehrlingen valide sein. Die Validität muß empirisch nachgewiesen werden. Im allgemeinen kann man sich bei der Beurteilung der Validität eines Tests nicht auf das Augenmaß oder auf Plausibilitätsüberlegungen des Testautors verlassen. Nur in seltenen Fällen (etwa im Falle eines Maschinenschreibetests zur Prüfung von Schreibkräften) ist die Validität des Tests so offensichtlich, daß man hier von *trivialer Validität* sprechen kann. Je nachdem, wie man die Validität des Tests bestimmt oder sicherstellt, kann man mehrere Konzepte unterscheiden.

Inhaltsvalidität: Ein Test ist dann inhaltsvalide, wenn die Items, aus denen er besteht, den erfaßten Merkmalsbereich inhaltlich repräsentieren. Inhaltsvalide sind meist Kenntnistests (z. B. Schultests) und Interessentests (Beispiel: Wenn die Items eines Erdkundetests repräsentativ sind für die Gesamtheit aller möglichen erdkundlichen Fragen, dann ist er inhaltsvalide). Inhaltsvalide Tests erscheinen auch dem Laien valide. Man bezeichnet dies als »face validity«, als offensichtliche Validität. Wenn ein Test face validity besitzt, bedeutet das allerdings nicht, daß er tatsächlich valide ist. Bei inhaltsvaliden Tests kann es beispielsweise vorkommen, daß der zu prüfende Inhaltsbereich (Wissensstoff, Interessenbereich usw.) in den Testitems nur unvollständig und einseitig repräsentiert ist. Der Testkonstrukteur tut deshalb gut daran, die Frage der Repräsentativität durch eine Reihe von Experten auf dem betreffenden Gebiet beurteilen zu lassen. Seine eigenen Perspektiven könnten unzureichend sein.

Kriterienbezogene Validität (empirische Validität): Ein Test ist dann empirisch valide, wenn der Testwert mit einem *Außenkriterium* (das ist ein Indikator für das Merkmal, für das der Test valide sein soll) korreliert. Wenn man beispielsweise annimmt, die Schweißabsonderung vor einer wichtigen Prüfung sei ein Indikator für Prüfungsängstlichkeit, kann man daraus folgern, daß ein Test zur Messung der »Prüfungsängstlichkeit« empirisch valide ist, wenn er mit der Transpirationsstärke vor Prüfungen statistisch korreliert. Ob die Items des Tests inhaltlich valide sind, braucht uns nicht zu kümmern, wenn die statistischen Zusammenhänge mit dem interessierenden Persönlichkeitsmerkmal auftreten. Das Problem der empirischen Validierung eines Tests besteht darin, ein geeignetes Außenkriterium zu finden. Es ist zum Beispiel sehr die Frage, ob die Schweißabsonderung vor Prüfungen tatsächlich ein brauchbares Außenkriterium für Prüfungsangst ist.

Je nach Wahl des Außenkriteriums unterscheidet man

- *Binnenvalidierung* (ein anderer bereits bewährter Test wird als Validitätskriterium herangezogen),
- *Vorhersagevalidität* (das Außenkriterium wird zeitlich nach dem Testergebnis erhoben) oder *Übereinstimmungsvalidität* (das Außenkriterium wird praktisch gleichzeitig mit dem Testergebnis erhoben),
- *Vorläufige, Zwischen-* oder *endgültige Validität* (Bsp.: Ein Test soll die Eignung zum Beruf des Piloten messen. Der Test in einem Flugsimulator wäre ein vorläufiges Validitätskriterium, die Abschlußnote in der Ausbildung zum Piloten wäre ein Zwischenkriterium und die spätere Bewährung im Beruf wäre das endgültige Kriterium, das einen eigentlich interessiert).

Je nach Art der Erhebung des Validitätskriteriums unterscheidet man

- *Objektive Kriterien* (z. B. die Anzahl von Schreibmaschinenanschlägen, die eine Sekretärin pro Minute schreibt),
- *Subjektive Kriterien* (z. B. die Beurteilung einer Sekretärin durch ihren Chef, Schulnoten usw.).

Die Stärken und Schwächen des Konzepts der kriterienbezogenen Validität können gut an einem kleinen Beispiel demonstriert werden. Der folgende, nur aus wenigen Items bestehende Fragebogentest (Tabelle 14) hat sich als recht valide zur Unterscheidung von Studenten der Betriebswirtschaftslehre gegenüber Studenten der Soziologie erwiesen*. Er wurde einfach dadurch konstruiert, daß aus einem umfassenden Itempool die Aussagen ausgewählt wurden, die bei einer größeren Stichprobe von Studenten der Wirtschafts- und Sozialwissenschaften den größten Mittelwertunterschied zwischen den beiden genannten Untergruppen erbrachten. Man braucht nichts von Psychologie zu verstehen, sondern nur gewisse elementare statistische Kenntnisse anzuwenden, um einen solchen Test zu konstruieren. Auch zur Interpretation braucht man keinerlei psychologische Prinzipien. Darin liegt die Stärke des Prinzips der empirischen Validität. Das Testergebnis liefert eine Aussage darüber, welcher der beiden Fachrichtungen der Proband wahrscheinlich zugehört. In der Einfachheit dieser Aussage liegt die Schwäche des Verfahrens. Es sei einmal angenommen, der Test hätte sich in der Praxis zur Voraussage des Alternativmerkmals Betriebswirtschaftslehre (BWL)/Soziologie (SOZ) bewährt. Welche diagnostischen Möglichkeiten eröffnet er uns damit eigentlich? Ob man aufgrund des Testergebnisses einem Studienanfänger zu der einen oder anderen Studienrichtung raten könnte, ist zum Beispiel sehr fraglich; denn es ist ungeprüft, ob Studenten erst im Laufe des Studiums das spezifische Testverhalten entwickeln, oder ob sie es schon ins Studium mitbrachten. Der Test ist ja nicht voraussage-, sondern nur übereinstimmungsvalidiert. Nur wenn er voraussagevalidiert wäre, könnte der Test zur Studienberatung verwendet werden. Doch auch dann könnte bei einem hohen positiven Testergebnis unser Rat an den Probanden nicht lauten: »Sie versprechen ein guter BWL-Student zu werden«, sondern: »Sie versprechen eher ein durchschnittlicher BWL-Student als ein durchschnittlicher SOZ-Student zu werden.«

Welche diagnostische Aussage könnte man über einen Studenten der Mathematik machen, der sich dem Test unterzieht? Sicherlich könnte man aus seinem Testergebnis nicht schließen, er sei ein typi-

---

* (genauer gesagt: von Studenten, die der Untersuchungsstichprobe zugehörten.)

Tabelle 14: Beispiel für einen empirisch validen Fragebogentest

Bitte nehmen Sie zu den folgenden Aussagen Stellung. Den Grad Ihrer Zustimmung oder Ablehnung können Sie durch die Zahlen der angegebenen Skala zum Ausdruck bringen.

Extrem starke Ableh-nung	Starke Ableh-nung	Schwache Ableh-nung	Weder/noch	Schwache Zustim-mung	Starke Zustim-mung	Extrem starke Zustim-mung
–3	–2	–1	0	+1	+2	+3

Sie brauchen nur die Zahl anzukreuzen, die Ihrem Urteil entspricht.

1. Ich lege bei meinen Mitmenschen auf saubere Kleidung großen Wert.	–3	–2	–1	0	+1	+2	+3
2. Ich finde es positiv, mit widerlichen Menschen zusammenzukommen, weil sie mir zeigen, wie gut ich mit meinen sonstigen Bekannten bedient bin.	–3	–2	–1	0	+1	+2	+3
3. Man sollte sich selbst der Nächste sein, seine Interessen aber möglichst so durchsetzen, daß es die anderen nicht bemerken.	–3	–2	–1	0	+1	+2	+3
4. In schwierigen Fällen sollte jedem Lehrer das Recht auf körperliche Züchtigung zugestanden werden.	–3	–2	–1	0	+1	+2	+3
5. Man muß eine einflußreiche Persönlichkeit oft auch dann bestätigen, wenn sie unrecht hat.	–3	–2	–1	0	+1	+2	+3
6. Wer Verantwortung trägt, muß manchmal auch zu solchen Mitteln greifen, die anderen Menschen nicht passen.	–3	–2	–1	0	+1	+2	+3
7. Wenn man erst einmal ein Ziel erreicht hat, fragt niemand nach den Mitteln, mit denen es erreicht worden ist.	–3	–2	–1	0	+1	+2	+3
8. Man sollte idealistische Zielvorstellungen verdrängen, um aus einer augenblicklichen Situation möglichst viele Vorteile zu ziehen.	–3	–2	–1	0	+1	+2	+3
9. Moderne Kunst ist mir unverständlich.	–3	–2	–1	0	+1	+2	+3

Wenn die aufsummierten Zahlen eines Probanden einen Wert von –13 oder darunter ergeben, handelt es sich wahrscheinlich um einen Soziologiestudenten. Wenn der Testwert –2 oder mehr beträgt, studiert der Proband wahrscheinlich Betriebswirtschaftslehre. Liegt der Wert des Probanden zwischen den beiden Marken, fällt die Entscheidung uneindeutig aus.

scher Soziologie- oder Betriebswirtschaftsstudent. Er gehört ja einer Gruppe von Studenten an, für die der Test nicht validiert ist. Der Proband kann also ein ganz typischer Mathematikstudent sein und erscheint dennoch im Spiegel des Testergebnisses wie ein typischer BWL-Student.

Aus den aufgeführten Beispielen wird deutlich, daß der Nachweis der empirischen Validität völlig offen läßt, welche psychischen Merkmale es sind, die zu den unterschiedlichen Testergebnissen führen. Sind es unterschiedliche Auffassungen über den Sinn taktischer Verhaltensweisen, sind es konservative oder progressive politische Einstellungen, sind es Merkmale der Konformitätsbereitschaft an gesellschaftliche Gegebenheiten, sind es Formen unterschiedlichen Statusdenkens oder was sonst? Der grundsätzliche Mangel kriterienbezogener Validierungen ist der: Man kann das Testergebnis eigentlich nicht guten Gewissens psychologisch interpretieren. Dieser Mangel wird immer dann eklatant, wenn man den Test auf eine etwas andere als die Validitätssituation anwenden will. Es ist deshalb jedem Testkonstrukteur anzuraten, sich nicht mit empirischen Validierungsversuchen zufriedenzugeben, sondern zusätzlich die sog. Konstruktvalidität des Tests nachzuweisen.

Theoretische Validität (Konstruktvalidität, Eigenschaftenvalidität): Das Konzept der theoretischen Validität stammt von Cronbach und Meehl 1955. Danach ist der Test in dem Maße theoretisch valide, in dem er mit dem zu erfassenden Merkmal (nicht nur mit einem Außenkriterium) zusammenhängt. Da sich ein psychisches Merkmal in ganz verschiedenen Situationen auf das Verhalten der Person auswirken kann, genügt es nicht, wenn der Test nur mit einem einzigen Außenkriterium korreliert. Der Test muß vielmehr mit allen Außenkriterien empirisch zusammenhängen, durch die das Merkmal operationalisiert werden kann. Ein konstruktvalider Test zur Messung von Ängstlichkeit müßte also beispielsweise mit der Schweißabsonderung des Probanden vor Prüfungen zusammenhängen, er müßte mit dem Urteil von Freunden über die Ängstlichkeit des Probanden korrelieren, mit der Selbsteinschätzung des Probanden usw. Aus dieser Aufzählung wird unmittelbar deutlich, welches die Probleme der theoretischen Validität sind: Man braucht eine psychologische Theorie über das zu messende Merkmal, um festzulegen, welche Außenkriterien für das Merkmal eigentlich indikativ sind. Zum zweiten weiß der Testkonstrukteur nicht, wann er den Validierungsprozeß abbrechen darf, also wieviele Korrelationen notwendig sind und wie hoch sie sein müssen, um behaupten zu können, der Test hätte seine Konstruktvalidität unter Beweis gestellt.

Wollten wir also unseren Taktiktest (siehe S. 49f.) konstruktvalidieren, so müßten wir zunächst einmal Hypothesen darüber aufstellen, welche Außenkriterien stellvertretend sein können für Taktikorientiertheit. Zum Beispiel wäre die Hypothese möglich, daß Studenten der Betriebswirtschaftslehre in stärkerem Maße taktikorientiert sind als Soziologiestudenten, die im Durchschnitt stärker von grundsätzlichen idealistischen Vorstellungen geleitet sind. Eine zweite Hypothese könnte zum Beispiel sein, daß Probanden in einem Experiment, in dem man sie zunächst zu einer Unehrlichkeit verführt und anschließend der Lüge bezichtigt, sich um so eher Komplizen in anderen Versuchspersonen zu schaffen versuchen, je höher ihr Testwert im Taktiktest ist. Man könnte auch in eine Organisation gehen und die Sekretärinnen oder Referenten der Abteilungsleiter über die Verhandlungsstrategien ihrer direkten Vorgesetzten befragen. Das Ergebnis der Befragung müßte mit dem Testergebnis der Abteilungsleiter korreliert werden. Eine weitere Hypothese könnte etwa lauten, daß Taktikorientiertheit nichts mit Intelligenz zu tun hat. Intelligenztestergebnisse dürften also nicht mit den Ergebnissen des Taktiktests korrelieren. Weiter könnte man die Meßwerte einer Untersuchungsstichprobe in dem Test sowie in anderen Tests (zum Beispiel Intelligenztests, Tests zur sozialen Ängstlichkeit, Aggressivitätstests, Impulsivitätstests usw.) einer Faktorenanalyse unterziehen (vgl. S. 43ff.) und prüfen, ob alle Verhaltensdimensionen, die sich dabei ergeben, im Sinne der Hypothesen über das Merkmal interpretiert werden können. Ist das der Fall, bezeichnet man den Test auch als *faktoriell valide.*

Niemand vermag zu sagen, wieviele und welche Hypothesen man empirisch verifizieren müßte, um sagen zu können, der Test sei nun als theoretisch valide nachgewiesen. Skrupulöse Testautoren werden viele Zusammenhänge untersuchen, leichtfertige werden schon nach wenigen Korrelationen behaupten, ihr Test hätte seine theoretische Validität unter Beweis gestellt. Damit ist dem Testbenutzer anheimgestellt, selbst zu entscheiden, ob er einen Test als ausreichend validiert ansehen will oder nicht. Damit muß der Testbenutzer auch die Theorie kennen, die der Testkonstruktion zugrunde gelegen hat, sonst macht er bei der Interpretation des Tests Fehler. Außerdem kann er nur in diesem Falle die Höhe der vom Testautor mitgeteilten Korrelationen richtig würdigen. In diesem Umstand, daß eigentlich nur der Fachmann den Nachweis der theoretischen Validität angemessen beurteilen kann, liegt die wesentliche Schwäche des Prinzips der Konstruktvalidität.

Die grundsätzliche Schwäche der Konstruktvalidität hängt eng mit dem Begriff des Konstrukts selbst zusammen. Es geht dem Testkonstrukteur ja meist darum, eine oder mehrere psychische Eigenschaften des Probanden meßbar zu machen. Angenommen, das sei gelungen. Was kann man mit den durch den Test vermittelten diagnostischen Aussagen eigentlich anfangen? Wenn jemandem nach Absolvierung eines hochvaliden Angsttests ein hohes Maß an Ängstlichkeit bescheinigt wird, bedeutet das keineswegs, daß sich der Betreffende nun in jeder alltäglichen Situation ängstlich verhalten müsse. Was den Testanwender aber gerade interessiert, wäre die Verhaltensvorhersage für konkrete Situationen, also ob das Testergebnis zum Beispiel bedeutet, daß der Proband sich nicht getrauen würde, im Schwimmbad vom Fünf-Meter-Sprungturm zu springen. Diese Vorhersage kann aber ein Test prinzipiell kaum leisten, es sei denn, er wäre an dem Außenkriterium »Mut zum Sprung vom Fünf-Meter-Turm« validiert worden. In neuerer Zeit mehren sich die Stimmen, die der auf der Annahme bestimmter Eigenschaften basierenden Individualdiagnostik, wie sie heute noch gang und gäbe ist, keine großen Zukunftschancen einräumen (zum Beispiel Mischel 1968). Die Schwierigkeiten sind jedoch nicht den Tests und ihren Autoren anzulasten, sondern die Problematik liegt in der Frage, wie nützlich es überhaupt ist, von psychischen Konstrukten zu sprechen. Im Rahmen dieser Methodeneinführung können wir in diesen interessanten Grenzbereich zwischen Psychologie und Wissenschaftstheorie nicht eintreten, sondern müssen den Leser auf weiterführende Literatur verweisen (Herrmann 1973).

1.3.4. Utilität

Jeder Testanwender wird mehr oder weniger ausführliche Überlegungen darüber anstellen, ob der Einsatz dieses oder jenes Testverfahrens den praktischen Untersuchungserfordernissen entspricht. Insofern bedenkt er Aspekte des praktischen Nutzens, der Utilität von Testinformationen. Das Konzept der Utilität ist unmittelbar mit der Frage verknüpft, ob das Testergebnis für den Diagnostiker eine Entscheidungshilfe darstellt. Tests werden im allgemeinen nicht »l'art pour l'art« durchexerziert, sondern dienen der Entscheidungsfindung. Die Entscheidung kann die Antwort auf die Frage sein, ob die eine oder andere Therapiemethode angemessen ist, ob ein Proband bei der Bundeswehr als Infanterist oder bei der Luftwaffe dienen soll, ob ein Proband von einem Unternehmen angestellt werden soll oder nicht, ob ein Kind von fünf Jahren schon eingeschult werden kann, zu welcher Fachrichtung man einem Studienanfänger raten soll, welcher Beruf den Neigungen eines unschlüssigen Abiturienten am besten entspricht usw. Indem man die Frage der Utilität betrachtet, ändert sich die Frage nach der Brauchbarkeit von Testverfahren. Sie lautet jetzt nicht mehr: »Taugt der Test etwas?«,

sondern »Taugt der Test etwas für meine Untersuchungszwecke?«.
Bei Betrachtungen der Utilität lassen sich zwei Standpunkte einnehmen, einmal der des Testanwenders und zum anderen der des Testabsolventen. Es läßt sich nicht übersehen, daß Utilitätsüberlegungen in den meisten Fällen aus der Interessenlage des Testanwenders heraus geschehen, die mit den Bedürfnissen des Testabsolventen konfligieren kann. Wenn ein Unternehmer mit Hilfe psychologischer Testverfahren Personalauslese betreibt, wird er in seinen Entscheidungen vornehmlich seine eigenen Bedürfnisse und nicht die des Probanden berücksichtigen. Wenn dagegen ein Ehepaar zur Eheberatung geht, werden in den Utilitätsbetrachtungen des Psychologen die Bedürfnisse der Ratsuchenden vorherrschen; denn hier fällt die Person des Auftraggebers mit der des Probanden zusammen.
Um für eine Untersuchungssituation eine detaillierte Utilitätsberechnung anzustellen, bedarf es eines relativ hohen Aufwandes an Mathematik (vgl. Michel und Mai 1968). Die Parameter, die in derartige Berechnungen eingehen, lassen sich jedoch auch verbal umschreiben und sollten zumindest intuitiv in die Utilitätsbetrachtungen des Testanwenders einbezogen werden.
Folgende Utilitätsparameter sind in allen Situationen wirksam, in denen Tests angewandt werden:

1. Die Validität des Tests: Die Validität des angewandten psychologischen Tests muß die Validität der a priori zugänglichen Informationen über den Probanden um ein hinreichend großes Maß übertreffen. Was ist darunter zu verstehen? Intelligenztests gelten als sehr valide Testverfahren. Über die Intelligenz eines Probanden kann man jedoch auch schon aufgrund seiner Schulzeugnisse gewisse Aussagen machen. So ungenau diese Aussagen auch sein mögen, stellen Schulzeugnisse doch eine Informationsquelle über den Probanden dar. Die Anwendung eines Intelligenztests erscheint deshalb nur dann angebracht, wenn er valider ist als die Schulnoten, oder wenn man die Schulnoten über den Probanden nicht in Erfahrung bringen kann.
2. Die Kosten der Testinformation: Kurztests sind unter sonst gleichen Bedingungen nützlicher als aufwendige Testverfahren. Gruppentests sind unter sonst gleichen Bedingungen nützlicher als Individualtests.
3. Die Bandbreite der Testinformation: Die Bandbreite eines Tests kann man verstehen als die Zahl der unabhängigen Entscheidungen, die über den getesteten Probanden aufgrund derselben Testinformation getroffen werden können. Ein Konzentrationstest

besitzt zum Beispiel eine geringere Bandbreite als ein allgemeiner Intelligenztest, weil er nur eine einzige eng umgrenzte Fähigkeit mißt, während der Intelligenztest mehrere voneinander unabhängige Fähigkeitsdimensionen prüft (sprachliche Fähigkeiten, allgemeine Kenntnisse, mathematisch-technische Begabungen usw.).

4. Die Art der Kombination mehrerer Testverfahren: Wenn man eine Batterie aus mehreren Testverfahren anwenden will, ist die Gesamtutilität größer, sofern die Tests in eine sequentielle Entscheidungsstrategie einbezogen werden, das heißt, wenn zunächst einzelne Tests dargeboten und ausgewertet und je nach der daraus abgeleiteten diagnostischen Entscheidung weitere Testverfahren eingesetzt werden. Beim sequentiellen Vorgehen baut also jeder nachfolgende Test auf der Information des vorangegangenen auf. Ungünstiger ist in jedem Falle das einstufige Vorgehen, bei dem die Testbatterie insgesamt dargeboten und anschließend ausgewertet wird.

Wenn es um die Auslese oder Plazierung von Personal geht, sind noch die folgenden Gesichtspunkte von Bedeutung:

5. Die Selektionsrate: Die Utilität der eingesetzten Testverfahren ist unter sonst gleichen Bedingungen dann maximal, wenn die Selektionsrate bei 50 Prozent liegt. Es sei einmal angenommen, der Numerus clausus an der Universität werde mit Hilfe von psychologischen Testverfahren gehandhabt und es sollen nur für das Fach geeignete Bewerber zugelassen werden. Wenn er so streng ist, daß unter 100 Studienbewerbern nur ein einziger zugelassen werden kann, sind psychologische Testinformationen nicht sehr nützlich; denn in diesem Fall könnte man auch mit Hilfe von weniger validen Informationen (z. B. Schulnoten) einen geeigneten Studienanfänger finden. Man wird vielleicht nicht den geeignetsten zulassen, aber doch einen von mehreren geeigneten. Im anderen Grenzfall tritt der gleiche Effekt auf. Wenn nur ein Bewerber von 100 abgewiesen werden soll, so genügen ebenfalls grobe Indikatoren, um einen der wenig geeigneten Bewerber ausfindig zu machen.
6. Die Variation der Auszahlungen: Der Nutzen eines psychologischen Testverfahrens ist um so größer, je gravierender (in positiver oder negativer Hinsicht) die Folgen einer Fehlentscheidung sein können. Dazu ebenfalls ein Beispiel: Ein Unternehmer will Einkäufer einstellen. Ein guter Einkäufer bringt dem Unternehmen Gewinn, ein schlechter bringt nicht nur keinen Gewinn, sondern kann beträchtliche Verluste bringen. Die Variation der Auszahlungen ist hoch. Also lohnt sich für das Unternehmen der

Einsatz psychologischer Testverfahren. Wäre es bedeutungslos, ob ein Einkäufer gute oder schlechte Qualifikationen mitbringt, etwa weil die Einkäufer in dieser Firma keinerlei Verantwortung zu tragen haben, dann wäre die Utilität der eingesetzten Testverfahren gering, auch wenn es sich um sehr gute Tests handelt.

1.3.5. Beziehungen zwischen den Gütekriterien

Aus den obigen Darstellungen wurde deutlich, daß die Utilität nicht nur durch das Testverfahren, sondern ebenso durch die Begleitumstände der Untersuchungssituation bestimmt ist. Der Aspekt der Utilität wird deshalb nicht zu dem Kanon der sogenannten klassischen Testgütekriterien gerechnet. Zum Abschluß der Ausführungen über Testtheorie soll das Zueinander der Gütekriterien anhand eines grafischen Modells zusammenfassend verdeutlicht werden (Abbildung 8).

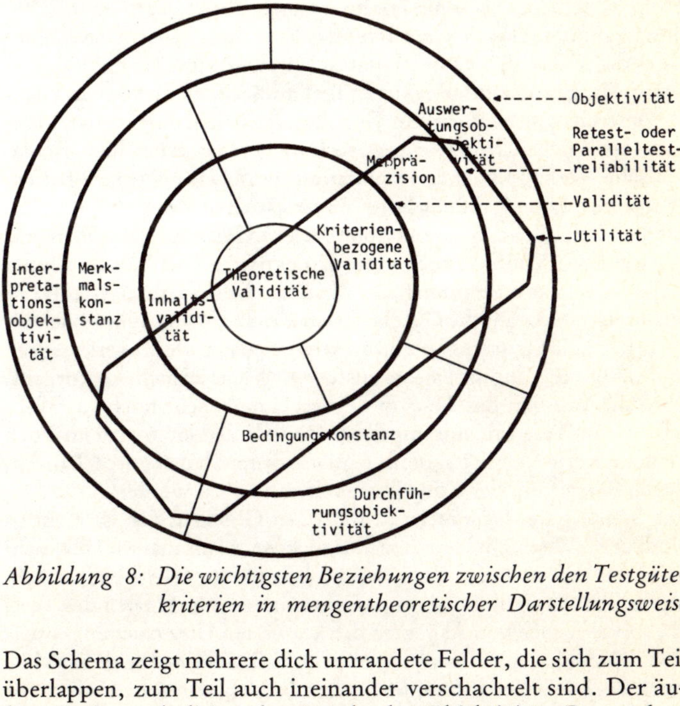

Abbildung 8: Die wichtigsten Beziehungen zwischen den Testgütekriterien in mengentheoretischer Darstellungsweise

Das Schema zeigt mehrere dick umrandete Felder, die sich zum Teil überlappen, zum Teil auch ineinander verschachtelt sind. Der äußere Kreis symbolisiert den Aspekt der Objektivität. Der nächstkleinere Kreis stellt die Retest- oder Paralleltestreliabilität des Verfahrens dar. Der innere fett gezeichnete Kreis umfaßt alle genannten Aspekte der Validität. Die längliche Figur schließlich, die die Kreise überlappt, deutet die Utilität des Tests an. Die Kreise der Objektivität sind nach den Aspekten untergliedert, die in den vorigen Abschnitten angesprochen waren. Der Gesichtspunkt der Utilität ist nicht weiter unterteilt, weil die Darstellung dadurch zu unübersichtlich würde. Das Schema ist entsprechend den logisch-begrifflichen Verhältnissen zwischen den Gütekriterien aufgebaut. Zwischen Objektivität, Reliabilität und Validität besteht das logische Verhältnis einer Implikation, das heißt, wenn ein Test hochvalide ist, muß er auch hochreliabel und hochobjektiv sein. Das Umgekehrte gilt indessen nicht immer. Ein sehr objektiver Test muß keineswegs reliabel oder valide sein. Damit ein reliabler Test valide ist, muß zum Aspekt der Reliabilität noch etwas hinzukommen, nämlich ein Zusammenhang des Meßwertes mit dem, was ich messen will. Ein sehr reliabler Test muß keineswegs das messen, was mich interessiert. Hohe Reliabilität ist eine Voraussetzung, aber keine Garantie für hohe Validität. Das gleiche gilt für das Verhältnis zwischen Reliabilität und Objektivität. Objektivität ist Voraussetzung für hohe Zuverlässigkeit. Ein absolut objektiver Test muß jedoch nicht zwangsläufig zuverlässig sein. Wenn ein Test allerdings nicht objektiv ist, hat er nicht einmal die Chance, sehr zuverlässig zu sein. Auch hier also das logische Verhältnis einer Implikation zwischen beiden Begriffen. Wenn nun hohe Validität hohe Zuverlässigkeit impliziert und zusätzlich hohe Zuverlässigkeit hohe Objektivität impliziert, dann impliziert hohe Validität auch hohe Objektivität. Ein Test mit hoher Validität ist also auch immer sehr objektiv. Deshalb tut der Testkonstrukteur gut daran, die Gütekriterien gleichsam von außen nach innen (das heißt zunächst die Objektivität, dann die Zuverlässigkeit und dann die Validität) sicherzustellen. Wenn er nicht so vorgeht, wird die Validität des Tests in der Regel nicht sehr hoch ausfallen. Sofern ein Test mit nur mittlerer Zuverlässigkeit trotzdem noch nennenswerte Validitätskoeffizienten erbringt, hat er gute Chancen, durch Steigerung der Zuverlässigkeit valider zu werden.

Die Stellung der Utilität zu den übrigen Gütekriterien ist nicht so eindeutig. Wenn ein Test sehr nützlich ist, kann man daraus nicht ableiten, daß er hochvalide, hochreliabel oder sehr objektiv sein muß; denn die Utilität hängt ja nicht nur von Merkmalen des Tests ab, sondern auch von Aspekten der konkreten Untersuchungssituation. Weder kann man sagen, daß hohe Utilität hohe Validität impliziert, noch läßt sich behaupten, daß hohe Validität hohe Utilität zur Folge hat. Hohe Utilität impliziert allerdings ein gewisses Maß an Validität. Die Validität eines sehr nützlichen Tests kann also nicht

gleich Null sein. Die Utilität eines hochvaliden Tests kann jedoch sehr wohl Null sein.
Um das Bild zu vervollständigen, sind die Unteraspekte von Objektivität, Reliabilität und Validität in dem Schema mit angedeutet, obwohl sich die mengentheoretische Betrachtungsweise dafür nicht ganz durchhalten läßt. Diese Merkmale ergänzen sich gegenseitig innerhalb des jeweiligen Gütekriteriums. Zum Beispiel ergänzen sich Durchführungs-, Auswertungs- und Interpretationsobjektivität innerhalb des Kreises der Objektivität. Jeder der Aspekte bedarf der Ergänzung durch die beiden übrigen, wenn man den Test als insgesamt objektiv ansehen will. Hinsichtlich der Reliabilität gilt das gleiche: Merkmalskonstanz ist ein Unteraspekt der Reliabilität. Sie allein reicht jedoch nicht aus, um zu einem hohen Retestkoeffizienten zu führen. Der Test muß gewissen Mindestforderungen an die Meßpräzision genügen. Außerdem müssen die Situationsbedingungen möglichst konstant gehalten werden. Umgekehrt kann der präziseste Test bei größter Bedingungskonstanz keinen hohen Retestkoeffizienten erbringen, wenn nicht das Merkmal selbst eine gewisse Konstanz aufweist. Da der Testkonstrukteur keinen Einfluß auf die Merkmalskonstanz hat, betrifft dieser Aspekt eigentlich nicht den Test direkt. Man könnte die Merkmalskonstanz auch als Problem der Validität auffassen. Das ist allerdings unüblich, weil die Merkmalskonstanz in die Operationalisierung der Reliabilität als Retest- oder Paralleltestkoeffizient unmittelbar eingeht.
Der dritte Unteraspekt der Reliabilität ist die Bedingungskonstanz. Die Konstanz der Testbedingungen impliziert einen Teilaspekt der Objektivität, nämlich den der Durchführungsobjektivität. Wenn der Testleiter die Testinstruktion nicht auswendig kennt, sondern improvisiert, wird er die Testsituation insgesamt nicht von einem aufs andere Mal konstant halten können. Ein Test, der nicht durchführungsobjektiv ist, kann also keine hohe Bedingungskonstanz aufweisen. Absolute Durchführungsobjektivität resultiert jedoch nicht zwangsläufig in hoher Bedingungskonstanz, weil diese noch darüber hinausgehende Aspekte enthält (Aufgabeninteresse, Aufgeregtheit des Probanden, Raumbedingungen, Klima, Ablenkungen durch Lärm oder andere Störeinflüsse usw.). Auch ein absolut objektiver Versuchsleiter wird nicht sämtliche Begleitumstände konstant halten können, so daß absolute Bedingungskonstanz kaum erreichbar ist.
Ähnlich wie die Durchführungsobjektivität als Teilaspekt der Bedingungskonstanz angesehen werden kann, so können die Auswertungsobjektivität und Interpretationsobjektivität als Teilaspekte der Meßpräzision betrachtet werden. Ein Test kann nicht präzise sein,

wenn diese beiden Gesichtspunkte der Objektivität verletzt sind. Er muß jedoch nicht präzise sein, auch wenn beide Aspekte der Objektivität absolut verwirklicht sind.
Bei der Validität kann man den Begriff der theoretischen Validität als den ansehen, der sowohl den Gesichtspunkt der Inhalts- und auch den der kriterienbezogenen Validität einschließt. Das leuchtet insofern ein, als die kriterienbezogene Validität eines Tests einer von mehreren möglichen Bausteinen für theoretische Validität sein kann. Wer einen Test theoretisch validieren möchte, wird sowohl die Inhaltsvalidität der Testitems durch Expertenurteile sicherzustellen suchen als auch möglichst viele Zusammenhänge mit Außenkriterien des zu messenden Merkmals empirisch überprüfen.

2. *Einstellungsmessung*

Die Messung von Einstellungen ist ein Problem, welches den Sozialwissenschaftler besonders angeht. Wenn das Schlagwort »Einstellungen« fällt, hat man durchaus nicht nur an politische Einstellungen zu denken (z. B. die Einstellung der Bevölkerung zur Innenpolitik der Regierung), sondern unter dem Begriff Einstellungen könnten auch ganz andere Fragen behandelt werden, zum Beispiel die Einstellungen von Beschäftigten des VW-Werkes ihrem Betrieb gegenüber, die Einstellungen von Handelsschülern gegenüber ihrem Lehrer, die Einstellungen von Hausfrauen zu Geschirrspülern oder Sahnesiphons und viele andere (vgl. zu konkreten Einstellungen und ihrer Messung Bonjean et al. 1967, Robinson, Athanasiou und Head 1969, Robinson, Rusk und Head 1969, Robinson und Shaver 1970 und Shaw und Wright 1967).
In der Einstellungsforschung herrscht ein kurioser Zustand. »Einstellungen können erfolgreicher gemessen als definiert werden«, schrieb Allport 1935. Diese Feststellung ist auch heute noch gültig; denn bereits Nelson 1939 referierte dreißig Definitionen des Begriffs Einstellung, und die Zahl der Definitionen ist seitdem eher größer als geringer geworden (vgl. z. B. De Fleur und Westie 1963). Die Einigkeit über das, was man eigentlich untersucht, ist also in der Einstellungsforschung geringer als auf anderen Gebieten der Psychologie. Eine relativ gängige Auffassung versteht eine *Einstellung* als gefühlsmäßige, gedankliche und handlungsmäßige Disposition gegenüber bestimmten Aspekten der Umwelt (Secord und Backman 1964, S. 94). Man unterscheidet deshalb eine affektive, eine kognitive und eine aktionale Einstellungskomponente. Aus dieser Mehrdimensionalität des Begriffs Einstellung erklärt sich, weshalb man in

der Messung von Einstellungen relativ größere Erfolge erzielte als in der theoretischen Aufarbeitung des Terminus. Die meisten Meßversuche betreffen nämlich die affektive (gefühlsmäßige, evaluative) oder die kognitive (gedankliche) Einstellungskomponente und so auch die hier zu schildernden. Ob sich die Einstellungskomponenten im konkreten Verhalten niederschlagen, ist eine Frage, die nur unter Beachtung sämtlicher handlungsbestimmender Situations- und Persönlichkeitsfaktoren beantwortet werden kann. Zur Einführung in die Einstellungs*messung* sind die Bücher von Dawes 1972, Edwards 1956 und Summers 1970 geeignet (zum Einstellungsbegriff selbst vgl. Roth 1969).

2.1. Methode der summierten Schätzwerte

Zur Messung von Einstellungen kann man sich der gleichen Prinzipien bedienen, wie sie bei der Konstruktion von Fragebogentests ausführlich dargestellt wurden. Dieses Verfahren ist unter der Bezeichnung »Methode der summierten Schätzwerte« (method of summated ratings) in der Einstellungsforschung eingebürgert. Genau wie bei einem Persönlichkeitsfragebogen kommt man bei dieser Skalenform dadurch zum Testergebnis, daß man die bei den Einzelitems angekreuzten Urteilswerte des Probanden zusammenzählt. Die Methode der summierten Schätzwerte wurde erstmals 1932 von R. A. Likert in etwas anderer Form zur Messung von Einstellungen verwandt. Man nennt den mit Hilfe dieser Methode gewonnenen Fragebogentyp auch häufig kurz *Likert-Skala.* Trotz mancher Mängel, die dem Verfahren anhaften, ist es wohl bis heute die gebräuchlichste Methode der Einstellungsmessung geblieben. Wie Persönlichkeitseigenschaften sind Einstellungen ja Merkmale von Individuen. Während Persönlichkeitsmerkmale lediglich auf die Charakterisierung des Individuums abheben, wird im Einstellungsbegriff der Bezug des Individuums zu seiner Umwelt explizit mit einbezogen. Da die Messung eines Persönlichkeitsmerkmals jedoch stets aufgrund von Reaktionen des Individuums gegenüber vorgegebenen Stimuli (z. B. Items eines Fragebogentests und den darin ausgedrückten Umweltgegebenheiten) geschieht, wird man fließende Übergänge zwischen Einstellungen und Persönlichkeitsmerkmalen annehmen müssen. Je allgemeiner der Gegenstandsbezug einer Einstellung definiert ist, desto mehr nähert sich die Einstellung einem Persönlichkeitsmerkmal an. So könnte man die Variable »Taktikorientiertheit«, die wir zum Demonstrationsbeispiel für die Testkonstruktion gemacht hatten, als ein Persönlichkeitsmerkmal, aber auch als eine sehr generelle Einstellung auffassen (zu weiteren Beispielen für sehr allgemeine Einstellungen siehe Robinson und Shaver 1970). Die Aussagen, zu denen der Proband Stellung zu nehmen hat, betreffen eine so breite Vielfalt von Situationen, daß man das Merkmal nur unter einem sehr allgemeinen Gegenstandsbezug fassen kann.

Der Unterschied in der Messung von Persönlichkeitseigenschaften gegenüber der Messung von Einstellungen liegt bei der Methode der summierten Schätzwerte nicht auf methodischem, sondern auf theoretischem Gebiet. Die Items einer Einstellungsskala sind wesentlich konkreter, weniger generell formuliert als die Items eines Persönlichkeitsfragebogens. Der Gegenstand, den sie betreffen, ist in der Regel deutlich erkennbar.

Wer etwa die Einstellung von Studenten gegenüber dem Staate Israel mit der Methode der summierten Schätzwerte messen will, kann sich der Prinzipien bedienen, die im vorigen Kapitel schrittweise entfaltet worden sind. Hinsichtlich der Formulierung der Items wäre die dort geschilderte Fehlerquelle (S. 29 f.) »Bezug auf aktuelle Tagesereignisse« nicht gültig. Im Gegenteil könnte es geradezu notwendig sein, aktuelle Ereignisse in die Einstellungsskala einfließen zu lassen, um das volle Spektrum der Einstellung in den Griff zu bekommen. Damit verbunden ist allerdings ein rascher Aktualitätsverfall der Einstellungsskala. Die Einstellungsskala kann gleichsam nur zum Konstruktionszeitpunkt wirklich brauchbar sein. Schon in kurzer Zeit könnten sich die einstellungsrelevanten Situationsbezüge so verändern, daß sie mit der Einstellungsskala nicht mehr sinnvoll erfaßt werden können. Dies ist aber kein Nachteil der Methode, sondern ein Problem der Kurzlebigkeit vieler Einstellungen. So wird man von Einstellungen u. U. nur eine geringe Merkmalskonstanz annehmen können, was wiederum bei der Feststellung der Zuverlässigkeit der Skala berücksichtigt werden muß. Im allgemeinen wird für eine Skala zur Messung einer sehr konkreten Einstellung leichter plausibel zu machen sein, daß sie (inhalts)valide ist, als für einen Fragebogentest zur Messung sehr allgemeiner Persönlichkeitsmerkmale.

2.2. Verfahren der gleicherscheinenden Intervalle

Eine zweite Methode der Einstellungsmessung, die eine längere Tradition aufweist, ist das von L. L. Thurstone und E. J. Chave 1929 eingeführte Verfahren der gleicherscheinenden Intervalle. Wie bei der Methode der summierten Schätzwerte sammelt man zunächst eine möglichst große Zahl von Aussagen, die als Indikator für die zu messende Einstellung geeignet sind. Da sich die Technik methodisch

vom Verfahren der summierten Schätzwerte unterscheidet, soll sie an einem eigenen Beispiel demonstriert werden.
Ein erster methodischer Unterschied betrifft die Abfassung der Items. Im Unterschied zur Likert-Skala benötigt man für eine *Thurstone-Skala* Aussagen mit nichtmonotoner Funktionscharakteristik (vgl. S. 30ff.).
Angenommen, der Untersucher interessiert sich für die Haltung von Studenten gegenüber hochschulpolitischen Auseinandersetzungen. Eine kleine Sammlung von Aussagen, die vielleicht zur Durchführung einer Thurstone-Skalierung geeignet sind, könnte etwa so aussehen:

Tabelle 15: Einige Itembeispiele für eine Thurstone-Skala

1. Obwohl ich die Vorgehensweise der sogenannten linken Studenten nicht billige, muß ich zugeben, daß sie manches Positive erreicht haben.
2. Das Eingehen auf politische Forderungen von Studenten sollte von ihren fachlichen Leistungen abhängig gemacht werden.
3. Wer für seine politischen Überzeugungen nicht auch bereit ist, einen längeren Gefängnisaufenthalt zu riskieren, verdient nicht die Bezeichnung »progressiv«.
4. Die heutige Professorenschaft reagiert auf Studenten, die die fachliche Ausbildung durch ständige politische Diskussionen bremsen, viel zu lasch.
5. Außer Gewalt gegen Personen würde ich alle Kampfmaßnahmen der Studenten zur Durchsetzung von mehr Hochschuldemokratie unterstützen.
6. Der Boykott einer Vorlesung ist für mich ein legitimes Mittel der politischen Auseinandersetzung, nur darf kein Student direkt am Besuch der Veranstaltung gehindert werden.
7. Ich bin für jedes Mittel der hochschulpolitischen Auseinandersetzung, soweit es nicht gegen geltendes Recht verstößt.
8. In dem politischen Klima, das Zeitungsmeldungen zufolge an der Freien Universität Berlin herrscht, würde ich mich wahrscheinlich wohlfühlen.
9. Wenn ein Professor durch einen Studenten nicht nur verbal, sondern sogar tätlich angegriffen wird, ist es verständlich, wenn er diesen vor Gericht bringt.

Für jede dieser Aussagen wird nun einzeln überprüft, ob sie als brauchbarer Indikator für die Einstellung in Frage kommt. Es sei angemerkt, daß man in der Praxis mit sehr viel mehr Aussagen arbeiten würde. So sind Thurstone und Chave bei ihrer Skala zur Messung der Einstellung gegenüber der Kirche von einem Material von 130 Formulierungen ausgegangen, die sie mit Hilfe ihres Skalierungsverfahrens auf 24 Indikatoren reduzierten.
Zur Überprüfung unserer neun Aussagen werden diese einer Reihe von Urteilern vorgelegt, die sie zunächst aufmerksam durchlesen und anschließend nach folgender Instruktion beurteilen sollen.

Sie finden unten ein System von neun Kategorien, die das Kontinuum der Einstellung vollständig überdecken. Alle Kästchen sind gleich weit voneinander entfernt. Rechts befindliche Kategorien stehen für eine eher rechtsgerichtete konservative Einstellung, die auf der linken Seite befindlichen Kästchen symbolisieren eher linksgerichtete progressive Einstellungen. Bitte versuchen Sie sich einmal eine Person vorzustellen, die sich die Aussage Nr. 1 zu eigen gemacht hat. Wohin in dem Kästchenschema würde diese Person gehören, eher nach rechts, eher nach links oder in die Mitte? Wenn Sie das passende Kästchen gefunden haben, tragen Sie die Nummer der Aussage dort ein. Das gleiche tun Sie auch mit allen übrigen Aussagen. Sie können auch mehrere Aussagen der gleichen Kategorie zuordnen, wenn Sie der Auffassung sind, daß sie dorthin gehören.

Damit Ihre Zuordnungen richtig werden, ist es unbedingt notwendig, daß Sie von Ihrer eigenen Meinung gegenüber den Aussagen abstrahieren; denn es soll nicht erfaßt werden, wie *Sie* darüber denken, sondern wie eine Person eingestellt ist, die der betreffenden Aussage zustimmt.

	links progressiv			gemäßigt			rechts konservativ	

Man kann die einzelnen Aussagen auch auf Kärtchen schreiben und dann entsprechend den vorgegebenen Kategorien sortieren lassen. Dann hat der Urteiler eher die Möglichkeit, nachträgliche Korrekturen an seinen Zuordnungen vorzunehmen.

Diese Urteilsversuche ermöglichen es, den Ort jedes Indikators auf dem Einstellungskontinuum und die Eindeutigkeit der Zuordnung festzustellen. Dazu versieht man die Kästchen mit laufenden Nummern von links nach rechts, also im vorliegenden Beispiel von 1 bis 9. Eine Aussage, die von einem Urteiler in das mittlere Kästchen eingeordnet wurde, erhält also zum Beispiel den Skalenwert 5. Nicht alle Urteiler werden eine Aussage der gleichen Kategorie zugewiesen haben. Ein Indikator, der beim ersten Urteiler den Skalenwert 5 erbringt, erhält vom zweiten Urteiler vielleicht den Skalenwert 6 und vom dritten den Wert 4. Der Mittelwert über die Werte aller Urteiler könnte als Schätzung des wahren Ortes auf dem Einstellungskontinuum herangezogen werden.

Aus methodischen Gründen wird hierzu üblicherweise nicht das arithmetische Mittel (vgl. S. 38), sondern der Medianwert herangezogen. Der *Medianwert* (Mdn) liegt bei dem Skalenwert, unter dem

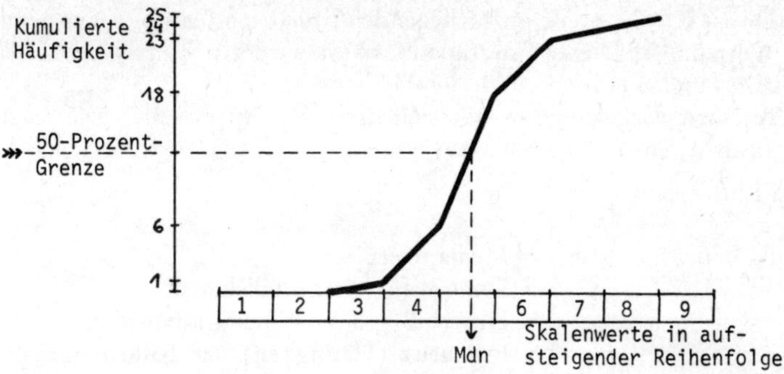

Abbildung 9: Graphische Darstellung eines Medianwertes

50 Prozent aller Urteiler liegen. Angenommen es haben fünfundzwanzig Urteiler am Skalierungsversuch teilgenommen, und sie hätten dem Indikator 1 (obwohl ich die Vorgehensweise der sogenannten linken Studenten nicht billige . . .) folgende Skalenwerte zuerkannt (die Skalenwerte sind der Größe nach geordnet):
3, 4,4,4,4,4, 5,5,5,5,5,5,5,5,5,5,5,5, 6,6,6,6,6, 7, 8.
Um den Medianwert dieser Zahlenreihe festzustellen, muß man interpolieren; denn genau 50 Prozent der Urteiler sind im vorliegenden Fall 12.5. Der Medianwert kann sehr leicht graphisch ermittelt werden, wenn man die Zahlenreihe in Form einer Summenkurve darstellt (s. Abb. 9).
Die Abszisse stellt die einzelnen Skalenwerte in Form von Intervallen dar. Das Intervall 3 reicht also genaugenommen von 2.5 bis unter 3.5, das Intervall 4 von 3.5 bis unter 4.5 usw. Die Ordinate zeigt die Anzahl von Urteilern an, die diesen oder einen niedrigeren Skalenwert gewählt haben. Wie man bereits durch Abzählen an der Zahlenreihe feststellen konnte, liegt der Medianwert in der Klasse 5. Wo er genau liegt, läßt sich mit Hilfe der graphischen Interpolation feststellen, und zwar in der Nähe von 5.0. Eine größere Genauigkeit ist in der Praxis meist nicht erforderlich. Wo man den Median dennoch exakt berechnen will, kann man sich einer Formel bedienen, in der die Interpolation rechnerisch durchgeführt wird. Man geht dazu von der Untergrenze der Klasse, in die der Median fällt (Einfallsklasse), aus. Im vorliegenden Fall liegt diese Grenze bei 4.5. Nun ermittelt man den Anteil an Urteilern, die innerhalb der Einfallsklasse noch unter dem Median liegen, bezogen auf die insgesamt in der Einfallsklasse liegenden Urteile. Im vorliegenden Fall beträgt dieser Anteil $6.5/12 = 0.542$. In diesem Verhältnis wird die Intervallbreite der Klasse 5 geteilt, das heißt, man berechnet Anteil × Klassenbreite.

Da die Klassenbreite im vorliegenden Fall gleich 1 ist, bleibt es beim Wert 0.541. Dieser Interpolationswert wird zur Untergrenze addiert, und es ergibt sich für den Median Mdn = 4.5 + 0.542 = 5.042. In Formelschreibweise läßt sich diese Rechenprozedur wie folgt ausdrücken:

$$Mdn = x_u + \frac{f_u}{f_m} \cdot J_m$$

Es bedeuten: Mdn = Medianwert
m = Symbol für die Einfallsklasse
x_u = Untere Begrenzung der Einfallsklasse
f_u = Frequenz (Häufigkeit) der Fälle innerhalb der Einfallsklasse unterhalb des Medians. f_u ist gleich dem Rangplatz des Medians (Fallzahl/2) minus Frequenz bis zur Untergrenze der Einfallsklasse
f_m = Frequenz innerhalb der Einfallsklasse
J_m = Breite der Einfallsklasse

Der Medianwert ist übrigens nur eine andere Schreibweise für das fünfzigste *Perzentil.* Perzentilwerte hatten wir bereits im Zusammenhang mit anderen Flächennormen kennengelernt (vgl. S. 58). Man kann deshalb die obige Formel unverändert auch zur Berechnung anderer Perzentilwerte (z. B. des 25. Perzentils) benutzen. In diesem Fall wird eben die Einfallsklasse eine andere sein, und damit ändern sich auch Untergrenze, Frequenz unterhalb des Perzentilwerts usw. Die Übertragbarkeit der Formel wird im Verlauf der folgenden Betrachtungen noch deutlicher werden.
Der Medianwert für Item 1 liefert eine Schätzung des Ortes auf dem Einstellungskontinuum. Wenn jemand diesem Item zustimmt, können wir ihm einen Einstellungswert von 5.042 zuweisen. Der Betreffende dokumentiert also mit seiner Zustimmung eine gemäßigte Einstellung im Zusammenhang mit hochschulpolitischen Auseinandersetzungen. Wieweit ist jedoch auf diese Schlußfolgerung Verlaß? Nicht alle Urteiler waren ja der Ansicht, daß die Zustimmung zu diesem Item Indiz für eine gemäßigte Einstellung ist. Einer der 25 Urteiler hat durch Vergabe des Skalenwertes 8 angedeutet, daß Zustimmung zum Item 1 für ihn eine sehr rechtskonservative Einstellung anzeigt. Ein ideales Item würde bei allen Urteilern zum gleichen Skalenwert geführt haben. Ein solch eindeutiges Ergebnis ist jedoch in der Praxis nie zu erwarten. Gewisse Unstimmigkeiten zwischen den Urteilern sind die Regel. Nur wenn sie zu groß werden, muß man einen Indikator als zu uneindeutig aussondern. Man könnte die Uneindeutigkeit der Urteile als Standardabweichung der

Urteilsverteilung ausdrücken. Wenn man jedoch den Median als Maß für die Lage des Indikators auf dem Einstellungskontinuum wählt, ist es statistisch folgerichtig, die Uneinheitlichkeit der Urteile als sogenannten Interquartilbereich auszudrücken. Der *Interquartilbereich* ist der Abstand zwischen dem ersten und dem dritten Quartil der Schätzwertreihe. Das erste Quartil (Q_1) ist gleich P_{25}, dem fünfundzwanzigsten Perzentil, das dritte Quartil (Q_3) entspricht P_{75}, dem fünfundsiebzigsten Perzentil. Für beide Quartile werden zunächst die Frequenzen f_u berechnet.

$$f_u \text{ von } Q_1 = \frac{25}{100} \cdot 25-6 \;\; = 0.25$$

$$f_u \text{ von } Q_3 = \frac{75}{100} \cdot 25-18 = 0.75$$

Diese Werte setzen wir zusammen mit den übrigen Werten in die Formel ein und erhalten:

$$Q_1 = 4.5 + \frac{0.25}{12} \cdot 1 = 4.5021$$

$$Q_3 = 5.5 + \frac{0.75}{5} \cdot 1 = 5.65$$

Die absolute Differenz zwischen diesen beiden Werten beträgt 1.1479. Dieser Wert ist der *Interquartilbereich,* auch *Interquartildifferenz* genannt. Diese Interquartildifferenz ist nach den praktischen Erfahrungen mit Thurstone-Skalen als recht gering zu bezeichnen, so daß das Item 1 für die Endform der Skala eindeutig genug ist. Es gibt Konventionen, nach denen man Indikatoren in die Endform der Skala aufnehmen kann, wenn der Interquartilbereich nicht größer ist als 3.0 (vgl. Krasemann 1966, S. 263). Es wird aber das Bestreben jedes Untersuchers sein, diese Mindestnorm zu übertreffen und die Interquartildifferenzen seiner Items so gering wie möglich zu halten. Die Items der Endskala müssen zwei Forderungen erfüllen:

1. Die Indikatoren (bzw. ihre Medianwerte) müssen sich mit annähernd gleichen Abständen über das psychologische Kontinuum verteilen; denn nur in diesem Fall kann mit Hilfe der Skala zwischen allen in der Population vorkommenden Einstellungsausprägungen gleichmäßig präzise unterschieden werden.
2. Die Interquartildifferenzen der verwendeten Indikatoren müssen so gering wie möglich sein.

Beiden Forderungen gerecht werden zu wollen, führt den Skalenkonstrukteur häufig in Konflikte. Es ist deshalb üblich, die Itemselektion mit Hilfe einer graphischen Methode durchzuführen, wie sie in Abbildung 10 an einigen fiktiven Daten veranschaulicht ist.

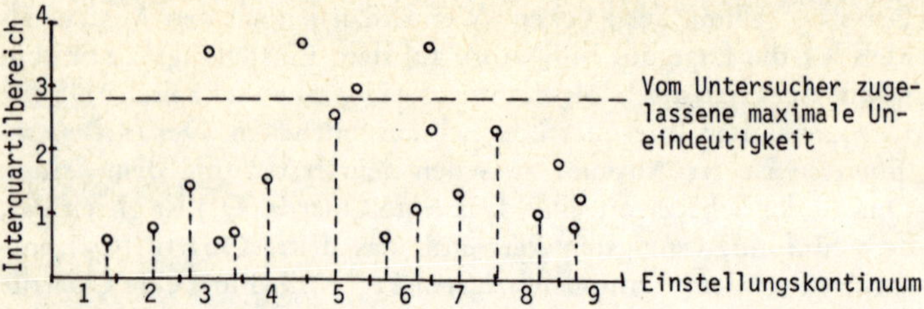

Abbildung 10: Nur Items mit gleichen Abständen auf dem Kontinuum und gleichzeitig geringer Streubreite sind beizubehalten

Man trägt jeden Indikator als Punkt in ein Koordinatensystem ein, in dem der Median auf der Abszisse (Einstellungskontinuum) und der Interquartilbereich auf der Ordinate abgetragen wird. Von einigen Punkten ist das Lot auf die Abszisse gefällt. Es sind die Indikatoren, die einerseits einigermaßen eindeutig sind (niedriger Interquartilbereich), andererseits das psychologische Kontinuum einigermaßen gleichabständig überspannen.
Die dargestellten Prinzipien seien nun an einigen realen empirischen Daten exemplifiziert. 55 Studenten einer Lehrveranstaltung über psychologische Methoden stuften die neun Aussagen auf S. 99 nach der Instruktion auf S. 100 ein. Nach einer Methode, die hier nicht dargestellt werden soll (vgl. Sixtl 1967, S. 153), wurden zunächst die Urteiler ausgesondert, die die Instruktion offensichtlich mißverstanden hatten. Es verblieben 46 Urteiler, deren Schätzwerte die Grundlage zur Berechnung von Median- und Quartilwerten für alle neun Einstellungsindikatoren abgaben. Die Ergebnisse sind in Tabelle 16 dargestellt:

Tabelle 16: Ergebnisse einer Thurstone-Skalierung von 9 Items aufgrund einer Stichprobe von 46 Urteilern

Indikator	Medianwert	1. Quartil	3. Quartil	Q-Differenz
3	1.5	1.0	3.0	2.0
8	2.0	1.3	2.6	1.3
5	3.0	2.2	3.8	1.6
7	4.1	3.2	5.0	1.8
6	4.3	3.6	5.1	1.5
1	5.1	4.6	5.7	1.1
9	6.4	5.7	7.5	1.8
4	8.0	7.4	8.7	1.3
2	8.1	7.3	8.8	1.5

Wenn man die Indikatoren in der oben geschilderten Weise darstellt, ergibt sich Abbildung 11.

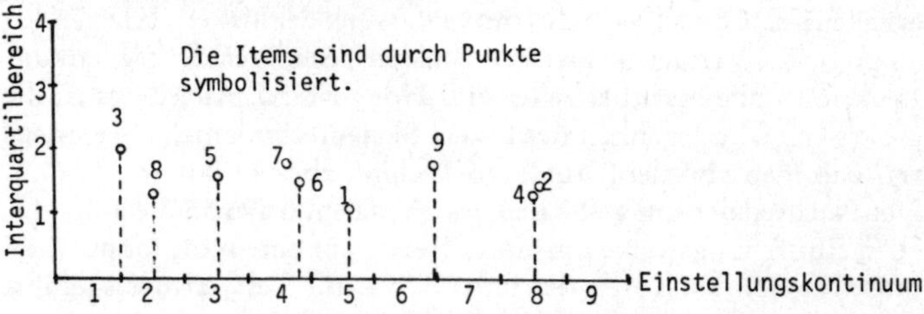

Abbildung 11: Ergebnisse der Thurstone-Skalierung von neun Aussagen über hochschulpolitische Fragen (vgl. Tabelle 15 und 16)

Wie man der Abbildung entnehmen kann, fällt kein Item hinsichtlich der Urteilsstreuung so stark aus dem Rahmen, daß man es als gänzlich unbrauchbar bezeichnen müßte. Allerdings liegen die Indikatoren 6 und 7 sowie 2 und 4 auf der Skala so dicht beieinander, daß man jeweils eines der beiden eliminieren sollte. Wir behalten die Items mit der jeweils geringeren Urteilsstreuung bei, so daß die endgültige Thurstone-Skala schließlich aus den Indikatoren mit der laufenden Nummer 3, 8, 5, 6, 1, 9 und 4 besteht. Selbstverständlich sind die Abstände der Indikatoren auf der Skala zu groß, um präzise Einstellungsmessungen zu erlauben. Üblicherweise verwendete Thurstone-Skalen weisen etwa 20 bis 30 Items auf, die sich über die Skala hinweg verteilen. Die Einstellungsmessung mit Hilfe der fertigen Skala geschieht nun so, daß man die Probanden bittet, sich die Aussagen sorgfältig durchzulesen und anschließend das Item anzukreuzen, welches die eigene Einstellung am besten widerspiegelt. Der Medianwert dieses Indikators wird dem Individuum als Einstellungswert zugeschrieben. Bei längeren Skalen kann man auch so vorgehen, daß man den Probanden Aussagen heraussuchen läßt, die seine Einstellung am besten wiedergeben. Als individueller Einstellungswert wird dann der Mittelwert oder der Medianwert aus den Skalenwerten der drei angekreuzten Indikatoren genommen. Damit verringert sich der Fehler einer durch mangelhafte Aufmerksamkeit oder Ablenkungen des Probanden bedingten Fehlauswahl unter den vorhandenen Aussagen.

2.3. Vor- und Nachteile der beiden geschilderten Methoden

Nach zahlreichen vergleichenden Untersuchungen kann behauptet werden, daß die Likert-Skalentechnik unter sonst gleichen Umstän-

den etwas zuverlässigere Meßergebnisse zeigt als die Thurstone-Technik. Außerdem kommt man bei der Likert-Technik wohl mit etwas weniger Items aus, um eine zufriedenstellende Reliabilität zu erzielen. Eine detaillierte Zusammenfassung der bisher vorliegenden empirischen Vergleiche zwischen beiden Techniken der Skalenkonstruktion findet sich bei Seiler und Hough 1970. Allerdings ist die praktische Überlegenheit der Likert-Skalentechnik nicht so eindeutig, daß man von der Thurstone-Technik abraten könnte.
Der Nachteil der Likert-Skalen besteht darin, daß man die individuellen Einstellungswerte nur unter Bezug auf eine Normpopulation interpretieren kann, wie das unter 1.2.4. für Testwerte ausgeführt wurde. Durch den Aufwand der vorherigen Skalierungen lassen sich mit Hilfe einer Thurstone-Skala gewonnene Einstellungswerte direkt interpretieren. Ein weiterer Nachteil der Likert-Technik ist, daß man eine Differenz zwischen zwei Einstellungswerten nicht ohne weiteres mit einer zahlenmäßig gleichen Differenz zwischen zwei anderen Einstellungswerten als psychologisch äquivalent ansehen kann. Auf dieses Problem wurde schon oben (S. 64) im Verbund mit Normierungsproblemen hingewiesen. Bei einer Thurstone-Skala läßt sich eine solche Interpretationsmöglichkeit durch die Skalierungsprozedur empirisch absichern. Mit anderen Worten: Man könnte die Einstellungsdifferenz zwischen zwei »linken« Studenten psychologisch analog interpretieren wie die Differenz zwischen zwei »rechten« Studenten, die durch den gleichen zahlenmäßigen Abstand voneinander getrennt sind.
In statistischer Ausdrucksweise bedeutet das, daß man mit einer Thurstone-Skala ein höheres Skalenniveau erreichen kann als mit Hilfe der Likert-Skalentechnik. Voraussetzung für diesen Vorteil der Thurstone-Technik ist, daß die Urteiler das Kategorienschema zur Einordnung der Items (s. S. 100) wirklich so behandeln, als wären die einzelnen Kästchen des Schemas psychologisch gleich weit voneinander entfernt. Wenn der Untersucher den Verdacht hat, daß diese Voraussetzung nicht erfüllt ist, muß er eine Modifikation der Thurstone-Chave-Technik anwenden, die unter der Bezeichnung *Methode der sukzessiven Intervalle* (auch Verfahren der nachträglich bestimmten Abstände genannt) bekannt ist (vgl. etwa Krasemann 1966, S. 307ff.). Auf Einzelheiten dieses Verfahrens soll hier nicht näher eingegangen werden.
Ein ernster Nachteil des Thurstone-Verfahrens gegenüber der Likert-Technik besteht darin, daß das Verfahren die Annahme impliziert, daß das Skalierungsergebnis von den persönlichen Wertungen und Einstellungen der Urteiler unabhängig ist. Man hat empirisch nachweisen können, daß diese Annahme nicht auf sehr festen Füßen

steht. Zum mindesten empfiehlt es sich, als Beurteiler keine Personen heranzuziehen, die bezüglich des Einstellungsgegenstandes zu extremen Anschauungen neigen.
Man sieht, Nachteilen des einen Verfahrens stehen andere Nachteile des anderen Verfahrens gegenüber, so daß keine eindeutige Überlegenheit einer der beiden Techniken erkennbar ist. In der Praxis wird wohl die Wahl zwischen den Verfahren unter anderem dadurch bedingt sein, daß mancher Einstellungsgegenstand sich leichter in Aussagen mit nichtmonotoner Funktionscharakteristik (vgl. S. 30ff.) formulieren läßt, während zu anderen Einstellungen Items mit monotoner Charakteristik näher liegen. Im ersten Fall wird sich der Untersucher eher für eine Thurstone-Skala entscheiden, im zweiten eher für eine Likert-Skala. Auch der Konstruktionsaufwand, den der Untersucher in Kauf zu nehmen bereit ist, wird bei der Entscheidung eine Rolle spielen. Thurstone-Skalen sind durch die notwendige Urteilerstichprobe aufwendiger herzustellen als Likert-Skalen, die an der Untersuchungsstichprobe selbst konzipiert werden können.

2.4. Einstellungsmessung als spezifischer Aspekt der Beurteilung anderer Personen oder Dinge

In den einleitenden Betrachtungen zum Begriff der Einstellung war gesagt worden, daß man Einstellungen nicht nur als Anschauungen gegenüber politischen oder ideologischen Themen (wie Bildungspolitik, Kirche, Gastarbeiter, Amerika usw.) auffassen kann, sondern daß man als Einstellungsgegenstand auch konkrete Gegenstände oder Personen einsetzen könnte. An den Methoden zur Einstellungsmessung würde sich dadurch im Grundsatz nichts ändern. Lediglich die konkreten Items wären andere. So wäre es beispielsweise möglich, die Einstellung der Bevölkerung gegenüber dem Bundeskanzler mit Hilfe einer Thurstone-Skala zu erfassen. Was in einer solchen Prozedur herauskäme, wäre eine spezifische Beurteilung des Bundeskanzlers.
Freilich kann man ein Urteil über eine andere Person nicht generell mit der eigenen Einstellung gegenüber dieser Person gleichsetzen. Doch läßt es sich nur schwer vermeiden, daß die eigene Einstellung gegenüber einer anderen Person in die Beurteilung ihrer Qualitäten, Leistungen usw. mit eingeht. Insofern ist die Einstellung einem anderen gegenüber ein wesentlicher Teilaspekt des Bildes, das man von dem anderen entwirft.
Die gerechte Beurteilung eines anderen setzt voraus, daß man sich der eigenen Einstellung gegenüber dem anderen bewußt ist. Darüber

hinaus führt es in der Regel zu unsachlichen Beurteilungen, wenn der Urteiler seine Gefühle dem anderen gegenüber in seine Urteile über ihn einfließen läßt.
Die im nächsten Abschnitt 3 zu schildernden Methoden sind zum großen Teil dazu geeignet, die Einstellung einer Person gegenüber anderen Personen oder Dingen zu messen. Insoweit könnte man sie den bereits geschilderten Verfahren von Likert und Thurstone an die Seite stellen. Wenn sie dennoch nicht mit diesen zusammen erläutert werden, so liegt das daran, daß sie besonders gut geeignet sind, um andere Personen zu beurteilen. Anders als die schon geschilderten Verfahren sind sie überdies nicht nur zur Messung von Einstellungen verwandt worden, sondern auch oder sogar vornehmlich zur Beurteilung beliebiger anderer Charakteristika von Personen oder Dingen.
So sind die weiter unten geschilderten Methoden des Paarvergleichs, des Eindrucksdifferentials und des Rangordnungsverfahrens oft zur Messung von Einstellungen verwandt worden. Entwickelt wurden sie jedoch ursprünglich in anderem inhaltlichen Zusammenhang. Neben diesen Verfahren gibt es jedoch eine Reihe zusätzlicher Techniken, um Personen oder Dinge zu beurteilen, mit denen wir uns auseinandersetzen müssen. Die Darstellung im folgenden Kapitel folgt deshalb in erster Linie den Problemen, die sich im Alltag aus der Notwendigkeit ergeben, andere beurteilen zu müssen, nicht so sehr einer Systematik nach methodischen Prinzipien.

3. Beurteilung von Personen oder Dingen

Informationen, die durch die Beurteilung von Personen anfallen, sind subjektive L-Daten oder Q-Daten, je nachdem, ob die Person, über die man etwas wissen will, von jemand anders beurteilt wird, oder ob sie sich selbst beurteilt (vgl. S. 11ff.). Derartige Informationen bilden wohl den wichtigsten Zugang zur Psyche des Menschen. Methoden, die zur Präzisierung und Verifizierung dieser Beurteilungen beitragen, sind letztlich viel fundamentaler als psychologische Testverfahren. Spätestens bei der Frage nach der Validität von Tests nämlich ist der Testkonstrukteur auf Beurteilungsdaten angewiesen. Unser Taktiktest (vgl. S. 49f.) könnte zum Beispiel daran validiert werden, daß man gute Bekannte des Probanden nach seinen Vorgehensweisen im Alltag befragt. Oder man fragt den Probanden selbst, in welchem Maße er taktische Prinzipien zur Maxime seines Handelns macht. Die Validitätsprüfung des Tests mit Hilfe derartiger Daten kann natürlich nur dann etwas taugen, wenn das herangezogene Außenkriterium (in diesem Falle also die Beurteilungsdaten) reliabel und valide ist. Die Frage der Zuverlässigkeit und Validität betrifft also nicht nur psychologische Tests, sondern auch die Kriterien, die zur Validierung eines Tests herangezogen werden. Die Frage nach der Reliabilität und Validität ist im übrigen an jedes psychologische Datum heranzutragen und ist nur im Zusammenhang mit psychologischen Tests erörtert worden, weil sie historisch in diesem Zusammenhang ausformuliert worden ist.

Nach Bildung und Ausformulierung eines Urteils über sich selbst oder eine andere Person kann man zwei Arten von Beurteilungen unterscheiden, nämlich Absoluturteile und Relativurteile (auch relationale Urteile genannt). Der Unterschied zwischen beiden läßt sich gut am Phänomen des absoluten Gehörs demonstrieren. Wenn man einem musikalisch unvorgebildeten Menschen einen Ton darbietet, wird er nicht in der Lage sein, die genaue Lage des Tons auf der Tonleiter anzugeben. Sehr viel mehr, als daß es sich um einen hohen, mittleren oder tiefen Ton handelt, wird er nicht angeben können (vgl. Miller 1956). Mit anderen Worten: Der Hörer wird die Individualität des Tons nur sehr ungenau beurteilen können. Lediglich Berufsmusiker mit absolutem Gehör sind in der Lage, eine genaue Beurteilung des Tons zu geben. Diese Beurteilung eines einzelnen Reizes nennt man absolutes Urteil.

Eine sehr viel genauere Beurteilung des Tones kann man abgeben, wenn einem Vergleichstöne zur Verfügung stehen. Auch der unvorgebildete Hörer ist auf diese Weise in der Lage, eine Vielzahl von Differenzierungen vorzunehmen, zu denen er im ersten Fall nicht fähig wäre. Gibt man also nicht nur den zu beurteilenden Reiz allein, sondern viele Reize gleichzeitig oder in unmittelbarer zeitlicher Nachbarschaft, so basiert die Beurteilung des Reizes auf einem Relativurteil.

Die gleichen Gesetzmäßigkeiten, die für den Bereich der Musik gelten, kann man bei der Beurteilung von Personen wiederfinden. Ein Mitteleuropäer, der das Aussehen eines bestimmten Buschmanns so beschreiben sollte, daß man ihn aufgrund der Beschreibung unter allen Dorfbewohnern identifizieren könnte, täte sich recht schwer. Man könnte ihm die Arbeit erheblich erleichtern, wenn man ihm vorher alle Männer des Dorfes zeigte; denn nun könnte er seine Beurteilung auf die Unterschiede zwischen ihnen abstellen.

Der Vergleichsmaßstab ist bei absoluten Urteilen der Erfahrungshintergrund des Beurteilers, während er bei relationalen Urteilen direkt vorgegeben ist. Ein Absoluturteil ist also um so genauer, je größer der Erfahrungshintergrund des Urteilers auf dem speziellen Gebiet ist, um das es geht. So hätte der Mitteleuropäer viel weniger

Mühe, die Individualität eines anderen Mitteleuropäers in einer absoluten Beurteilung darzulegen.

3.1. Beurteilungen aufgrund von Absoluturteilen

3.1.1. Beurteilung in freier Form

Was eine freie Beurteilung ist, braucht kaum näher erläutert zu werden. Jeder, der schon einmal ein Arbeitszeugnis bekommen hat, weiß, wie eine solche Beurteilung aussehen kann. In unserer sehr stark auf Dokumente und Nachweise ausgerichteten Gesellschaft spielen Gutachten und Beurteilungen aller Art in Ausbildung, Beruf, Verwaltung und Justiz eine wichtige Rolle. Von einer Abschlußbeurteilung, die jemand beim Arbeitsplatzwechsel erhalten hat, kann sein weiteres berufliches Schicksal abhängen. Das verpflichtet den Beurteiler »nicht nur zur Wahl der besten Methoden, zur unermüdlichen Arbeit an ihrer Weiterentwicklung und zur ständigen Selbstkontrolle, sondern auch zur Beachtung der in schematisierten Verfahren leicht untergehenden besonderen Gegebenheiten bei den beurteilten Menschen« (Jäger 1970, S. 641). In dieser Aussage ist der hauptsächliche Vorteil der freien Beurteilungsform gegenüber den im folgenden darzustellenden Verfahren enthalten: Es gibt Merkmale, die so selten sind, daß sie nur für den Beurteilten charakteristisch sind. Bei einer Beurteilung in freier Form wird der Urteiler in der Regel an solche Merkmale denken, während man bei einer schematisierten Beurteilung nicht alle Möglichkeiten berücksichtigen kann. Außer dieser positiv zu bewertenden Besonderheit von freien Beurteilungen spricht allerdings so gut wie nichts für diese Beurteilungsform.

Ein erster Nachteil freier Beurteilungen ist darin zu sehen, daß solche Beurteilungen eigentlich mehr über den Urteiler als über den Beurteilten aussagen. Differenzierte Urteiler geben differenziertere Beurteilungen ab als undifferenzierte, fleißige Urteiler pflegen längere Beurteilungen zu schreiben als weniger fleißige. Es gibt Urteiler, die generell zu milden Beurteilungen neigen, andere tendieren zu strengerer Bewertung. Vorsichtige Urteiler vermeiden, sich eindeutig festzulegen, andere werden zu profilierteren Stellungnahmen neigen. All das ist unabhängig vom Beurteilten. So können die Beurteilungen, die jemand von zwei verschiedenen Personen erhält, recht verschieden sein, auch wenn beide Urteiler mit ihm die gleichen Erfahrungen gemacht haben (vgl. etwa Cohen 1969).

Speziell bei Arbeitszeugnissen kommt noch hinzu, daß negative Stellungnahmen praktisch verboten sind. Durch ein Grundsatzurteil des Bundesgerichtshofs ist festgelegt worden, daß nur schwerwiegende Verfehlungen eines Arbeitnehmers im Abschlußzeugnis erwähnt werden dürfen. So hat sich in den Personalbüros der Unternehmen eine Art Geheimsprache entwickelt, um trotzdem negative Informationen zu übermitteln. Diese Informationsübermittlung beruht auf der Kunst des Weglassens tätigkeitsrelevanter Informationen, wenn man jemanden schlecht beurteilen will. Ein schlechtes Arbeitszeugnis ist also in der Regel ein kurzes Zeugnis, in dem darüber hinaus nur nebensächliche Dinge erwähnt werden. Zum anderen haben die Beurteiler gelernt, auch in positiv gehaltenen Stellungnahmen negative Urteile zu »verpacken«, und viele Leser von Arbeitszeugnissen (die ja bei anderer Gelegenheit selbst Beurteiler sind), haben sich auf diesen Code eingestellt. Schuler 1972 macht das am Beispiel der »Zufriedenheitsklausel« deutlich, die in fast keinem Arbeitszeugnis fehlt. Das Grundschema für die Zufriedenheitsklausel lautet etwa: »Er hat die ihm übertragenen Arbeiten . . . Zufriedenheit erledigt.« Je nach dem Grad der Bewährung des Mitarbeiters werden die fehlenden Wörter anders eingesetzt.

». . . stets zu unserer vollsten . . .«	ist zu lesen als »sehr gut«.
». . . stets zu unserer vollen . . .«	ist zu lesen als »gut«.
». . . zu unserer vollen . . .«	ist zu lesen als »befriedigend«.
». . . zu unserer . . .«	ist zu lesen als »ausreichend«.
». . . im großen und ganzen zu unserer . . .«	ist zu lesen als »mangelhaft«.

Durch diese Art der verdeckten Kommunikation entsteht eine paradoxe Situation. Wenn jeder diese stillschweigenden Vereinbarungen kennt, kann man auch darauf verzichten. Auch der Betroffene und die Gerichte werden die Informationen dann natürlich entsprechend bewerten. Deshalb kann die Sprachregelung nicht zum offiziellen Brauch werden. Wenn sich die Sprachregelung dagegen nicht offiziell durchsetzt, sind diejenigen benachteiligt, denen ein ehrliches Zeugnis ausgestellt wurde. Im übrigen wird der Empfänger das Zeugnis unterschiedlich lesen, je nachdem ob er die impliziten Vereinbarungen kennt oder nicht.

Da zwischen dem Sender (Schreiber) und dem Empfänger (Leser) solcher Beurteilungen meist keine Verbindung besteht, kann man bei freien Beurteilungen nie sicher sein, ob die ausgedrückte Information beim Empfänger ohne Verluste und Verzerrungen ankommt. Um Fehldeutungen zu vermeiden, müßte dem Empfänger wenigstens der persönliche Urteilsstil des Senders bekannt sein, was aber in den seltensten Fällen gewährleistet ist.

Die Natur der freien Beurteilung bringt es mit sich, daß zwei Beurteilungen durch ihre Komplexität eigentlich nicht miteinander vergleichbar sind. Wer aufgrund von freien Beurteilungen die Eignung von zwei Bewerbern abschätzen will, braucht dazu viel Intuition. So ist bereits die Interpretationsobjektivität von freien Beurteilungen (vgl. S. 72ff.) eingeschränkt. In einem Versuch des Autors wurden fünf verschiedenen Empfängern acht Abschlußzeugnisse von Bewerberinnen um die Stelle einer Verwaltungsangestellten vorgelegt. Die als Empfänger fungierenden Personen hatten für sich die Frage zu beantworten, welche der Bewerberinnen sie nach der vorliegenden Information am liebsten, am zweitliebsten usw. einstellen würden. Ein Vergleich der fünf resultierenden Rangordnungen nach dem oben geschilderten Verfahren (S. 77) ergab eine Objektivität von $R_{obj} = 0,75$. Es ist zu beachten, daß damit lediglich etwas über die Übereinstimmung zwischen verschiedenen Empfängern gesagt ist, während die Frage der »Richtigkeit« (Validität) der Beurteilungen noch gar nicht berührt ist.

Wenn diese Frage in dem Versuch auch nicht für alle Bewerberinnen geklärt werden konnte, so steht doch fest, daß die Bewerberin mit dem nach Ansicht der Gutachter zweitschlechtesten Zeugnis in der Arbeitspraxis eindeutig bessere Leistungen erbrachte als mehrere andere Bewerberinnen, die über bessere Zeugnisse verfügten.

Auch die Bestätigung der Richtigkeit einer Beurteilung durch den Beurteilten selbst taugt übrigens nicht als Validitätskriterium. Es läßt sich nämlich die Beobachtung machen, daß die Beurteilten die Neigung haben, jedem Gutachten über sich zuzustimmen. Man bezeichnet diese Erscheinung, die zuerst von Krüger und Zietz 1933 experimentell belegt wurde, als *Verifikationsphänomen.* Die Autoren hatten in einem Volkshochschulkurs Handschriftproben der Hörer erbeten und jedem ein graphologisches Persönlichkeitsgutachten versprochen. Als Gegenleistung mußten die Gutachtenempfänger dazu Stellung nehmen, in welchem Maße sie das Gutachten als zutreffendes Bild ihrer Persönlichkeit akzeptieren konnten. Es zeigte sich, daß die Hörer die Persönlichkeitsbeschreibung praktisch ausnahmslos als zutreffend ansahen. Tatsächlich handelte es sich bei allen Hörern um dasselbe Persönlichkeitsgutachten. Inzwischen sind solche Experimente von vielen Untersuchern mit dem gleichen Ergebnis wiederholt worden (vgl. Hartmann 1970). Diese Experimente wurden an psychologischen Gutachten durchgeführt, lassen sich aber auf andere Formen der freien Beurteilung (z. B. Arbeitszeugnisse) mit kleinen Änderungen übertragen. Auch Intelligente fallen dem Täuschungsmanöver zum Opfer. Der Verfasser hat ähnliche Versuche wiederholt mit Studenten der Wirtschafts- und Sozialwissenschaften durchgeführt, und nur selten wurde ein Einheits-

gutachten als unzutreffend zurückgewiesen. Die intelligenten Studenten waren dabei nicht kritischer als die weniger intelligenten. Das ist auch nicht verwunderlich; denn die meisten Ursachen für das Verifikationsphänomen liegen in der Beurteilungsform und nicht in der Person des Begutachteten. So läßt sich in einer freien Beurteilung schwerlich ein unzweideutiges Bild vom Beurteilten entwerfen, weil die Alltagssprache feine Nuancierungen kaum eindeutig auszudrükken zuläßt. So kann der Betroffene leicht das in den Text hineininterpretieren, was er von sich meint.
Gummibegriffe wie »gewisse«, »manchmal«, »öfters«, »mitunter« usw. sind als quantifizierende Begriffe nahezu unvermeidlich, erhöhen aber den Interpretationsspielraum des Empfängers. Überdies werden sie von Beurteilern auch dort angewandt, wo sie entbehrlich wären.
Die Verwendung von Eigenschaftsbegriffen zur Charakterisierung des Beurteilten ist zweischneidig. Sie helfen den Text verkürzen, bringen aber Mehrdeutigkeit in die Beurteilung. Jedes Adjektiv enthält auch eine Wertung über den Beurteilten. Diese Wertung kann aber je nach der Bedeutungsfacette, die man herausgreift, positiv oder negativ sein. Als Beispiele mögen die in Tabelle 17 aufgeführten Eigenschaften dienen.

Tabelle 17: In Beurteilungen häufig verwendete Adjektive, die mehrere unterschiedlich bewertete Bedeutungsfacetten aufweisen

Adjektiv	Bedeutungsfacette	Wertung
anpassungsfähig	1. flexibel, aufgeschlossen	+
	2. gerissen, opportunistisch	–
korrekt	1. einwandfrei, unbestechlich	+
	2. pedantisch	–
offen	1. ehrlich	+
	2. naiv	–
zurückhaltend	1. unaufdringlich, bescheiden	+
	2. vorsichtig, abwartend	+,–
	3. distanziert, zugeknöpft, reserviert	–
	4. ängstlich, schüchtern	–

Neben den sprachlich bedingten Ursachen gibt es inhaltliche Ursachen für das Verifikationsphänomen. Freie Beurteilungen sind aus Unwissenheit oder Vorsicht des Urteilers häufig so abgefaßt, daß sie mehr oder weniger auf jeden zutreffen können. Es sind weniger die für den Beurteilten spezifischen als die allgemeingültigen Merkmale aufgenommen. Zu diesen überflüssigen Wendungen gehören Formulierungen wie: »Seine dienstliche Führung war stets einwandfrei.« Solche Aussagen differenzieren nicht zwischen verschiedenen Personen. Deshalb machen sie die Beurteilung nur unnötig lang. Noch negativer ist zu bewerten, wenn der Urteiler Aussagen im nächsten Satz wieder einschränkt (Horoskopstil). Beispiel: »Hervorzuheben ist die Selbständigkeit, mit der X alle Aufgaben erledigte. Besonders effektiv arbeitete er unter Vorgesetzten, die er jederzeit um Rat fragen konnte.«

Einige Ursachen für das Verifikationsphänomen liegen sicherlich auch in der Person des Beurteilten. So neigt der Beurteilte dazu, wenn einige Aussagen voll zutreffen, auch die übrigen Aussagen als richtig zu akzeptieren. Einige wenige Informationen überstrahlen alle weiteren, die nicht mehr adäquat in den Urteilsprozeß einbezogen werden. Dieser *Überstrahlungseffekt* (Franke und Frech 1968), der – wie noch zu zeigen sein wird – nicht nur bei der Selbstbeurteilung, sondern auch bei der Beurteilung anderer wirksam ist, wird auch *Haloeffekt* genannt. Besonders wahrscheinlich ist die Überstrahlung, wenn die Beurteilung für den Beurteilten günstig ausfällt. Es ist nur menschlich, positive Urteile über sich eher zu akzeptieren als negative.

Der Leser wird sich bei alledem die Frage stellen, weshalb man bei den vielen Unwägbarkeiten und offensichtlichen Nachteilen der freien Beurteilung nicht gänzlich auf sie verzichtet und statt dessen mit schematisierten Beurteilungssystemen arbeitet. Wie in den nächsten Abschnitten noch deutlicher werden wird, gibt es viele sachliche Gründe dafür, freie Beurteilungen, wo immer möglich, durch gebundene Urteilssysteme zu ersetzen.

Wo ist es aber unmöglich, auf freie Beurteilungen zu verzichten? Man könnte meinen, dort, wo der Absender der Beurteilung nicht weiß, wer der Empfänger sein wird. Das gilt etwa für Arbeitszeugnisse, bei denen der Sender das Bezugssystem des Empfängers nicht kennen kann. Der Personalchef, der das Zeugnis ausstellt, weiß nicht, bei wem sich der Mitarbeiter künftig vorstellen wird. Doch bei genauem Hinsehen ist das kein zwingender Grund dafür, Urteile in freier Form abzugeben. Man stellt auch Abiturienten keine freien Beurteilungen aus, obwohl sie sich damit in der ganzen Welt um eine Stellung bemühen könnten. Wenn der Absender annehmen kann, daß der Empfänger das der Beurteilung zugrunde liegende Bezugssystem nicht kennt, wäre es ein leichtes, es ihm mitzuteilen, so wie auf jedem Schulzeugnis die Notenskala unten abgedruckt ist.

Allerdings müßte der Absender der Beurteilung in diesem Fall eindeutig Farbe bekennen, was er von dem Beurteilten hält. Und die Scheu davor, verbunden mit Bequemlichkeit, dürfte wohl die Hauptursache dafür sein, daß sich freie Beurteilungen so ausdauernd halten. Auch der oben erwähnte Vorteil der freien Beurteilung, daß der Urteiler darin Merkmale ausdrücken kann, die für den Beurteilten spezifisch sind, spricht nicht für die generelle Beibehaltung dieser Beurteilungsform; denn in jedem Beurteilungsschema könnte man eine Rubrik »Besondere Bemerkungen« vorsehen, wie es auch in der Regel geschieht.

Trotz des langen Mängelkatalogs der Beurteilung in freier Form wird sie nicht von heute auf morgen verschwinden. Man wird sich also zu überlegen haben, wie man eine Beurteilung in freier Form so effektiv wie möglich gestaltet. Dazu abschließend einige Hinweise, die implizit schon in den obigen Ausführungen enthalten sind.

1. Keine Aussagen, die für mehr oder weniger jeden zutreffen. Die aufgeführten Merkmale müssen zwischen verschiedenen Beurteilten differenzieren, sollten also so spezifisch wie möglich sein.
2. Adjektive vermeiden. Man könnte in einer Beurteilung prinzipiell ganz auf Eigenschaftsbegriffe verzichten, wenn man das, was man damit meint, durch eine direkte Verhaltensschilderung ausdrückt. Statt also zu sagen, jemand hätte eine gute Auffassungsgabe gezeigt, sollte man ausführen, worauf sich dieses Urteil gründet, also etwa: daß er in verschiedenen Abteilungen der Firma die Geschäfte eines plötzlich erkrankten Sachbearbeiters ohne erkennbare Einarbeitungsschwierigkeiten übernommen hätte. Viele Urteiler scheuen so detaillierte Darstellungen, weil sie befürchten, die Beurteilung werde dadurch zu lang. Das ist richtig. Doch lassen sich andererseits viele Zeilen einsparen, wenn man Punkt 1 beherzigt. Die Beachtung dieser Regel führt noch zu einem günstigen Nebeneffekt. Durch die Schilderung von Verhaltensweisen gewinnt die Gesamtdarstellung einen neutralen sachlichen Ton. Beurteilungen, in denen von Adjektiven Gebrauch gemacht wird, haben demgegenüber häufig einen arroganten, wertenden Charakter.
3. Wenn sich Adjektive im konkreten Fall nicht vermeiden lassen, weil die ihnen zugrunde liegenden Verhaltensweisen lange Beschreibungen erfordern würden, sollte man keine abgegriffenen Allerweltsadjektive (dynamisch, anpassungsfähig, gute Auffassungsgabe usw.) verwenden, vor allem dann nicht, wenn sie vielleicht unterschiedlich interpretiert werden können. Günstiger sind Begriffe, die außer auf den Beurteilten nur auf sehr wenige Menschen zutreffen würden.

3.1.2. Prüflisten (check lists)

Was eine Prüfliste ist, weiß jeder Autofahrer, der schon einmal beim TÜV war. In diesem speziellen Fall besteht die Prüfliste aus einer Sammlung von Mängeln, von denen der Prüfer des Wagens diejenigen kenntlich macht, die bei dem Fahrzeug festzustellen waren. Analog dazu besteht eine Prüfliste zur Personbeschreibung aus einer Sammlung von Adjektiven oder (besser) kurzen Verhaltensbeschreibungen, die dem Beurteiler in zufälliger Reihenfolge vorgegeben werden. Der Beurteiler wird gebeten, diejenigen Merkmale anzukreuzen, die er für den Beurteilten als zutreffend ansieht.
Der Vorteil dieses Verfahrens gegenüber der freien Beurteilungsform liegt auf der Hand. Er liegt in der größeren Vergleichbarkeit mehrerer Beurteilungen. Außerdem liegt es in der Hand des Listenherstellers, die Items der Liste so präzise und umfassend wie erforderlich abzufassen. Je konkreter die Prüfpunkte sind, desto objektiver werden die Resultate sein. Je repräsentativer ihre Auswahl für den zu beurteilenden Bereich ist, desto (inhalts)valider ist die Liste.
Nachteile des Verfahrens sind die folgenden: Die mögliche Informationsübermittlung an den Empfänger ist eingeengt durch die vorgegebenen Aspekte. Man tut deshalb als Anwender gut daran, eine Rubrik »Bemerkungen« vorzusehen, um dem Beurteiler die Möglichkeit zu geben, Besonderheiten aufzuführen, die nur für den Beurteilten und sonst niemanden zutreffen.
Die Quantifizierung der Urteile ist nur in eingeschränktem Umfang möglich. Zum ersten hat der Beurteiler nur die Möglichkeit, »zutreffend« oder »nicht zutreffend« zu antworten und kann keine abgestuften Urteile abgeben. Zum anderen neigen die Urteiler in unterschiedlichem Maße dazu, Aussagen als zutreffend zu bezeichnen. So werden manche Urteiler nur sehr wenige Items ankreuzen, während andere die Mehrzahl der Aussagen als zutreffend angeben. Eine Möglichkeit zur Eliminierung der Zustimmungstendenz wäre die Instruktion an alle Urteiler, eine bestimmte Zahl von Items anzukreuzen. Ein solcher Wahlzwang führt aber zu Unbehagen bei den Urteilern. Eine zweite Möglichkeit besteht darin, die Urteiler zu bitten, zusätzlich die Merkmale anzukreuzen, die sie für unzutreffend halten. Man gewinnt damit Informationen über den Neutral- bzw. Unentschiedenbereich des Urteilers.
Jedoch nicht nur die Zustimmungstendenz schränkt die Brauchbarkeit des Verfahrens ein, sondern auch die Tendenz, überwiegend positive Urteile abzugeben, um dem Beurteilten nicht weh zu tun (Mildefehler) oder überwiegend strenge Urteile abzugeben (Strengefeh-

ler). Um dem entgegenzuwirken, kann man die Liste nur aus Items möglichst gleicher Erwünschtheit (vgl. S. 158f.) zusammensetzen. Es ist allerdings sehr schwierig, hinreichend viele Items zu finden, die einerseits alle inhaltlichen Bereiche repräsentieren und zusätzlich noch gleich erwünscht sind. Zudem deckt sich die Einschätzung der Erwünschtheit eines Merkmals nicht notwendigerweise von Urteiler zu Urteiler, so daß eine vollständige Kontrolle dieser Fehlerquelle unmöglich ist.

3.1.3. Schätzskalen (Einstufungsverfahren, Einschätzskalen, rating scales)

Schätzskalen sind Verfahren, bei denen der Urteiler seine Beobachtungsergebnisse in numerisch abgestufter Form darstellt.

Das bekannteste Beispiel für eine Schätzskala ist die Schulzensur. Dem Beurteiler liegen hier mehrere numerisch und verbal bezeichnete Leistungskategorien vor, die eine geordnete Folge verschiedener Ausprägungsgrade repräsentieren. Viele Variationen dieses Urteilsschemas sind denkbar (vgl. Clauss 1968a, Tent 1970). So können die Kategorien numerisch oder verbal gekennzeichnet sein. Die Zahl der Urteilsstufen kann unterschiedlich sein (speziell dazu: Greenwald und O'Connell 1970, Komorita und Graham 1965, Matell und Jacoby 1971, Schönpflug 1972). Es gibt graphische und numerische Schätzskalen. Es gibt monopolare (z. B. »stimme nicht zu – stimme zu«) oder bipolare (z. B. »lehne ab – stimme zu«) Schätzskalen. Wer sich mit Schätzskalen genauer auseinandersetzen will, sei auf die exzellente Arbeit von Clauss 1968a verwiesen.

Ähnlich wie in Prüflisten ist es üblich, mehrere Schätzskalen zu einem Beurteilungsinstrument zusammenzufassen. Jeder Fragebogentest ist ein Beispiel für eine Sammlung von Schätzskalen (vgl. S. 49), aus der man Schlüsse über den Beurteiler selbst ziehen will. Man kann Prüflisten als Spezialfälle von Schätzskalen auffassen. Bei ihnen beträgt die Zahl der Antwortkategorien nur zwei, nämlich »zutreffend« und »nicht zutreffend«. Gegenüber der Prüfliste haben Schätzskalen den Vorteil, daß sie durch die gradmäßige Abstufung der Urteile genauere Quantifizierungen der Beurteilungen erlauben.

Die Vergleichbarkeit verschiedener Beurteilungen ist somit noch größer als bei den Prüflisten. Um eventuelle Urteilsfehler zu vermeiden, kann man die Urteile mehrerer Beurteiler über eine Person oder einen Gegenstand miteinander vereinigen. Zwei grundsätzliche Vorgehensweisen sind dabei möglich: Einmal ist ein gruppendynamisches Vorgehen denkbar, bei dem sich alle Beurteiler im Verlauf einer Diskussion auf eine gemeinsame Stellungnahme einigen (Bei-

spiel: Lehrerkonferenz zur Zensurenvergabe). Das hat den Vorteil, daß alle Argumente, die für die Beurteilung wichtig sind, berücksichtigt werden können. Es hat den Nachteil, daß dominante Beurteiler (etwa der Rektor in der Lehrerkonferenz) die Gesamtbeurteilung unter Umständen stärker beeinflussen, als es sachlich gerechtfertigt wäre. Die zweite Vorgehensweise wäre die rechnerische Vereinigung der Einzelurteile zu einem Gesamturteil (Bsp.: Punktwertung im Eislauf oder Kunstturnen). Bei diesem Verfahren kann man alle Einzelurteile mit dem gleichen Gewicht ins Gesamturteil eingehen lassen. Es hat allerdings den Nachteil, daß einzelne Beurteiler wichtige Urteilsaspekte übersehen haben können.
Die Vergleichbarkeit von Schätzurteilen macht es möglich, die Objektivität der Beurteiler in einem Objektivitätskoeffizienten auszudrücken (vgl. S. 77f.), auch die Zuverlässigkeit kann man empirisch prüfen (vgl. etwa Schmidt 1966). Ähnlich wie beim Prüflistenverfahren geht auch in die Schätzskala der Reaktionsstil (vgl. S. 156f.) des Urteilers als Fehlerquelle ein. Jeder fühlte sich in der Schulzeit schon durch zu große Lehrerstrenge benachteiligt oder durch zu milde zensierende Lehrer zu wenig gefordert. Diese Tendenz läßt sich beim Schätzverfahren durch Normierung der Urteile eliminieren. Wenn man beispielsweise die Urteilstendenzen zweier Lehrer ausschalten will, könnte man die Zensuren innerhalb einer Schulklasse in Perzentile oder z-Werte umwandeln (vgl. die Ausführungen zur Testnormierung S. 57 u. 61). Auf diese Weise werden die Noten des streng zensierenden Lehrers mit denen des milde zensierenden Lehrers direkt vergleichbar. Die Normierung von Schätzurteilen ist allerdings strenggenommen an die gleichen Voraussetzungen geknüpft, wie sie für die Testnormen geschildert wurden. Und die Voraussetzungen für lineare Normen dürften bei Schätzurteilen nur selten erfüllt sein. Doch wird der Fehler, den man begeht, wenn man sich über die Voraussetzungen hinwegsetzt, meist geringer sein als der, mit dem die nichtnormierten Schätzdaten bei starkem Milde- oder Strengefehler behaftet sind.
In einem z-normierten Schätzurteil hat man allerdings kein reines Absoluturteil mehr vor sich, weil die Normierung ja den Vergleich mit anderen Urteilen voraussetzt. Das Verfahren geht hier in noch zu schildernde Methoden aufgrund von Relativurteilen über. Ein damit verbundener Nachteil der Normierung ist der, daß in guten Schulklassen ebenso viele schlechte Noten vorkommen wie in schlechten Schulklassen. Man wird also vor der Normierung zu überlegen haben, ob man diesen Nachteil in Kauf nehmen will. Nachteilige Merkmale von Schätzskalen sind einmal die systematischen Urteilstendenzen des Beurteilers (Mildefehler, Strengefehler,

Fehler der zentralen Tendenz usw.). Ein besonderer Fehler tritt in Urteilsserien auf. Dadurch, daß das Einzelurteil unter Rekurs auf einen vorgestellten Standard und nicht durch Vergleich mit konkreten anderen Urteilssubjekten oder -objekten geschieht, kommt es häufig vor, daß sich die Urteile im Verlauf einer Serie zu einem subjektiven Durchschnitt hin verschieben. Angenommen, eine Prüfungsgeneration Studenten der Betriebswirtschaftslehre sei besonders fleißig. Dann wird der Prüfer dies bei den ersten Prüflingen in den Prüfungsnoten entsprechend honorieren. Je mehr gute Kandidaten jedoch von dem Prüfer zu beurteilen sind, desto schwerer haben es die letzten in der Reihe, eine ihren objektiv guten Leistungen entsprechende Note zu erhalten, weil der Prüfer seine Anforderungen unwillkürlich dem Leistungsniveau anpaßt. Diesem Fehler zu entgehen, ist für den Prüfer außerordentlich schwer. Je weniger die Urteilsskala durch konkrete Beschreibungen oder Beispiele in der Vorstellung des Urteilers verankert ist, desto größer ist die Gefahr, daß sie sich im Lauf der Urteilsserie verschiebt. Der Prüfer sollte sich deshalb zur Verringerung dieser Fehlerquelle vor der Prüfung genau überlegen, was die Kandidaten für bestimmte Noten wissen müssen (konkrete Beschreibung der Urteilsstufen), oder er sollte sich für jede Urteilsstufe einen konkreten Kandidaten aus früheren Prüfungen in Erinnerung bringen, an dem er sich orientieren will (Musterbeispiel für jede Urteilsstufe).
Schätzskalen kommen in zahlreichen Varianten vor. Zum Teil gehen diese Varianten fließend in Relativurteile über, wie das etwa bei der Normierung von Schätzurteilen deutlich wurde (s. u. Verfahren der erzwungenen Verteilung – S. 146ff.). Eine Variante, die besonderes Augenmerk verdient, weil sie in sehr vielen Problemsituationen adäquat angewandt werden kann (Messung von Wortbedeutungen, Messung von Einstellungen, Messung der Symbolhaltigkeit von Dingen und Personen usw.), ist die Methode des Eindrucksdifferentials.

3.1.4. Eindrucksdifferential (Semantisches Differential, Polaritätsprofil)

Auf den ersten Blick ähnelt ein Eindrucksdifferential einer Serie von Schätzskalen. Dem Beurteiler werden Polaritäten von gegensätzlichen Eigenschaftswörtern in Form einer graphischen Schätzskala vorgegeben, zum Beispiel

hell o o o o o o o finster

oder stark–schwach, gut–schlecht, schnell–langsam usw. Mit Hilfe dieser meist siebenstufig angelegten Skalen hat er den Beurteilungsgegenstand (Person oder Objekt) einzustufen. Typische Eindrucksdifferentiale bestehen aus zwanzig bis fünfzig untereinander angeordneten Skalen dieser Art, so daß sich durch die einzelnen Einstufungen für den beurteilten Gegenstand ein charakteristisches Profil ergibt. Die Polaritäten stehen – und darin liegt der fundamentale Unterschied zu einer gewöhnlichen Schätzskala – mit dem Beurteilungsgegenstand in der Regel nicht in einem logischen Zusammenhang, sondern sollen vom Beurteiler nur in einem übertragenen, metaphorischen Sinne auf das Objekt angewandt werden. Es wird vom Beurteiler kein rational begründbares Urteil verlangt, sondern er hat mit Hilfe der Skala ein Eindrucksurteil zu formulieren, das die gefühlsmäßige Wirkung wiedergibt, die der Beurteilungsgegenstand auf ihn ausübt. Der Unterschied zwischen dem metaphorischen und dem rationalen Urteil wird an folgendem prägnanten Beispiel von Clauss 1968a besonders einprägsam: Es sei angenommen, mit Hilfe der obigen Skala »hell–finster« solle der Gegenstand »Atomexplosion« eingestuft werden. Bei einer Benutzung der Skala als Schätzskala, also bei rationaler Einstufung, müßte man zu dem Urteil »hell« kommen. Wenn man dagegen die Skala als Eindrucksdifferential benutzt, also die emotionale Bedeutungshaltigkeit des Begriffs »Atomexplosion« wiedergibt, wird man mit Rücksicht auf die Assoziationskette »finster–schlecht–verabscheuungswürdig–barbarisch« viel eher zu dem Urteil »finster« kommen als zu dem Urteil »hell« (= friedlich, gut usw.).

In dieser theoretischen Konzeption des Eindrucksdifferentials ist auch der Grund dafür zu sehen, weshalb man sich hier trotz der Einwände, die oben (S. 113) gegen die Verwendung von Eigenschaftsbegriffen vorgebracht wurden, dieser schillernden Wortklasse bedient. Es kommt hierbei eben nicht darauf an, logisch exakte Beurteilungen zu erhalten. Es handelt sich vielmehr im Prinzip um das Verfahren, dessen sich der Psychoanalytiker bedient, wenn er sich Klarheit über den Traum eines Patienten zu verschaffen wünscht. Er läßt seinen Patienten spontan und unter weitgehender Ausschaltung der rationalen Kontrolle Assoziationen zu dem Traumbild aufzählen. Diesem Prinzip der *freien Assoziation* steht beim Eindrucksdifferential die *gebundene Assoziation* gegenüber, bei der der zu assoziierende Begriff schon vorgegeben ist, der vom Urteiler nur noch hinsichtlich der gefühlsmäßigen Affinität zum Urteilsgegenstand abzuschätzen ist.

Das Eindrucksdifferential wurde ursprünglich zur Erfassung des Bedeutungshofs von Begriffen entwickelt (Osgood 1952). Man kann mit Hilfe des Eindrucksdifferentials zum Beispiel die Ähnlichkeit zweier Begriffe quantifizieren, indem man die Profile der beiden eingestuften Begriffe miteinander vergleicht. Dies geschieht entweder durch Berechnung eines Korrelationskoeffizienten zwischen beiden Eindrucksdifferentialen (vgl. S. 39) oder durch Berechnung eines Distanzmaßes

$D = \sqrt{\Sigma d_j^2}$, wobei d_j = Urteilsdifferenz der beiden eingestuften Beurteilungsgegenstände auf der Polarität j

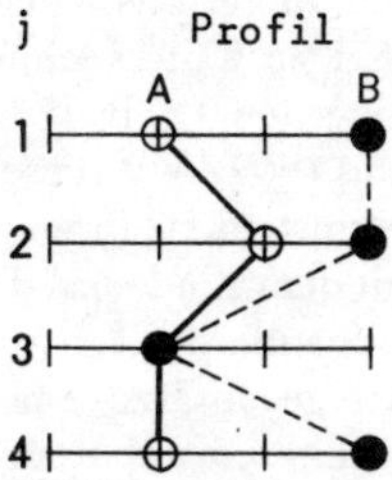

Beispiel: Die Gesamtdistanz zwischen den nebenstehend skizzierten Profilen A und B beträgt nach der Formel

$$D = \sqrt{2^2 + 1^2 + 0^2 + 2^2} = \sqrt{9} = 3.$$

Beide Ähnlichkeitsmaße, Korrelation und Distanzmaß, sind etwas unterschiedlich zu interpretieren. Die Korrelation ist ein Maß für die Ähnlichkeit des Profil*verlaufs*, ohne Berücksichtigung des Abstands zwischen beiden Profilen voneinander, während das Distanzmaß die Ähnlichkeit des Verlaufs nur sekundär wiedergibt und primär den Profil*abstand* erfaßt. Es kommt also auf die Fragestellung an, welches der beiden Maße vorzuziehen ist.
So konnte Hofstätter 1957 mit Hilfe dieser Methode objektivieren, daß zwischen den Begriffen »Liebe« und »rot« ein enger assoziativer Zusammenhang besteht. Man kann auf die Weise auch die Adäquatheit von Übersetzungen überprüfen. Hofstätter 1957a wies mit Hilfe des Korrelationsmaßes nach, daß für den amerikanischen Begriff »lonely« die lexikalische Übersetzung »einsam« nicht die psychologisch beste Übersetzung darstellt, sondern daß man diesen Begriff besser mit »ängstlich« ins Deutsche übertragen könnte. Danach wäre also für den Titel des bekannten Buches von Riesman »The Lonely Crowd« der deutsche Titel »Die ängstliche Masse« besser als »Die einsame Masse«, wie die (lexikalisch richtige) Übersetzung lautet.
Die Tatsache, daß das Eindrucksdifferential besonders die gefühlsmäßige Beziehung des Beurteilers zum Urteilsgegenstand hervortreten läßt, macht diese Methode besonders zur Messung von Einstellungen geeignet (vgl. S. 96ff.). Ein weiteres Anwendungsfeld liegt im Bereich der Markt- und Meinungsforschung. Mit Hilfe des Eindrucksdifferentials kann man das Image eines Waschmittels oder eines neu entwickelten Autos genauso gut erfassen wie das Image eines Politikers oder den ästhetischen Gehalt eines Bauwerks. Überall, wo es um den assoziativen Gehalt eines Urteilsgegenstandes geht, ist das Eindrucksdifferential die Methode der Wahl.

Im übrigen sind beliebige Übergänge zwischen dem Eindrucksdifferential und der Methode der Schätzskalen denkbar. Auch bei der Verwendung von Schätzskalen zeigt sich meist ein »assoziativer Rest«, der bei einer faktorenanalytischen Untersuchung der mit Schätzskalen gewonnenen empirischen Ergebnisse als starker Wertungsfaktor in Erscheinung tritt. Näheres soll an dieser Stelle nicht ausgeführt werden, sondern kann den einschlägigen Untersuchungen zum Eindrucksdifferential entnommen werden (z. B. Ertel 1965, 1965a, Hofstätter 1955, Snider und Osgood 1969). Vor diesem Hintergrund büßt nach Ansicht des Autors die umstrittene Frage an Bedeutung ein, ob man für Untersuchungen mit dem Eindrucksdifferential mit einem ein für allemal entwickelten Standarddifferential arbeiten soll, oder ob es günstiger ist, die Adjektivgegensätze je nach dem Untersuchungsgegenstand nach Gesichtspunkten der Repräsentativität für diesen neu auszuwählen. Je nachdem, wie dominierend die gefühlsmäßige Wertungskomponente gegenüber kognitiv-sachlichen Urteilsaspekten ausfallen soll, wäre die eine oder die andere Vorgehensweise anzuraten. Fuchs und Schäfer 1972, die diese Fragen diskutieren, empfehlen, das Eindrucksdifferential jeweils dem Untersuchungsgegenstand anzupassen.

3.2. Beurteilungen aufgrund von Relativurteilen

Es wurde oben schon ausgeführt, daß Absoluturteile stets den Vergleich eines konkreten zu beurteilenden Gegenstands mit einem vorgestellten Standard implizieren. Demgegenüber lassen sich Relativurteile immer auf die einfache Formel bringen: Gegenstand (Person) A dominiert (ist besser, intelligenter usw.) über Gegenstand (Person) B. Das bedeutet, daß beim Relativurteil immer ein konkreter Gegenstand mit einem anderen konkret vorgegebenen Gegenstand zu vergleichen ist.
Das erste hier abzuhandelnde Verfahren ist das sogenannte Rangordnungsverfahren.
Eigentlich müßte es »Rangordnungsverfahren im engeren Sinne« heißen; denn alle Relativurteile basieren letztlich auf der Rangordnung der Vergleichsreize. Doch kann das Verfahren auf verschiedene Weise reduziert sein, zum Beispiel, wenn nur zwei Objekte zur Rangierung anstehen (dieser Fall ist unten als Paarvergleichsmethode beschrieben). Bei einem anderen Fall, der unten als Verfahren der erzwungenen Verteilung beschrieben ist, wird auf eine vollständige Rangierung der Vergleichsobjekte verzichtet, und es wird zugelassen, daß mehrere Vergleichsobjekte der gleichen Rangklasse zu-

geordnet werden, wobei der Urteiler zwischen den Objekten innerhalb einer Klasse nicht mehr unterscheidet.

3.2.1. Rangordnungsverfahren

Ein Beispiel für die Anwendung des Rangordnungsverfahrens wäre das Vorgehen des Dorfschullehrers alten Schlages, der seine Schüler ihren Leistungen entsprechend ordnet. Der beste Schüler erhält Rangplatz 1, der zweitbeste den Rangplatz 2 usw. Das Vorgehen des Lehreres hat trotz seiner Herzlosigkeit einen wesentlichen Vorteil gegenüber einer einfachen Zensurenvergabe. Der Lehrer zwingt sich zu genauen Vergleichen zwischen den verschiedenen Schülerleistungen.

Implizit enthält die Rangordnung einen Vergleich jedes Urteilsobjekts mit jedem anderen. Bei der praktischen Durchführung konzentriert sich dagegen das Augenmerk des Urteilers auf die hinsichtlich des Merkmals ähnlichen Objekte bzw. Personen. Auch geringe Differenzen zwischen den verschiedenen Objekten treten in der Rangfolge zutage. Anders als bei Schätzurteilen sind keine Urteilstendenzen (Beschönigungen, übertriebene Strenge usw.) möglich.

Diesen Vorteilen des Rangordnungsverfahrens stehen allerdings ernst zu nehmende Nachteile gegenüber. So wachsen die Anforderungen an den Beurteiler mit der Zahl der zu rangierenden Objekte sehr rasch. Bei Objektzahlen über fünfzehn wird das Verfahren allmählich wertlos, weil der Urteiler die Objektreihe praktisch nicht mehr übersehen kann. Man hilft sich in solchen Fällen mit einer Vorsortierung der Objekte in Grobkategorien. Der Dorfschullehrer könnte beispielsweise seine Schüler zunächst in eine bessere und eine schlechtere Hälfte aufteilen und anschließend für jede Hälfte die Rangordnung herstellen. Doch stößt man auch bei einem solchen Verfahren schnell an die Grenze der menschlichen Fähigkeit zur Informationsverarbeitung. Besonders schwierig ist die Herstellung einer Rangordnung dann, wenn das zu beurteilende Merkmal sehr komplex ist. Man stelle sich einmal vor, die Gutachter in dem auf S. 75ff. geschilderten Versuch zur Objektivität hätten nicht nur zehn, sondern dreißig Einfälle über mögliche Konsequenzen einer Ölkrise in eine Rangfolge zu bringen gehabt. Die Objektivität ihrer Urteile wäre sicherlich noch geringer ausgefallen, als ohnehin schon festzustellen war. Mit der dort aufgezeigten Objektivitätsprüfung ist ein Weg aufgewiesen, um die Übereinstimmung zwischen mehreren Urteilern zu überprüfen.

Welche Möglichkeiten man hat, durch eine geschickte Instruktion die Urteilskapazität von Urteilern optimal zu nutzen, wird von Martin und Dodd 1973 anhand einiger Beispiele demonstriert. Wenn

man mehrere unvollständige Rangreihen zu einer vollständigen verrechnen will, bedient man sich mit Vorteil des *Ford*schen Auswertungsverfahrens (Andrews und Pelz 1973).
Ein Nachteil des Verfahrens ist zusätzlich der, daß große Merkmalsdifferenzen zwischen zwei Objekten nivelliert, kleine dagegen überhöht werden; denn zwischen zwei rangmäßig benachbarten Objekten kann die Merkmalsdifferenz noch so unterschiedlich sein. Stets werden sich beide Objekte im Urteil nur um einen Rangplatz voneinander unterscheiden. Diesen Nachteil versucht man durch eine Variation des Verfahrens zu eliminieren, die unten als Verfahren der erzwungenen Verteilung aufgeführt ist (S. 146ff.). Besonders dringlich wird eine solche Variation bei größeren Objektzahlen, weil sich ein reines Rangordnungsverfahren dann kaum noch durchhalten läßt. Nachteilig ist ferner, daß zwischen zwei unabhängig voneinander zustande gekommenen Rangfolgen ein direkter Vergleich nicht möglich ist. Hätte also der Dorfschullehrer zwei Schulklassen nach ihren Leseleistungen in eine Rangfolge gebracht, könnte man daraus keineswegs den Schluß ziehen, daß der Klassenprimus der einen mit dem Primus der anderen Reihe vergleichbar sei; denn es kann sich ja beispielsweise um eine erste und eine vierte Klasse gehandelt haben. Nur wenn anzunehmen ist, daß in beiden Gruppen Mittelwert und Streuung der Leistungen etwa gleich sind, kann man die Rangfolgen vergleichbar machen. Wenn die Gruppen groß sind und keine offensichtlichen Unterschiede zwischen den Gruppen bestehen, mag die Annahme wohl gerechtfertigt sein. Zu sehr sollte man sich aber nicht darauf verlassen.
Ein weiterer Nachteil des Verfahrens wird in folgendem Beispiel deutlich: Ein Kunstkenner hat fünf Gemälde nach dem Rangordnungsverfahren zu beurteilen. Er findet sie allesamt schlecht. Trotzdem ist er gezwungen, einem Gemälde den Rangplatz 1 zuzuweisen, weil es relativ zu den anderen immer noch am besten abschneidet. Dies ist der Nachteil aller Relativurteile; denn bei ihnen ist nicht der Erfahrungshintergrund, sondern die konkrete Objektstichprobe das Bezugssystem für die Urteile. Praktisch deutlich wird der Unterschied an dem Beispiel der Objektivitätsprüfung (S. 75ff.). Der erste Auswertungsmodus der Gutachterurteile basierte auf dem Rangordnungsverfahren. Die Gutachter waren gezwungen, einen Einfall als den relativ besten zu akzeptieren. In den Daten zum zweiten Auswertungsmodus wurde indessen deutlich, daß die Einfälle allesamt nicht als sonderlich gut empfunden wurden. Gutachter 1 bewertete den relativ besten Einfall nur als mittelmäßig gut, ebenso Gutachter 2, während Gutachter 3 etwas großzügiger bewertete. Wenn man annimmt, daß sich die Fehler, die mehrere Urteiler bei

der Rangfolge begehen, gegenseitig ausgleichen, liegt es nahe, ihre Urteilswerte zu einem gemeinsamen Wert zusammenzufassen. Eine Möglichkeit für eine solche Zusammenfassung der Rangwerte wäre die Berechnung von Durchschnittsrängen. Zur Zuverlässigkeit derartiger zusammengesetzter Urteile siehe Silverstein 1970.

Genaugenommen ist eine Durchschnittsbildung von Rangwerten nicht zulässig; denn die psychologischen Distanzen, die den zahlenmäßigen Unterschieden zwischen zwei Urteilsobjekten entsprechen, sind einander nicht äquivalent (vgl. S. 59f.). Besser, wenn auch mühsamer, wäre deshalb die Verrechnung mehrerer Rangfolgen in einer sogenannten Paarvergleichsmatrix. Jede Rangfolge impliziert ja einen Vergleich jedes Objekts mit jedem anderen. Angenommen, ein Urteiler ordnet vier Objekten A, B, C und D die Rangplätze 2, 1, 4 und 3 zu, dann lassen sich aufgrund dieser Rangordnung folgende Aussagen über die vier Objekte machen:

B dominiert über A
B dominiert über D
B dominiert über C
A dominiert über D
A dominiert über C
D dominiert über C.

Das sind insgesamt sechs implizite Urteile über alle möglichen paarweisen Zusammenstellungen von Urteilsobjekten. Diese Urteile kann man in einer Paarvergleichsmatrix zusammenstellen:

Tabelle 18: Aus einer Rangfolge von vier Urteilsobjekten abgeleitete Paarvergleichsmatrix. Wenn in einer Matrixzelle eine Eins steht, bedeutet das, daß das zugehörige Spaltenobjekt das Zeilenobjekt dominiert.

	A	B	C	D
A		1	0	0
B	0		0	0
C	1	1		1
D	1	1	0	
S	2	3	0	1

Man erkennt unmittelbar, daß die ursprüngliche Rangfolge, von der man ausgegangen ist, in den Spaltensummen zum Ausdruck kommt. Die Abfolge der Zahlen ist nur umgekehrt. Das Objekt mit der größten Spaltensumme dominiert über die meisten Objekte, ist also das mit Rangplatz 1 usw. Den Rangplatz 4 erhält also das Objekt, das über kein anderes dominiert. Der Rangplatz R eines Objekts berechnet sich also nach der Formel R = Objektanzahl – Spaltensumme. Wenn man mehrere Rangfolgen zusammenfassen will, projiziert man die entsprechenden Paarvergleichsmatrizen übereinander. Wie man diese über die Urteiler vereinigte Paarvergleichsmatrix auswertet, ist im folgenden Abschnitt über den Paarvergleich beschrieben (vgl. besonders das konkrete Rechenbeispiel auf S. 143).

3.2.2. Verfahren des Paarvergleichs

Der Paarvergleich ist eine der genauesten Skalierungsmethoden, die der Sozialwissenschaft zur Verfügung steht. Das hat seine Ursache u. a. darin, daß von dem Urteiler nur sehr einfache Urteile verlangt werden, die ihn auch dann in seiner Urteilsfähigkeit nicht überfordern, wenn es sich um komplexe Reize handelt, die von ihm zu beurteilen sind. Die Vorgehensweise besteht darin, jeden Reiz mit jedem anderen paarweise zu vergleichen, um daraus Schlüsse auf die Lage jedes Reizes auf dem psychologischen Kontinuum zu ziehen. Ähnlich wie das Verfahren der gleicherscheinenden Intervalle kann der Paarvergleich dazu dienen, Einstellungsindikatoren zu skalieren. Man kann damit betriebliche Urteilsprozesse optimalisieren, und man kann beliebige Gegenstände hinsichtlich eines Merkmals beurteilen lassen. Dies geschieht auf der Basis folgender theoretischer Grundannahmen:

3.2.2.1. Theorie

Mit jedem Item ist ein sogenannter modaler Unterscheidungsprozeß verknüpft. Was darunter zu verstehen ist, sei an einem Beispiel veranschaulicht: Der Urteiler soll folgende Dinge paarweise miteinander vergleichen und jeweils angeben, welcher der beiden Gegenstände schwerer ist: ein Eisenlineal, ein Buch, ein Briefbeschwerer, ein aufgepumpter großer Wasserball, ein lebendes Kaninchen, ein Quadratmeter Vorhangstoff, eine Bleikugel. Er soll sich ausschließlich auf die Eigenschaft »Schwere« konzentrieren, während er von allen übrigen Attributen zu abstrahieren hat. Der Unterscheidungsprozeß wird dem Urteiler um so leichter fallen, je verschiedener die Körper in ihrem Gewicht sind, während er bei fast gleicher Schwere häufiger Irrtümern unterliegen würde. Je nach der Lage der Gegenstände auf dem subjektiven Kontinuum »Schwere«, das nicht notwendigerweise dem physikalischen Kontinuum »Gewicht« entsprechen muß, wird die Wahrscheinlichkeit der Verwechslung geringer oder größer sein. Je weiter weg (bezogen auf das psychologische Kontinuum) ein anderer Gegenstand ist, desto geringer ist die Wahrscheinlichkeit eines Irrtums, desto leichter fällt dem Urteiler also die Diskrimination. Der Unterscheidungsprozeß läßt sich daher für jeden Gegenstand durch eine Kurve beschreiben, von der man annimmt, daß sie Normalverteilungscharakter besitzt, und die damit durch Mittelwert und Streuung vollständig beschrieben ist. Die Kurve mag für die Bleikugel so aussehen:

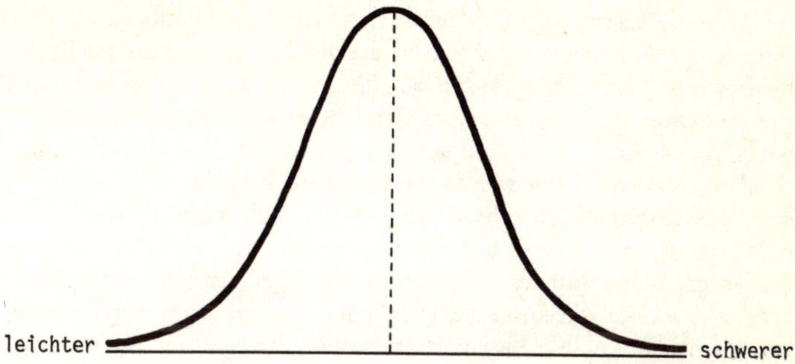

Abbildung 12: Diskriminationsprozeß im Paarvergleichsprozeß, dargestellt als Normalverteilung

Der Scheitelpunkt der Kurve zeigt den Ort des Gegenstandes auf dem Merkmalskontinuum an. Genauso wie man einen Gegenstand hinsichtlich des Attributs »Schwere« beurteilen kann, so kann man eine Aussage hinsichtlich seiner Lage auf einem Einstellungskontinuum beschreiben. Das vorliegende Beispiel zeichnet sich dadurch aus, daß man die am psychologischen Kontinuum »Schwere« gewonnenen Ergebnisse mit den Meßwerten aus dem physikalischen Kontinuum »Gewicht« vergleichen könnte. Diese Kontrollmöglichkeit besteht im allgemeinen nicht, wenn es um die Messung von Einstellungen oder um die Beurteilung von Personen geht. Im Paarvergleichsverfahren geht es nun darum, aus den Vergleichsurteilen auf den modalen Unterscheidungsprozeß zu schließen.

Weder ist dem Untersucher der Mittelwert der Diskriminationskurve noch ihre Streuung bekannt, die ja von Objekt zu Objekt verschieden ausfallen könnte. Zum Beispiel könnte es sich bei der Gewichtsschätzung zeigen, daß der Wasserball schwerer von anderen Dingen gewichtsmäßig zu unterscheiden ist, weil man ihn kaum in einer Hand halten kann. Das würde bedeuten, daß die Diskriminationsverteilung eine größere Streuung aufweist als die Verteilungen der übrigen Dinge.

Jeder Urteilsgegenstand wäre also durch zwei Werte zu kennzeichnen, nämlich den Unterscheidungsmittelwert, der den Platz des Objekts auf dem Merkmalskontinuum (Skalenwert) angibt, sowie die

Unterscheidungsstreuung, die etwas über die Eindeutigkeit der Unterscheidung des Gegenstands von anderen aussagt.
Wie kann man nun auf der Grundlage der geschilderten Voraussetzungen aus dem Vergleich zweier Gegenstände den Platz des einzelnen Objektes auf dem Merkmalskontinuum bestimmen? Das sei wieder am Beispiel der Gewichtsschätzungen verdeutlicht.
Angenommen, von 100 Urteilern, die die Bleikugel mit dem Briefbeschwerer vergleichen, sagen 50, die Bleikugel sei schwerer, und die restlichen 50 behaupten, der Briefbeschwerer sei der gewichtigere Gegenstand (das Urteil »gleich« ist bei der Paarvergleichsmethode verboten). Man würde daraus schließen, daß beide Gegenstände offenbar gleich schwer sind. Wenn sich mehr als die Hälfte der Urteiler für die Entscheidung ausspräche, die Bleikugel sei schwerer, dann würden wir daraus schließen, daß sie tatsächlich schwerer ist. Es wäre nun das Problem zu lösen, um wieviel schwerer die Bleikugel bei einem bestimmten Prozentsatz an »schwerer«-Urteilen ist. Offensichtlich ist sie im Vergleich zum Briefbeschwerer um so schwerer, je mehr Urteiler sie für schwerer ansehen. Die Aufteilung der Urteiler auf die beiden Alternativentscheidungen liefert die Information über den Betrag des Unterschieds zwischen beiden Vergleichsreizen. Man drückt den Anteil an Urteilern, die eine Entscheidung getroffen haben, als Wahrscheinlichkeit aus. Es gilt:

$p_{ij} = f_{ij}/N$

p_{ij} = Wahrscheinlichkeit dafür, daß der Gegenstand i für schwerer als Gegenstand j gehalten wird. In allgemeiner Form sagt man, Reiz i dominiert über Reiz j.

f_{ij} = Zahl der Urteiler, die Gegenstand i schwerer finden als Gegenstand j.

N = Gesamtzahl von Urteilern.

Mit Hilfe dieser Gesetzmäßigkeiten ist es möglich, den subjektiven Abstand zwischen zwei Vergleichsreizen als z-Wert auszudrücken, wobei nicht mehr bekannt zu sein braucht als die Wahrscheinlichkeit, mit der ein Reiz dem anderen gegenüber dominiert.
Um das Prinzip zu verstehen, nach dem hier vorgegangen wird, stellen wir uns vor, die Urteiler hätten außer den Paarvergleichsurteilen auch noch Schätzungen des Gewichtes jedes Gegenstands für sich abgegeben. Da diese Schätzwerte nicht bei allen Versuchspersonen gleich ausfallen, ergibt sich für jeden Gegenstand (Reiz) eine Häufigkeitsverteilung, deren Mittelwert die Schwere des Gegenstands und deren Streuung die Ungenauigkeiten der Schätzungen widerspiegelt. In Abbildung 14a sind die Verteilungen für zwei Reize (i sei der Briefbeschwerer, j die Bleikugel) dargestellt. $\bar{R}_i - \bar{R}_j$ symboli-

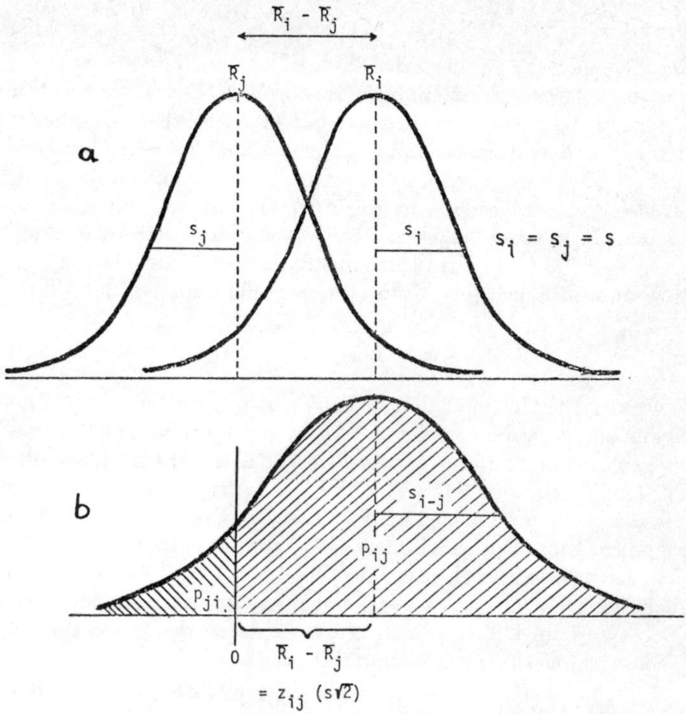

Abbildung 13: Graphische Darstellung des Gesetzes vom Vergleichsurteil

siert die subjektive Differenz zwischen beiden Gegenständen (R steht für Reaktion). Um diese Differenz quantitativ zu erfassen, hätte man auch gleich die Differenz zwischen beiden Gegenständen schätzen lassen können. Da auch diese Schätzung Fehlern unterworfen ist, hätte sich auch dafür eine Schätzverteilung ergeben. Diese Verteilung ist in Abbildung 13b dargestellt. Zwischen den beiden oberen Verteilungen und der unteren besteht eine statistische Beziehung. Wie man nämlich aus der Stichprobentheorie weiß, ist die Differenz zwischen zwei normalverteilten Größen (in unserem Fall die Schätzwerte der beiden Gegenstände) wiederum normalverteilt, und die Streuung dieser neuen Normalverteilung beträgt:

$$s_{ij} = \sqrt{s_i^2 + s_j^2 - 2r_{ij}s_is_j}$$

Im einfachsten Fall, wenn die Streuungen $s_i = s_j$ und die Korrelation der Schätzwerte $r_{ij} = 0$ betragen, reduziert sich die Beziehung auf

$s_{ij} = s\sqrt{2}$.

Das bedeutet, die Streuung der Differenzenverteilung ist der Streuung der Schätzwerteverteilungen proportional. Der Mittelwert der Verteilung liegt bei der »wahren« Differenz, viele Schätzwerte liegen darüber, andere liegen darunter. Je größer die Differenz, desto seltener wird es vorkommen, daß ein Urteiler die beiden Gegenstände als gleichschwer ansieht oder sogar den Gegenstand j für schwerer als den Gegenstand i erachtet. Der Abstand des Verteilungsmittelwerts vom Nullpunkt kann man in Streuungseinheiten, das heißt als z-Wert ausdrücken (vgl. dazu S. 61). Es gilt also

$$z_{ij} = \frac{\bar{R}i-\bar{R}j}{s \cdot \sqrt{2}} \rightarrow \bar{R}i-\bar{R}j = z_{ij}\,(s\sqrt{2})$$

z-Werte stehen in einem definierten Verhältnis zur Fläche (= Häufigkeit unter) der Normalkurve. So wissen wir z. B. aus den Erörterungen zur Testtheorie (vgl. S. 61ff.), daß annähernd 68% aller Fälle im Bereich von $-1z \leq \bar{x} \leq +1z$ liegen. Aus der Häufigkeit, mit der die Urteiler zu dem Urteil »Gegenstand i ist schwerer als j« kommen, kann man die Größe $z_{ij}\,(s\sqrt{2})$ bestimmen, wozu es in jedem Statistik-Lehrbuch geeignete Tabellen gibt (vgl. Anhang). Man sucht in der Tabelle die Wahrscheinlichkeit und liest den zugehörigen z-Wert ab. Dieser z-Wert müßte noch mit der Proportionalitätskonstanten $s\sqrt{2}$ multipliziert werden, um die Differenz zu ergeben. Dieser Wert wird jedoch für alle Reize als gleich angenommen. Er kann deshalb weggelassen werden, sofern nur das relative Zueinander der Gegenstände auf dem subjektiven Schwere-Kontinuum interessiert, und es gleichgültig ist, in welchen Einheiten man die Differenzen ausdrückt.

Im konkreten Paarvergleichsversuch wird nichts weiter erhoben als die Wahrscheinlichkeit dafür, daß Reiz i über Reiz j dominiert (also daß beispielsweise der Briefbeschwerer schwerer gefunden wird als die Bleikugel). Unter Rekurs auf die Normalverteilungstabelle im Anhang ermittelt man daraus den z_{ij}-Wert, der der erlebten Gewichtsdifferenz entspricht. (Ein positiver z_{ij}-Wert besagt, daß Reiz i über Reiz j dominiert.) Wenn man statt der Wahrscheinlichkeit p_{ij} die Gegenwahrscheinlichkeit p_{ji} zur Ermittlung des z-Wertes heranzieht, ergibt sich z_{ji}. Dieser Wert ist numerisch gleich mit z_{ij} und trägt nur das umgekehrte Vorzeichen.

3.2.2.2. Rechnerische Durchführung

Angenommen, 1000 Versuchspersonen hätten den vollständigen Paarvergleich mit den oben aufgeführten sieben Vergleichsreizen durchgeführt. Die Ergebnisse können in folgender Matrix dargestellt werden:

Tabelle 19: Paarvergleichsmatrix der Urteile von 1000 Urteilern zu sieben Gegenständen hinsichtlich des Gewichts der Objekte

	1	2	3	4	5	6	7
1. Lineal	500	691	798	851	798	915	936
2. Buch	309	500	543	574	660	723	862
3. Bleikugel	202	457	500	521	628	638	670
4. Briefbeschwerer	149	426	479	500	521	670	713
5. Wasserball	202	340	372	479	500	543	585
6. Kaninchen	85	277	362	330	457	500	606
7. Vorhangstoff	64	138	330	287	415	394	500

Die Tabelle ist so zu lesen: 691 Urteiler fanden das Buch schwerer als das Lineal (vgl. 1. Zeile, 2. Spalte). Dementsprechend fanden die übrigen 309 Urteiler das Lineal schwerer als das Buch (2. Zeile, 1. Spalte). Mit anderen Worten: Die Spalte bezeichnet das Objekt, das gegenüber dem Zeilenobjekt dominierend war. Je höher also die in einem Feld stehende Zahl, desto mehr Urteiler waren der Meinung, daß das Spaltenobjekt gegenüber dem Zeilenobjekt dominiert. In die Diagonalfelder der Matrix ist jeweils die Zahl 500 eingetragen, weil man annehmen kann, daß bei dem Vergleich eines Objekts mit sich selbst (also etwa beim Vergleich einer Bleikugel mit einer genau gleichen anderen Bleikugel) die Hälfte der Urteiler die eine und die übrige Hälfte die andere Entscheidung getroffen hätte.
Wenn wir jede Zahl in der Tabelle durch die Urteilerzahl 1000 dividieren, erhalten wir die Wahrscheinlichkeiten $p_{ij} = f_{ij}/N$ (f steht für Frequenz). Das Beispiel wurde so manipuliert, daß die Umrechnung im vorliegenden Fall nur einem Einsetzen der entsprechenden

Kommastellen entspricht. Der Vergleich Lineal-Buch ergibt beispielsweise $p_{12} = 0.309$ und $p_{21} = 0.691$. Das Lineal wird also nur mit einer Wahrscheinlichkeit von 0.31 für schwerer erachtet als das Buch.

Der nächste Schritt in der Auswertung besteht darin, daß wir entsprechend den oben skizzierten statistischen Voraussetzungen die p-Werte (p steht für probability = Wahrscheinlichkeit) in z-Werte umwandeln. Dazu bedienen wir uns der Normalverteilungstabelle im Anhang, die in jedem Statistik-Lehrbuch in dieser oder anderer Form zu finden ist. Man sucht im Inneren der Tabelle den Wahrscheinlichkeitswert auf, also z. B. $p_{21} = 0.691$. Der zugehörige z-Wert ist 0.50. Aus der Tabelle 19 der Frequenzen ergibt sich somit die folgende Tabelle der z-Werte.

Tabelle 20: Matrix der Abstände der verglichenen Gegenstände auf dem psychologischen Kontinuum »Schwere«, ausgedrückt als z-Werte. Näheres siehe Text.

	1	2	3	4	5	6	7	Rechenkontrolle
1	0.00	0.50	0.83	1.04	0.83	1.37	1.52	
2	–0.50	0.00	0.11	0.19	0.41	0.59	1.09	
3	–0.83	–0.11	0.00	0.05	0.33	0.35	0.44	
4	–1.04	–0.19	–0.05	0.00	0.05	0.44	0.56	
5	–0.83	–0.41	–0.33	–0.05	0.00	0.11	0.22	
6	–1.37	–0.59	–0.36	–0.44	–0.11	0.00	0.27	
7	–1.52	–1.09	–0.44	–0.56	–0.22	–0.27	0.00	
Summe	–6.09	–1.89	–0.24	0.23	1.29	2.59	4.10	–0.01
Mittelwert	–0.87	–0.27	–0.03	0.03	0.18	0.37	0.59	0.00
Skalenwert	0.00	0.60	0.84	0.90	1.05	1.24	1.46	

Ähnlich wie die Matrix der p-Werte komplementiert sich die z-Matrix an der Diagonalen. In korrespondierenden Matrixfeldern stehen die gleichen absoluten z-Werte, nur sind die Vorzeichen verschieden. Dies ist durch Gesetzlichkeiten der Normalverteilung bedingt und ermöglicht eine gute Rechenkontrolle. Die z-Werte sind den Abständen der Reize voneinander proportional, wie oben bereits ausgeführt wurde. Wenn man die z-Werte spaltenweise aufsummiert und daraus den Mittelwert bildet, ergibt sich der mittlere Abstand des Spaltenobjekts von allen übrigen Reizen. Rechts in der Tabelle sind als Rechenkontrolle die Quersummen gebildet, die, von Rundungsfehlern abgesehen, Null betragen müssen; denn die Summe aus sämtlichen z-Werten der Tabelle beträgt wegen der an-

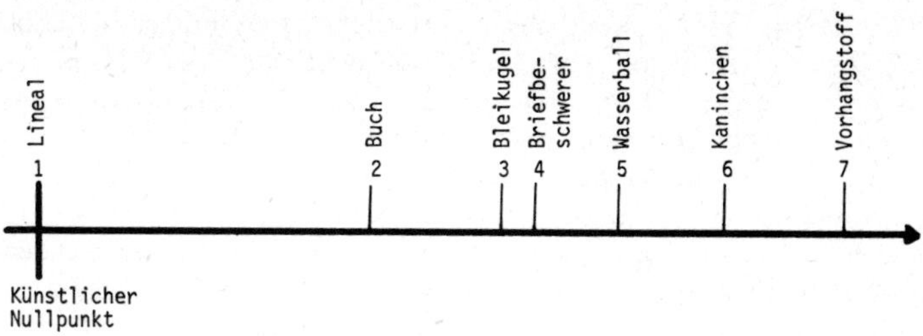

Abbildung 14: Graphische Darstellung des Ergebnisses eines Paarvergleichs

gedeuteten Komplementaritätsbeziehung zwischen korrespondierenden Matrixzellen ebenfalls Null. Die relative Lage der beurteilten Reize auf dem psychologischen Kontinuum läßt sich jetzt graphisch darstellen, wie das in Abbildung 14 geschehen ist.

Welche Einheiten man für die Darstellung wählt, und wo man den Nullpunkt annimmt, ist beliebig, da aus den Daten ja nichts über die absolute Lage der Reize auf dem psychologischen Kontinuum hervorgeht: Es ist üblich, den künstlichen Nullpunkt bei dem am meisten links liegenden Reiz anzusetzen. Dadurch ergeben sich für die Reize Skalenwerte, wie sie in der unteren Zeile der Tabelle 20 aufgeführt sind. Dem leichtesten Körper wird somit der Wert 0 zugesprochen, der nächstschwerere erhält den Skalenwert 0.6 usw.

Man kann jetzt noch einen Schritt weitergehen und überprüfen, ob die Voraussetzungen der Streuungsgleichheit der den Reizen zugeordneten Urteilsverteilungen sowie die Unkorreliertheit der Urteile erfüllt sind (vgl. S. 129). Dazu bestimmt man – ausgehend von den errechneten Positionen der Objekte auf dem psychologischen Kontinuum »Schwere« – die subjektiven Unterschiede zwischen den Objekten und prüft, wieweit diese abgeleiteten z-Werte den empirischen Daten entsprechen. Dazu ein Beispiel: Der Reiz 3 (Bleikugel) hat den Skalenwert 0.84, der Reiz 7 (Vorhangstoff) hat den Skalenwert 1.46 erbracht. Die theoretische Differenz zwischen beiden Objekten, ausgedrückt als z-Wert, beträgt also ± 0.62. Demgegenüber beträgt die empirische Differenz nur 0.44, wie aus der entsprechenden Zelle der z-Matrix (Tabelle 20) hervorgeht. Es besteht also eine gewisse Inkonsistenz zwischen den empirischen Daten und den rückgerechneten erwarteten Differenzen. Wenn in der Tabelle nur geringe Diskrepanzen auftreten, braucht man dem keine größere Beachtung zu schenken. Überschreitet aber die durchschnittliche Diskrepanz eine bestimmte Toleranzschwelle, dann ist das ein Hinweis darauf, daß die Voraussetzungen zur Anwendung des geschilderten Modells nicht erfüllt sind. In diesem Falle ist es ratsam, die Berechnungen mit komplexeren Auswertungsverfahren vorzunehmen, die nicht von so restriktiven Annahmen ausgehen (vgl. Edwards 1956, Guilford 1954, Sixtl 1967). Wie kann man nun schätzen, ob die Toleranzgrenze überschritten ist oder nicht. Edwards 1956 (S. 40) gibt dazu eine einfache Faustregel an. Und zwar werden sämtliche theoretisch bestimmten z-Werte in p-Werte umgewandelt. Für den oben errechneten Differenzwert von ± 0.62 ergibt sich ein p-Wert von 0.732 (für den positiven z-Wert) oder von 0.268 (für den negativen z-Wert).

p_{73} beträgt also 0.732, $p_{37} = 0.268$. Mit anderen Worten: Wenn die empirischen Ergebnisse im Einklang stünden mit den theoretischen Erwartungswerten, dann hätten 732 der 1000 Urteiler den Vorhangstoff für schwerer als die Bleikugel erachten müssen. Tatsächlich haben aber nur 670 der 1000 Urteiler den Vorhangstoff schwerer gefunden. Wir bestimmen die absolute Differenz zwischen der empirischen und der rückgerechneten erwarteten Wahrscheinlichkeit. Sie beträgt zwischen diesen beiden Reizen $p_{diff} = 0.062$. Die gleiche Rechnung stellen wir für alle Objektpaare an. In unserem Beispiel gibt es 7 (7–1) / 2 Objektpaare. Man muß also 21 Differenzwerte errechnen. Aus allen 21 Differenzwerten wird der Durchschnittswert gebildet. Für die vorliegenden Daten ergäbe sich, wenn man so vorgeht, eine durchschnittliche absolute Differenz von 0.032, ein Wert, den Edwards als normal ansieht. Nur wenn dieser Wert wesentlich überschritten wird, besteht Grund, das Vorliegen der Modellvoraussetzungen zu bezweifeln. Auf weitere Details sei hier nicht weiter eingegangen. Der Leser findet sie in den angeführten Werken.

Stattdessen wollen wir eine zweite Auswertungsmethode kennenlernen, die rechnerisch sehr einfach ist und fast identische Ergebnisse zu der geschilderten Auswertungsprozedur liefert. Bei diesem Verfahren, das von Guilford 1928 stammt und bei Guilford 1954, S. 169ff., beschrieben ist, geht man von der Matrix der Häufigkeiten aus (vgl. Tabelle 19). Man braucht nur die Summe jeder Spalte zu bestimmen, durch das Produkt aus Reizzahl mal Urteilerzahl zu dividieren und erhält auf diese Weise die Wahrscheinlichkeit dafür, daß das Spaltenobjekt einem aus allen sieben Objekten gebildeten fiktiven Durchschnittsreiz vorgezogen würde. Wiederum wird dieser Wahrscheinlichkeitswert mit Hilfe der Normalverteilungstabelle (s. Anhang) in einen z-Wert umgewandelt, der genauso zu interpretieren ist, wie die oben nach dem anderen Verfahren errechneten Positionen der Reize auf dem psychologischen Kontinuum. Demonstrieren wir die Auswertungsmethode anhand der Daten in Tabelle

19 (S. 131). Die Spaltensummen, Wahrscheinlichkeiten und zugehörigen z-Werte sind der folgenden Tabelle zu entnehmen.

Tabelle 21: Demonstration eines vereinfachten Auswertungsverfahrens anhand der Daten von Tabelle 19

Reiz	1	2	3	4	5	6	7
Spaltensumme aus Tab. 19	1511	2829	3384	3542	3979	4383	4872
Wahrscheinlichkeit	0.216	0.404	0.483	0.506	0.568	0.626	0.696
z-Werte	–0.78	–.24	–0.04	0.02	0.17	0.32	0.51
Skalenwert	0.00	0.54	0.74	0.80	0.95	1.10	1.29
Skalenwert mal 1.125	0.00	0.61	0.83	0.90	1.07	1.24	1.45

Wir hatten oben schon ausgeführt, daß die Skalenwerte nichts über die absolute Position der Reize auf dem Kontinuum aussagen, sondern nur über die relative Position der Reize zueinander. Deshalb ist es zulässig, alle Skalenwerte mit einer beliebigen Konstanten zu multiplizieren, ohne daß sich etwas an dem relativen Zueinander der Reize ändert. Wenn man die Skalenwerte mit dem Faktor 1.125 multipliziert, ergibt sich eine sehr gute Übereinstimmung zu der Skalenwertreihe, die wir mit der anderen aufwendigeren Methode errechnet haben. Damit ist demonstriert, daß das Schnellverfahren zu vergleichbaren und brauchbaren Resultaten führt. Dieses Schnellverfahrens kann man sich auch mit Vorteil bedienen, wenn es um die methodisch einwandfreie Auswertung von Rangfolgen mehrerer Urteiler geht (vgl. S. 143ff.).

3.2.2.3. Auswertung individueller Paarvergleichsmatrizen

Die Vorteile der Paarvergleichsmethode gegenüber anderen Skalierungsmethoden liegen nicht nur in der Genauigkeit der Ergebnisse, sondern zusätzlich darin, daß man für jeden Urteiler einzeln ermitteln kann, ob er konsistent geurteilt hat oder nicht. Mit anderen Worten: Man kann feststellen, ob sich in dem Gesamtnetz von Paarvergleichen, die der Urteiler anstellt, Widersprüche befinden.
Widersprüche in dem individuellen Urteilsgefüge lassen sich als sogenannte zirkuläre Triaden faßbar machen. Was eine zirkuläre Triade ist, läßt sich leicht am konkreten Beispiel der Gewichtsschätzungen zeigen. Ein Urteiler hat das Buch für leichter erachtet als die Bleikugel. Außerdem fand er die Bleikugel leichter als den Briefbe-

schwerer. Aus diesen beiden Urteilen läßt sich voraussagen, daß das Buch für ihn leichter sein müßte als der Briefbeschwerer. Wenn der Urteiler trotzdem angibt, daß er den Briefbeschwerer leichter findet als das Buch, liegt ein Widerspruch in seinen Urteilen vor, eine sogenannte zirkuläre Triade. In abstrakter Form läßt sich eine zirkuläre Triade wie folgt symbolisieren:

A dominiert über B, B dominiert über C, aber A dominiert nicht über C.

$A > B$ $B > C$ $A < C$

Oder noch anschaulicher: A > B ↙ C ↖

Wenn man wissen will, zwischen welchen Reizen bei dem Urteiler Inkonsistenzen vorkommen, bleibt einem nichts weiter übrig, als alle möglichen Dreierkombinationen von Urteilsobjekten danach zu überprüfen. Das ist sehr mühsam und zeitaufwendig. Glücklicherweise gibt es ein einfaches Verfahren, mit dessen Hilfe man wenigstens die Anzahl der zirkulären Triaden in den Paarvergleichen des Urteilers errechnen kann. Dazu stellt man sämtliche Paarvergleiche des Urteilers in einer individuellen Paarvergleichsmatrix zusammen, wie das für das Beispiel der Gewichtsschätzungen in bezug auf einen der 1000 Urteiler geschehen ist.

Tabelle 22: Individuelle Paarvergleichsmatrix, in der sich Urteilsinkonsistenzen befinden

	1	2	3	4	5	6	7
1. Lineal	1	1	1	1	1	1	1
2. Buch	0		1	0	1	1	1
3. Bleikugel	0	0		1	1	1	1
4. Briefbeschwerer	0	1	0		1	1	1
5. Wasserball	0	0	0	0		1	1
6. Kaninchen	0	0	0	0	0		1
7. Vorhangstoff	0	0	0	0	0	0	
Spaltensumme	0	2	2	2	4	5	6

Die Spalte bezeichnet jeweils das Objekt, das vom Urteiler für schwerer als das Zeilenobjekt erachtet wurde. Ist das Spaltenobjekt schwerer, so steht eine 1 in dem entsprechenden Feld. Wurde das Zeilenobjekt für das schwerere gehalten, so befindet sich eine 0 in dem Feld. Das Buch wurde zum Beispiel für schwerer als das Lineal gehalten. Deshalb steht in der zweiten Spalte, erste Zeile, eine Eins. Komplementär dazu steht in Spalte 1, Zeile 2, eine Null; denn das

Spaltenobjekt (Lineal) wurde nicht für schwerer gehalten als das Zeilenobjekt (Buch). Wenn man die Spaltensumme bildet, sieht man, wievielen anderen Objekten gegenüber das Spaltenobjekt für schwerer gehalten wurde. Das schwerste Objekt ist für den Urteiler offenbar der Vorhangstoff; denn dieser ist schwerer als alle übrigen sechs Objekte. Unschlüssig war der Urteiler anscheinend in bezug auf die Objekte 2 (Buch), 3 (Bleikugel) und 4 (Briefbeschwerer). Alle drei Objekte werden jeweils zwei anderen gegenüber für schwerer gehalten. Für den Urteiler sind sie, den Spaltensummen nach zu urteilen, etwa gleich schwer. Folgendes läßt sich nun generell sagen: Kommen in einer individuellen Paarvergleichsmatrix gleiche Spaltensummen vor, so enthält die Matrix mindestens eine zirkuläre Triade. Die genaue Zahl der zirkulären Triaden läßt sich nach folgender Formel berechnen:

$$d = \frac{n(n-1)\,(2n-1)}{12} - \frac{1}{2} \sum_{j=1}^{n} B_j^2,$$

wobei n = Zahl der Reize (Objekte)

B_j = Spaltensumme der Spalte j (Zahl der Bevorzugungen des Objekts j)

d = Zahl der zirkulären Triaden.

Im vorliegenden Beispiel beträgt die Summe über B_j^2

$$\sum_{j=1}^{n} B_j^2 = 0^2 + 2^2 + 2^2 + 2^2 + 4^2 + 5^2 + 6^2$$

$$= 0 + 4 + 4 + 4 + 16 + 25 + 36 = 89.$$

In die Formel eingesetzt ergibt sich:

$$d = \frac{7 \cdot 6 \cdot 13}{12} - \frac{89}{2} = \frac{91}{2} - \frac{89}{2} = 1.$$

Der Urteiler hat einmal inkonsistent geurteilt. Die Zahl der zirkulären Triaden beträgt $d = 1$.

Je größer die Zahl der zu vergleichenden Objekte, desto eher kann natürlich einmal eine solche Inkonsistenz vorkommen. Deshalb ist es zweckmäßig, die Zahl der tatsächlichen zirkulären Triaden zur Zahl der maximal möglichen zirkulären Triaden in Beziehung zu setzen. Die Zahl errechnet sich für gerade Objektzahlen nach einer anderen Formel als für ungeradzahlige Objektzahlen. Die Zahl der maximal möglichen zirkulären Triaden beträgt

für gerade Objektzahlen

$$d_{max} = \frac{n}{24}(n^2 - 4)$$

für ungerade Objektzahlen

$$d_{max} = \frac{n}{24}(n^2 - 1)$$

Für die im Demonstrationsbeispiel vorliegende Objektzahl wären also maximal

$$d_{max} = \frac{7 \cdot 48}{24} = 14 \text{ zirkuläre Triaden möglich.}$$

Beide Zahlen, die tatsächliche Zahl und die maximal mögliche Zahl zirkulärer Triaden werden in einem Konsistenzkoeffizienten Zeta in Beziehung gesetzt. Dieser Koeffizient lautet:

$$\zeta = 1 - \frac{d}{d_{max}}$$

für unsere konkreten Zahlen ist $\zeta = 1 - \frac{1}{14} = 0.9285$.

Der Koeffizient kann, wie man unmittelbar sieht, zwischen Null und Eins variieren. Ob die Urteilskonsistenz hoch oder niedrig ist, kann verschiedene Gründe haben. Sixtl 1967 (S. 157ff.) zählt folgende mögliche Ursachen für mangelnde Urteilskonsistenz auf:

1. Der Urteiler hat unsorgfältig geurteilt. In die Paarvergleichsmatrix gehen also Zufälligkeiten mit ein.
2. Der Urteiler neigt generell zu inkonsistenten Urteilen. Hier wird inkonsistentes Urteilen als ein Persönlichkeitsmerkmal angesehen.
3. Die Objekte liegen auf der zu beurteilenden Dimension sehr dicht beieinander. Wenn alle hinsichtlich ihres Gewichtes zu beurteilenden Gegenstände nur um einige Gramm differieren, muß es zwangsläufig zu mehr Inkonsistenzen kommen, als wenn sie ein deutlich verschiedenes Gewicht aufweisen.
4. Die zu beurteilenden Objekte sind sehr komplex, das heißt, sie unterscheiden sich in mehreren Dimensionen. Wenn die hinsichtlich ihres Gewichts zu beurteilenden Gegenstände sehr verschieden groß sind, kann man sich bei der Beurteilung leicht verschätzen (ein Kilogramm Watte wird von den meisten Personen für leichter befunden als ein Kilogramm Blei). Die im obigen Demonstrationsbeispiel aufgeführten Gegenstände unterscheiden sich nicht nur in ihrem Gewicht, sondern zusätzlich in ihrer Größe, in ihrer Lebendigkeit, in ihrer Handhabbarkeit usw. Unter solchen Verhältnissen unterlaufen dem Urteiler sehr leicht Inkonsistenzen.

In unserem Demonstrationsbeispiel könnte überprüft werden, wie weit die subjektiven Verhältnisse hinsichtlich der Schwere der beurteilten Gegenstände mit dem physikalischen Kontinuum »Gewicht« zur Deckung gebracht werden kann. Fragestellungen wie diese waren zu Beginn dieses Jahrhunderts unter der Bezeichnung *Psychophysik* sehr üblich und werden heute vor allem in der Wahrnehmungsforschung noch betrieben.

Allerdings büßen die Skalierungsmethoden nichts von ihrer Bedeutung ein, wenn kein physikalisches Kontinuum vorliegt, mit dem man die subjektiven Beurteilungsdaten vergleichen kann. Gerade bei komplexeren psychologischen Fragestellungen (z. B. in der Einstellungsforschung) gibt es solche Vergleichs- und Überprüfungsmöglichkeiten nicht.

3.2.2.4. Zusammenfassung der Auswertungsschritte anhand eines Beispiels

Zum Abschluß der Erörterungen zur Paarvergleichsmethode sollen die Ergebnisse einer solchen Untersuchung im rein psychologischen Bereich dargestellt werden. Als Urteilsgegenstände seien diesmal Personen gewählt. Gefragt ist nach der Bestechlichkeit von prominenten Politikern. Ein jeder bildet sich ein Urteil darüber. Objektiv überprüfbar sind unsere Urteile dagegen kaum; denn soweit ein Po-

Tabelle 23: Zusammenstellung aller möglichen Paare von sieben prominenten Politikern. Zur Vermeidung von Reaktionstendenzen ist die Reihenfolge so gewählt, daß nie ein Politiker in zwei aufeinanderfolgenden Paaren steht. Außerdem steht jeder Politiker gleich oft auf der rechten und linken Seite. Es ist jeweils angekreuzt, welchen Politiker der Urteiler für bestechlicher hielt.

Strauß	⊗	○	Genscher
Schmidt	⊗	○	Heinemann
Scheel	⊗	○	Brandt
Genscher	○	⊗	Carstens
Scheel	○	⊗	Strauß
Heinemann	○	⊗	Brandt
Carstens	○	⊗	Strauß
Schmidt	○	⊗	Genscher
Brandt	○	⊗	Carstens
Strauß	⊗	○	Schmidt
Genscher	⊗	○	Heinemann
Brandt	○	⊗	Schmidt
Heinemann	○	⊗	Strauß
Carstens	⊗	○	Scheel
Brandt	○	⊗	Genscher
Schmidt	⊗	○	Scheel
Strauß	⊗	○	Brandt
Heinemann	○	⊗	Carstens
Genscher	⊗	○	Scheel
Carstens	○	⊗	Schmidt
Scheel	⊗	○	Heinemann

litiker bisher nicht direkt in Bestechungsaffären verwickelt war, hat man eigentlich keinen objektiven Anhaltspunkt für die Beurteilung der Bestechlichkeit. Trotzdem sind solche Urteile natürlich eine Realität, und ein Politiker tut gut daran, die Urteile, die sich die potentiellen Wähler über ihn bilden, ernst zu nehmen, selbst wenn sie objektiv falsch sind. So wäre die Frage unangemessen, ob die Ergebnisse des im folgenden geschilderten Versuchs objektiv richtig sind. Die Befunde sind lediglich als Meinungsurteile zu verstehen, die die Dignität einer subjektiven Realität aufweisen. Folgende sieben Politiker wurden von vierzig Studenten der Wirtschafts- und Sozialwissenschaften Anfang 1974 im Paarvergleichsverfahren beurteilt: Helmut Schmidt, Franz-Josef Strauß, Walter Scheel, Willy Brandt, Hans-Dietrich Genscher, Gustav Heinemann und Karl Carstens.
Dazu wurden alle möglichen paarweisen Zusammenstellungen der Politiker gebildet und in einem Urteilsschema zusammengestellt: Es gibt bei n Urteilsobjekten $n(n-1)/2$ mögliche Paare, im vorliegenden Fall also 21. Bei jedem Paar hatte der Urteiler anzukreuzen, welcher der beiden Politiker seiner Ansicht nach bestechlicher ist.
In die Tabelle 23 ist die Reaktion eines Urteilers eingetragen. Für diese Versuchsperson ergibt sich folgende individuelle Paarvergleichsmatrix:

Tabelle 24: Paarvergleichsmatrix, die sich aus den Daten von Tabelle 23 ergibt

		1	2	3	4	5	6	7
Schmidt	1		1	0	0	1	0	0
Strauß	2	0		0	0	0	0	0
Scheel	3	1	1		0	1	0	1
Brandt	4	1	1	1		1	0	1
Genscher	5	0	1	0	0		0	1
Heinemann	6	1	1	1	1	1		1
Carstens	7	1	1	0	0	0	0	
		4	6	2	1	4	0	4

Wenn der die Spalte bezeichnende Politiker für bestechlicher gehalten wurde als der die Zeile bezeichnende Politiker, wurde eine Eins in die entsprechende Zelle gesetzt, im anderen Fall eine Null. Die

Diagonalzellen bleiben frei. Wie die Aufsummierung der Spalten zeigt, ergibt sich für den Urteiler keine eindeutige Rangfolge. Der Urteiler hat also inkonsistent geurteilt. Die Zahl der zirkulären Triaden beträgt im vorliegenden Fall d = 1 (vgl. die Formel auf S. 137). Die Zahl der maximal möglichen zirkulären Triaden beträgt 14. Mithin beträgt der Konsistenzkoeffizient Zeta = 0.9285. Die Ergebnisse des Paarvergleichs für alle vierzig Urteilern zusammengenommen sind in Tabelle 25 zusammengestellt.

Tabelle 25: Matrix der Paarvergleiche von vierzig Urteilern hinsichtlich der Bestechlichkeit von sieben prominenten Politikern. Näheres siehe Text

		1	2	3	4	5	6	7	
Schmidt	1		34	17	7	23	3	19	
Strauß	2	6		5	4	6	3	10	
Scheel	3	23	35		14	35	7	22	
Brandt	4	33	36	26		34	14	32	
Genscher	5	17	34	5	6		2	22	
Heinemann	6	37	37	33	26	38		33	
Carstens	7	21	30	18	8	18	7		
B-Werte		137	206	104	65	154	36	138	840
p̄-Werte		.561	.807	.443	.304	.621	.200	.564	3.5
z-Werte		0.15	0.87	–0.14	–0.51	0.31	–0.84	0.16	0.00
Skalenwerte		0.99	1.71	0.70	0.33	1.15	0.00	1.00	

Wir wollen uns auf die Auswertung nach der vereinfachten Methode nach Guilford 1928 beschränken, wobei sich für jedes Spaltenobjekt die Wahrscheinlichkeit nach folgender Formel ergibt:

$$p = \frac{B + N/2}{n \cdot N}$$

B ist die Summe der Bevorzugungen in der jeweiligen Spalte.

N/2 ist die halbierte Anzahl von Urteilern. Dieser Ausdruck muß im Zähler erscheinen, sofern in der Häufigkeitsmatrix die Diagonalelemente freigelassen wurden (auf S. 131 hatten wir von vornherein N/2 in die Diagonalelemente eingetragen).

n ist die Zahl der beurteilten Objekte.

N ist die Zahl der Urteiler.

Unterhalb jeder Spalte sind in der ersten Zeile die B-Werte eingetragen. Darunter befinden sich die errechneten durchschnittlichen p-Werte. Die p-Werte sind nun weiter in z-Werte umgewandelt, was nach der Normalverteilungstabelle im Anhang geschehen ist. So ergibt sich die dritte Zeile. Rechts neben den Zeilen sind drei Kontrollwerte aufgeführt. Sämtliche B-Werte müssen sich zu dem Betrag N · (n(n − 1)/2) aufaddieren, also im vorliegenden Fall zu 40 · (21) = 840. Die Elemente der zweiten Zeile müssen sich zu dem Kontrollwert 0.5 · n aufaddieren. Für den vorliegenden Fall ergibt sich also der Wert 0.5 · 7 = 3.5. Und schließlich müssen die z-Werte aufsummiert den Wert 0.0 ergeben (abgesehen von Rundungsfehlern).

Die Ergebnisse des Paarvergleichs sind in Abbildung 15 zusammengefaßt.

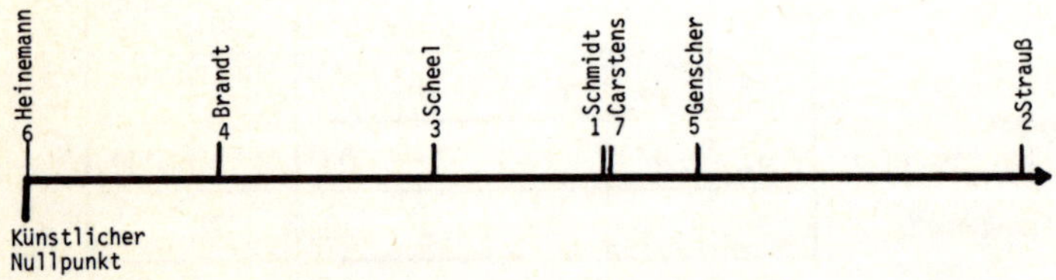

Abbildung 15: Ergebnisse des paarweisen Vergleichs von sieben Politikern hinsichtlich ihrer vermuteten Bestechlichkeit. Der Nullpunkt der Skala wurde künstlich als bei dem unbestechlichsten Politiker liegend festgesetzt.

In der Graphik werden die von den Urteilern wahrgenommenen Unterschiede zwischen den Politikern gleichsam als psychologische Distanzen unmittelbar augenfällig. Die Ergebnisse machen deutlich, daß die Urteiler hinsichtlich des Merkmals »Bestechlichkeit« kaum einen Unterschied zwischen den Politikern Schmidt und Carstens sehen. Auch Genscher ist auf dem psychologischen Kontinuum nicht weit von diesen beiden entfernt. Am unbestechlichsten erscheint den Urteilern Heinemann, am bestechlichsten erscheint ihnen Strauß.

Die Ergebnisse gelten natürlich nur für die untersuchte Studentenstichprobe zum Untersuchungszeitpunkt (Jahresbeginn 1974). Arbeiter hätten sicherlich andere Urteile abgegeben, und eine Urteilerstichprobe von Rentnern hätte wiederum zu anderen Ergebnissen geführt.

3.2.3. Nachtrag zum Rangordnungsverfahren

Bei der Besprechung des Rangordnungsverfahrens wurde ausgeführt, daß man aus jeder individuellen Rangreihe eine Paarvergleichsmatrix rekonstruieren kann (vgl. S. 125), weil die Rangordnung einen Vergleich jedes Objekts mit jedem anderen impliziert. Dieser Umstand ermöglicht eine Vereinigung der Rangordnungen mehrerer Urteiler zu einem Gesamturteil unter Verwendung der zum Paarvergleich verfügbaren Auswertungsmethoden. Wenn man sich des Verfahrens von Guilford 1928 (s. a. Guilford 1954, S. 169ff.) bedient, kann man sich der Arbeit entledigen, die Rangreihe jedes Urteilers zunächst in eine Paarvergleichsmatrix zu verwandeln, um daraus die Matrix über alle Urteiler zu berechnen. Die Auswertungsmethode von Guilford nimmt keinen Bezug auf die einzelnen Zellen der Häufigkeitsmatrix, sondern geht von den Spaltensummen aus (s. S. 135). Wie bereits gezeigt wurde (S. 125f.), läßt sich die Spaltensumme in einer Paarvergleichsmatrix aber auch direkt aus der Rangreihe berechnen. Dies geschieht für die vereinigte Paarvergleichsmatrix mehrerer Urteiler nach der Formel:

$$B = N \cdot n - \sum_{i}^{N} R_i \text{, wobei}$$

B = Zahl der Bevorzugungen eines Objekts vor allen anderen, alle Urteiler zusammengerechnet,
n = Zahl der Urteilsobjekte,
N = Zahl der Urteiler,
$\sum_{i}^{N} R_i$ = Summe der einem Objekt von den einzelnen Urteilern zuerteilten Rangplätze.

Zur Veranschaulichung sei angenommen, $N = 5$ Urteiler hätten die im obigen Beispiel betrachteten $n = 7$ Politiker in eine Rangordnung gebracht. Der am bestechlichsten erscheinende Politiker erhielt jeweils den Rangplatz 1, der am zweitbestechlichsten erscheinende Politiker den Platz 2 usw. Die Rohdaten sowie die weiteren Berechnungen sind in Tabelle 26 zusammengefaßt.
Man ersieht den Rohdaten, daß Genscher für Urteiler 1 nach Strauß der bestechlichste Politiker ist. Heinemann ist für Urteiler 1 am unbestechlichsten, wie an dem Rangplatz 7 erkennbar ist. In der Zeile unterhalb der Rohdaten befinden sich die Rangsummen für jeden

Tabelle 26: Anwendung der Guilfordschen Auswertungsmethode auf Rangordnungen

	n = 7 Urteilsobjekte							Rechenkontrollen
	Schmidt	Strauß	Scheel	Brandt	Genscher	Heinemann	Carstens	
	1	2	3	4	5	6	7	
N = 5 Urteiler R_1	4	1	5	6	2	7	3	
R_2	2	1	5	6	4	7	3	
R_3	4	1	6	5	3	7	2	
R_4	2	1	5	7	3	6	4	
R_5	4	1	5	6	2	7	3	
$\sum_i^N R_i$	16	5	26	30	14	34	15	
$B = Nn - \sum R_i$	19	30	9	5	21	1	20	105
$\bar{p}$	.614	.929	.329	.214	.671	.100	.643	3.5
z	.29	1.47	–.44	–.79	.44	–1.28	.37	.06
Skalenwerte = z +1.28	1.57	2.75	.84	.49	1.72	.00	1.65	

Politiker. Strauß weist hier die geringste Summe auf, Heinemann die größte. Wenn man diese Summen von N · n = 35 abzieht, ergibt sich die nächste Zeile. Diese Zeile entspricht der Summenzeile der Paarvergleichsmatrix, die man erhalten würde, wenn man die aus den Rangordnungen der einzelnen Urteiler rekonstruierten Paarvergleichsmatrizen aufaddiert hätte. Wenn man die Werte dieser Zeile zusammenzählt, ergibt sich der Wert von $n(n-1)/2 \cdot N = 21 \cdot 5 = 105$, den man als Rechenkontrolle benutzen kann. Die B-Werte sind nun nach der auf S. 141 angegebenen Formel in $\bar{p}$-Werte umzurechnen, wodurch sich die nächste Zeile ergibt. Da der Durchschnitt dieser Werte 0.5 betragen muß (vgl. die Voraussetzungen des Modells auf S. 134), müssen sie sich im vorliegenden Fall zu dem Kontrollwert von 3.5 aufaddieren. Mit Hilfe der Tabelle im Anhang

werden die $\bar{p}$-Werte in z-Werte transformiert. Die z-Werte müssen sich – von Rundungsfehlern abgesehen – zu dem Kontrollwert von 0.0 aufaddieren, was näherungsweise der Fall ist. Durch Festsetzung des Nullpunktes auf den Wert des unbestechlichsten Politikers erhält man die Skalenwerte der letzten Zeile. Die Skalenwerte stimmen verständlicherweise nicht mit denen in Tabelle 27 überein, weil die Urteiler in beiden Fällen andere waren. Das Rechenbeispiel zeigt, wie man die Auswertungsmethoden des Paarvergleichs für die Rangordnungsmethode nutzbar machen kann.
Aus den praktischen Beispielen ist deutlich geworden, daß das Paarvergleichsverfahren, sowohl was die Durchführung der Urteilsversuche als auch was die Auswertung betrifft, aufwendig ist. Zudem steigt die Zahl der abzugebenden Urteile rapide mit der Zahl der Urteilsobjekte. Bei einer Objektzahl von 20 wären bereits $20(20-1)/2 = 190$ Paarvergleiche notwendig. Bei einer Objektzahl von 30 sind 435 Paarvergleiche notwendig usw. Es liegt auf der Hand, daß man einem Urteiler eine so große Zahl kaum zumuten kann. Man ist gezwungen, in solchen Fällen den Urteilsversuch auf mehrere Versuchssitzungen zu verteilen, um bei dem Beurteiler keine zu großen Aversionen gegen das Vorgehen aufkommen zu lassen. Es gibt noch eine andere Möglichkeit, den Aufwand zu mindern, die als Verfahren der multiplen Rangordnungen bekannt ist. Bei diesem Verfahren hat der Urteiler nicht alle mögliche Paare, sondern eine Zahl nach bestimmten Kontrollregeln zusammengestellter kleiner Objektgruppen zu vergleichen. Er braucht die Objekte innerhalb jeder Gruppe nur in eine Rangfolge zu bringen. Der Zeitaufwand reduziert sich dabei wesentlich, ohne daß das Verfahren dem Paarvergleichsvorgehen gegenüber viel an Genauigkeit einbüßt. Der Leser, der sich für nähere Einzelheiten interessiert, sei auf die Originalarbeit von Gulliksen und Tucker 1961 verwiesen (s. auch Sixtl 1967, S. 319).
Bei den geschilderten Nachteilen ist zu beachten, daß das Verfahren bei größeren Objektzahlen zwar unhandlich, aber nicht gänzlich unbrauchbar wird, wie es für das unter 3.2.1. geschilderte Rangordnungsverfahren gilt.
Ein wohl prinzipieller Nachteil des Paarvergleichs ist der, daß jeder zu beurteilende Reiz explizit mehrfach gesichtet und verglichen werden muß.
Diese Notwendigkeit dürfte das Verfahren für manche inhaltliche Domänen ausschließen.
Man stelle sich einmal vor, der Urteiler hätte eine Anzahl von Witzen nach dem Paarvergleichsverfahren zu beurteilen. Am Ende des Versuchs könnte er wahrscheinlich über keinen mehr lachen. In sol-

chen Fällen, wo die zu beurteilenden Reize unwiederholbar sind (wie es etwa bei der Beurteilung mancher sportlicher Leistungen der Fall ist), bleibt als Beurteilungsmöglichkeit wohl nur, mit einer auf Absoluturteilen beruhenden Methode zu arbeiten (vgl. S. 110ff.). Den Nachteilen des Paarvergleichs stehen entscheidende Vorteile gegenüber. Bei dem Verfahren werden sehr geringe Anforderungen an die Urteilsfähigkeit des Beurteilers gestellt. Es ist deshalb besser als jede der hier geschilderten anderen Methoden zur Differenzierung von Objekten oder Personen geeignet. Das Verfahren wird auch überall dort schwer durch ein anderes zu ersetzen sein, wo die Urteilsgegenstände komplex sind und nur unter Schwierigkeiten entschieden werden kann, welches von zwei Objekten das andere dominiert. Zur Rangordnung der bei einem Architektenwettbewerb eingereichten Arbeiten wäre der Paarvergleich beispielsweise hervorragend geeignet.

Als weiterer wesentlicher Vorteil des Verfahrens ist die Möglichkeit zur Aufdeckung von Urteilskonsistenzen zu nennen. Man gewinnt auf diese Weise eine zusätzliche und sehr wichtige Information über die Objekte und Beurteiler. Wenn die Mitglieder einer Jury in dem angeführten Beispiel des Architektenwettbewerbes Urteilsinkonsistenzen feststellen, werden sie dadurch angehalten, ihr Urteil noch einmal zu überdenken und die Kriterien für die Beurteilung erneut zu diskutieren.

3.2.4. Verfahren der erzwungenen Verteilung

Zur Veranschaulichung des Verfahrens diene folgendes Beispiel: Ein Lehrer will die Klassenarbeiten seiner Schüler korrigieren. Um ungerechtfertigte Milde oder Strenge zu vermeiden, vergibt er seine Noten nicht direkt nach der Durchsicht jeder Arbeit, sondern erst, nachdem er sämtliche Arbeiten gesichtet hat. Die sechs Prozent besten Leistungen beurteilt er mit Note »sehr gut«; die dreizehn Prozent nächstbesten Leistungen mit der Note »gut«; die nächsten einunddreißig Prozent erhalten die Note »befriedigend«; die sich anschließenden einunddreißig Prozent erhalten Note »ausreichend«; dreizehn Prozent erhalten »mangelhaft«; und die schlechtesten sechs Prozent erhalten die Note »ungenügend«. Durch die Beachtung dieses Zensurenschemas verteilen sich die Arbeiten auf die Noten, wie es in der folgenden Abbildung angedeutet ist.

Der Abbildung ist zu entnehmen, daß die Verteilungsform in etwa einer Normalverteilung entspricht. In der Zensurengebung ist also der begründeten Annahme Rechnung getragen, daß Schulleistungen wie viele andere Merkmale normalverteilt sind. Mit anderen

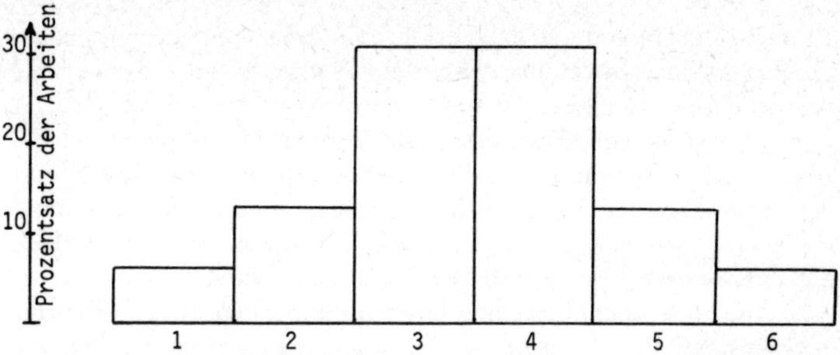

Abbildung 16: Beispiel für eine erzwungene Verteilung bei der Notengebung in der Schule

Worten: Da man annehmen kann, daß mittlere Leistungen häufiger vorkommen als extrem gute oder extrem schlechte, ist es folgerichtig, das auch bei der Notengebung zu berücksichtigen. Bei genauer

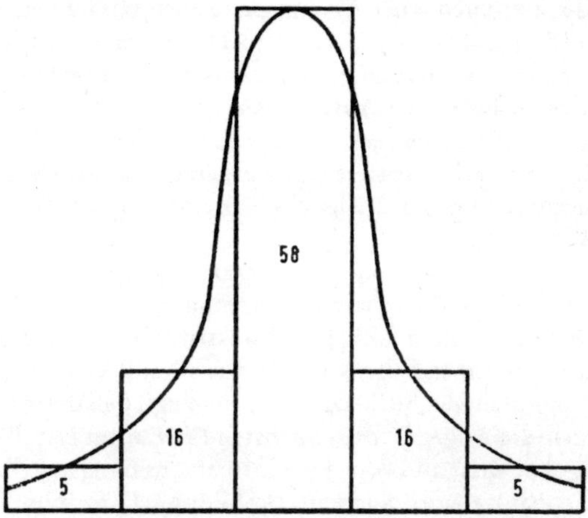

Abbildung 17: Fünfstufige Urteilsskala als innerbetriebliches Beurteilungssystem. Wieviel Prozent der beurteilten Personen den einzelnen Skalenstufen zuzuordnen sind, ist jeweils angegeben. Um die Affinität des Systems zur Normalverteilung kenntlich zu machen, ist eine Normalverteilungskurve eingezeichnet.*

* Die Abbildung ist ein leicht veränderter Nachdruck der Abbildung auf S. 181 des Buches von Franke, J., und Frech, H., Die Mitarbeiterbeurteilung. Wiesbaden: Gabler 1968. Der Nachdruck erfolgt mit freundlicher Erlaubnis des Verlags.

Betrachtung erweist sich das Verfahren der erzwungenen Verteilung als Rangordnungsverfahren, bei dem es erlaubt ist, mehreren Urteilsobjekten den gleichen Rang zuzuweisen. Damit ist der Beurteiler nicht vor so große Probleme gestellt wie beim Rangordnungsverfahren im engeren Sinne, bei dem vor allem die Differenzierung zwischen Objekten mit mittlerer Merkmalsausprägung oft sehr schwierig ist. In gewisser Weise vereinigt das Verfahren vorteilhafte Merkmale der Schätzskalen mit denen des Rangordnungsverfahrens. Mit gutem Grund schlägt Franke daher für innerbetriebliche Beurteilungssysteme das Verfahren der erzwungenen Verteilung vor, wobei er sich für die in Abbildung 17 angedeutete fünfstufige Skalenform entscheidet (vgl. Franke und Frech 1968).
Welche verbalen oder numerischen Etikette man den einzelnen Skalenstufen zuweist, hängt von den inhaltlichen Notwendigkeiten der Beurteilungsaufgabe ab. Wenn man mit verbalen Etiketten arbeitet, muß man selbstverständlich darauf achten, daß die Beschreibungen der extremen Ausprägungsgrade auch tatsächlich nur selten zutreffen. Sonst gerät der Urteiler in Diskrepanzen zwischen den von ihm einzuhaltenden Häufigkeiten und seinen privaten Ansichten von der tatsächlichen Auftretenshäufigkeit der extremen Fälle. In der Praxis hat sich das geschilderte fünfstufige Urteilssystem bewährt. Eine sachliche Notwendigkeit, gerade mit fünf Stufen zu arbeiten, besteht indessen nicht (vgl. Brandstätter 1970, S. 687ff., Schönpflug 1972).
Es erhebt sich somit die praktische Frage, wie sich für eine vorgegebene Stufenzahl die Prozentzahlen errechnen lassen, an die sich der Beurteiler später halten soll. Das Konstruktionsverfahren sei deshalb am Beispiel einer siebenstufigen Skala konkretisiert. Durch die Ungeradzahligkeit der Stufenzahl ist festgelegt, daß die mittlere Skalenkategorie diejenige mit dem höchsten Prozentsatz ist. Bei der Berechnung geht man aus von der Normalverteilungstabelle im Anhang. Das Prinzip wird auch aus Abbildung 18 ersichtlich.
Als erstes legt man fest, wieviel Prozent aller Fälle in die Extremkategorien kommen sollen. Es sei einmal willkürlich ein Anteil von zehn Prozent als vernünftig angenommen. Damit liegt die Klassengrenze für die Extremkategorie fest. Wie wir der Tabelle im Anhang entnehmen können, entspricht einem Teil von zehn Prozent der z-Wert von annähernd $\pm$ 1.28. Durch diesen z-Wert ist die Lage aller übrigen Klassengrenzen und Klassenmitten bestimmt. Der der Klassengrenze der mittleren Kategorie entsprechende z-Wert beträgt $\pm 1.28 \cdot {}^{1}/_{5}$; denn diese Grenze teilt die Strecke zwischen Verteilungsmitte und dem errechneten z-Wert im Verhältnis 1:5. Die Klassengrenzen der Nachbarklassen liegen bei einem z-Wert

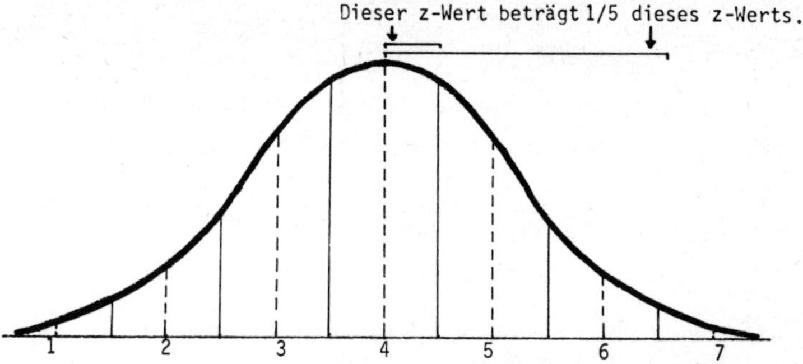

Abbildung 18: Prinzip des Vorgehens der Herstellung einer Skala mit erzwungener Normalverteilung. Es gilt, die Normalverteilung in sieben Abschnitte (Klassengrenzen durchgezogen, Klassenmitten gestrichelt eingezeichnet) zu teilen und die Fläche innerhalb jedes Abschnitts zu bestimmen. Näheres siehe Text.

von ± 1.28 · 3/5. Man erhält also für die Klassengrenzen die in Abbildung 19 eingetragenen z-Werte von ± 0.256, ± 0.768 und den durch Setzung bestimmten Wert von ± 1.28.

Als nächstes bestimmt man mit Hilfe der Tabelle des Anhangs die Flächenanteile (Häufigkeiten) zwischen den errechneten z-Werten. Man braucht das nur für die eine Hälfte der Verteilung zu tun, weil sich die andere Hälfte symmetrisch daraus ergibt. Jenseits des z-Wertes von 1.28 liegt ein Flächenstück von 0.1 (im folgenden Fläche I genannt). Dies entspricht der Setzung, von der ausgegangen wurde. Jenseits des z-Werts von 0.768 liegt ein Flächenanteil von annähernd 0.221 (Fläche II). Jenseits des z-Werts von 0.256 schließlich liegt ein Flächenanteil von 0.399 (Fläche III). Die auf die einzelnen Klassen entfallenden Anteile der Gesamtfläche errechnen sich nun folgendermaßen:

Fläche von Klasse 7 = Fläche I	= 0.1	= 10%
Fläche von Klasse 6 = Fläche II – Fläche I	= 0.121	≈ 12%
Fläche von Klasse 5 = Fläche III – Fläche II	= 0.178	≈ 18%
Fläche von Klasse 4 = 2 · (0.5 – Fläche III)	= 0.202	≈ 20%
Fläche von Klasse 3 = Fläche von Klasse 5		= 18%
Fläche von Klasse 2 = Fläche von Klasse 6		= 12%
Fläche von Klasse 1 = Fläche von Klasse 7		= 10%

Die rechts stehenden Prozentsätze sind aufgerundet, weil es sich bei der konkreten Beurteilung nicht empfiehlt, mit Bruchteilen

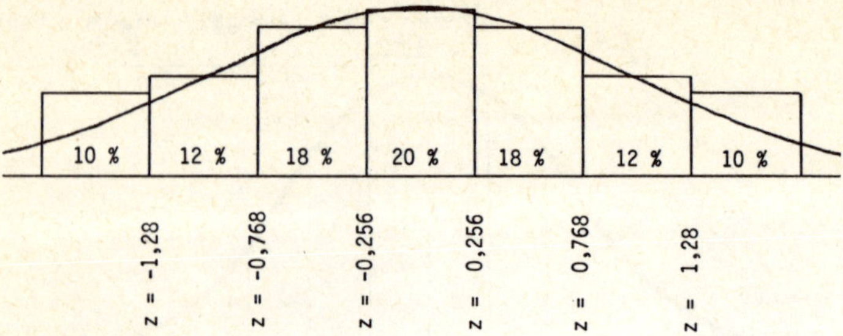

Abbildung 19: Siebenstufiges Beurteilungssystem mit erzwungener Verteilung, dargestellt als Säulendiagramm. Die originale Normalverteilung ist zum Vergleich eingezeichnet.

von Prozenten zu operieren. Nach den Berechnungen kann man das Beurteilungssystem in Form des obigen Säulendiagramms zeichnen. Je kleiner man den Prozentsatz in der extremen Kategorie festlegt, desto steiler wird das Verteilungsbild. Wenn man also nur 5% aller Fälle auf die beiden extremsten Skalenstufen verteilt hätte, wären die mittleren Kategorien entsprechend stärker besetzt worden.

Im folgenden soll noch eine Variante des Verfahrens der erzwungenen Verteilung geschildert werden, nämlich der sogenannte *Q-sort.* Auch hierbei wird dem Beurteiler eine bestimmte Verteilungsform seiner Urteile aufgezwungen. Im Unterschied zu dem bisherigen Vorgehen hat er jedoch nicht viele Urteilsobjekte hinsichtlich eines Merkmals zu beurteilen, sondern ein Urteilsobjekt hinsichtlich vieler Merkmale. Bei einer innerbetrieblichen Beurteilung hätte der Urteiler also nicht mehrere Personen miteinander zu vergleichen, sondern er müßte sich überlegen, welche der vorgegebenen Merkmale oder Verhaltensbeschreibungen auf die beurteilte Person mehr passen oder welche weniger. Er erhielte dazu die Merkmale einzeln auf Kärtchen vorgedruckt mit der Instruktion, die Karten auf eine bestimmte Anzahl von Häufchen (Kategorien) zu verteilen. Die Häufchen repräsentieren dabei ein Kontinuum, das von »gar nicht zutreffend« bis »vollständig zutreffend« reicht. Es ist nun festgelegt, wieviele Kärtchen der Beurteiler auf ein Häufchen legen darf. Er hat also nicht die Möglichkeit, dem Beurteilten sämtliche Merkmale als zutreffend zuzuschreiben, sondern muß zwischen den am meisten zutreffenden und den weniger stark zutreffenden Merkmalen differenzieren. Üblicherweise ist wie beim oben geschilderten Verfahren der erzwungenen Verteilung festgelegt, daß die mittleren Häufchen um-

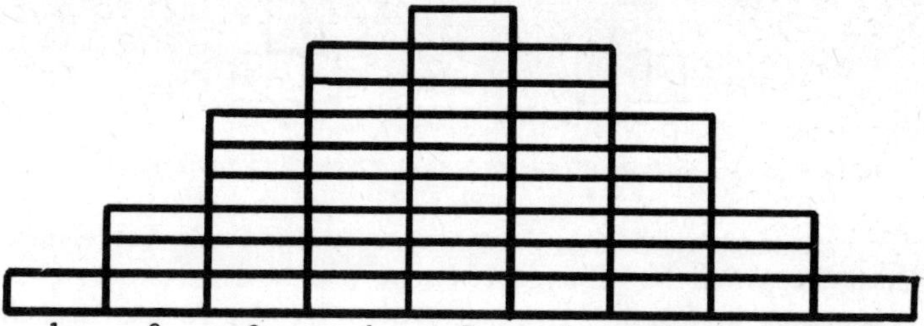

Abbildung 20: Schema eines Q-sorts mit 45 Merkmalen

fangreicher sind als die extremen Häufchen, so daß sich beim Sortierprozeß eine annähernde Normalverteilung der Häufigkeiten ergibt. Es sei einmal angenommen, dem Beurteiler seien 45 Verhaltensbeschreibungen auf Kärtchen vorgegeben. Dann könnte als resultierende Verteilung der Kärtchen folgendes Bild vorgeschrieben sein, das annähernd einer Normalverteilung entspricht.

Nach Kerlinger 1964 sollte ein Q-sort nicht weniger als 60 und nicht mehr als 140 Kärtchen (Merkmale) umfassen. Damit ist das Beurteilungsverfahren als ziemlich aufwendig charakterisiert; denn zur sorgfältigen Bearbeitung eines Q-sorts von 100 Merkmalen benötigt der nicht auf diese Technik Eingeübte zwischen 30 und 60 Minuten. Allerdings empfindet die Mehrzahl der Urteiler die Technik als interessant (im Unterschied etwa zur Paarvergleichsmethode). Dem Nachteil des hohen Zeitaufwands steht eine Reihe von Vorteilen gegenüber. Besonders hervorzuheben ist, daß die Einzelurteile bei diesem Verfahren nicht unter Rekurs auf Vergleichspersonen (oder -objekte) abgegeben werden, sondern durch einen Vergleich innerhalb der Person. Man bezeichnet Beurteilungen dieser Art als *ipsativ* im Unterschied zu *normativen* Daten, die den Vergleich mit anderen Urteilsobjekten implizieren (vgl. Cattell 1944). Dieses Verfahren bietet sich besonders zu quantitativen Vergleichen zwischen zwei oder mehr Beurteilten an. Der Vergleich geschieht durch Korrelation jeweils zweier Q-sorts. Die Korrelationen kann man als Maß für die Ähnlichkeit oder Unähnlichkeit der beiden verglichenen Q-sorts interpretieren. Wie die Korrelation berechnet wird, sei an zwei Miniatur-Q-sorts demonstriert, die nur aus vier Merkmalen A, B, C und D bestehen. In Abbildung 21 sind die Q-sorts von zwei Ehepartnern dargestellt, die von einem gemeinsamen Bekannten gelegt worden sind.

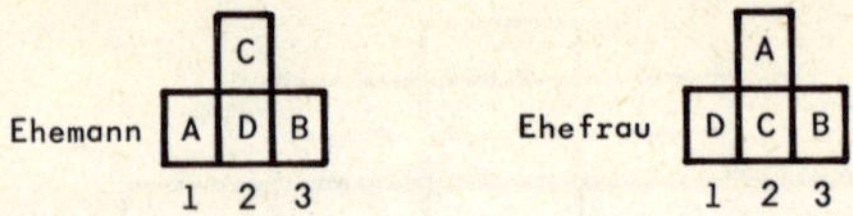

Abbildung 21: Miniatur-Q-sorts von zwei Ehepartnern

Gefragt sei nach der Ähnlichkeit der beiden Ehepartner, soweit sie nach dem Urteil des Bekannten besteht. Um die Korrelation zu berechnen, stellt man die Merkmale in der folgenden Art tabellarisch zusammen.

Tabelle 27: Berechnung der Korrelation zwischen den Q-sorts von Abbildung 21

	Skalenwert	
Eigenschaft	Ehemann	Ehefrau
A	1	2
B	3	3
C	2	2
D	2	1

Wenn man die Korrelation zwischen beiden Meßwertreihen nach der auf S. 39 angegebenen Formel bestimmt, ergibt sich ein Wert von 0.50. Interpretiert werden könnte dieser Koeffizient durch Vergleich mit den Ergebnissen anderer Ehepaare.
Die vorteilhaften Merkmale des Q-sorts lassen das Verfahren auch für innerbetriebliche Beurteilungen geeignet erscheinen. Möglicherweise kann man mit dieser Methode der Beschönigungstendenz vieler Vorgesetzter leichter als bei anderen Verfahren Herr werden, indem man in das Beurteilungsinstrument neben den für die Beurteilung relevanten Merkmalsbeschreibungen zusätzlich noch irrelevante, aber erwünschte Charakteristika aufnimmt (Gordon und Hofmann 1968). Viele Erfahrungen liegen dazu aber noch nicht vor.

3.3. Synoptische Übersicht über die Vor- und Nachteile der geschilderten Beurteilungsverfahren

In den bisherigen Ausführungen über die einzelnen Beurteilungsverfahren war von Vor- und Nachteilen der einzelnen Methoden die Rede. Diese Bemerkungen sollen nun zusammengetragen, ergänzt und systematisiert werden, um dem Anwender je nach Problemsituation zur Auswahl eines geeigneten Verfahrens zu verhelfen. Eine

solche zusammenfassende Übersicht ist allerdings ohne starke Vergröberungen kaum möglich und wird wohl auch im einen oder anderen Fall die persönlichen Präferenzen des Verfassers erkennen lassen. Ein generell bestes Verfahren gibt es nicht. Bei der Bewertung der Methoden ist zu berücksichtigen, daß die Verfahren hinsichtlich einer ganzen Reihe von Aspekten verglichen werden können. Verfahren, die nach einem Gesichtspunkt vorzuziehen sind, sind vielleicht im Hinblick auf andere Gesichtspunkte unbrauchbar.
Bei dem Vergleich kann man sich etwa von folgenden Fragen leiten lassen.
a) Welche vorbereitenden Arbeiten sind notwendig?
Diese Frage betrifft den *Konstruktionsaufwand*, der der aktuellen Beurteilung vorausgehen muß.
b) Welche Merkmale der Urteilssituation sind für die Wahl des Beurteilungsverfahrens relevant?
Relevant ist zum Beispiel, ob nur ein einziges Urteilsobjekt beurteilt werden soll, ob – falls mehrere zu beurteilen sind – die Urteilsobjekte dem Urteiler *simultan dargeboten* werden, oder ob er sie ohne direkte Vergleichsmöglichkeit mit anderen Objekten beurteilen muß.
Relevant ist weiterhin, ob mit dem Beurteilungsverfahren auch *ephemere Reize* (Witze, sportliche oder künstlerische Leistungen, die nicht wiederholt werden können u. ä.) beurteilt werden können.
c) Wie gut eignet sich das Verfahren aus der Sicht des Urteilers? Welche *Anforderungen* stellt das Verfahren an die Urteilsfähigkeit des Beurteilers? Anders ausgedrückt: Eignet sich das Verfahren auch zur Beurteilung komplexer und schwieriger Urteilsobjekte?
Relevant ist auch die Frage nach der Interessantheit, der *Attraktivität* der Beurteilungsform für den Urteiler. Wie hoch ist der zeitliche *Aufwand* für den Urteiler?
d) Welche Arbeiten sind notwendig, nachdem der oder die Urteiler ihre Urteile abgegeben haben?
Diese Frage betrifft den *Auswertungsaufwand*, den ein Verfahren mit sich bringt.
e) Wichtige Fragen betreffen schließlich das Urteilsergebnis. In welchem Maße kann das Ergebnis von *Urteilstendenzen** verfälscht sein?
Wie hoch ist die *Genauigkeit*** der Ergebnisse einzuschätzen?

* Die in die bisherigen Darstellungen eingestreuten Hinweise auf systematische Urteilstendenzen werden unten (S. 154 ff.) im Zusammenhang und detailliert erörtert.

** Der Begriff »Genauigkeit« steht hier für das mit dem Verfahren erreichbare Meßniveau (vgl. S. 17).

In welchem Umfang sind die Ergebnisse mehrerer Urteiler miteinander *vergleichbar?*
Kann man an den Ergebnissen im nachhinein feststellen, ob der Urteiler *konsistent* geurteilt hat?
Wenn man die aufgezählten Einzelfragen als Kriterien zur Bewertung der Urteilsverfahren heranzieht, ergibt sich somit ein Übersichtsschema, in dem jedes Verfahren nach allen zwölf Kriterien beurteilt wird. Alle Verfahren sind darin hinsichtlich jedes Kriteriums eingeschätzt. Dabei ist versucht worden, in der Übersicht den Abstand zwischen zwei Verfahren mit einem Sinn zu versehen. Mit anderen Worten: Wenn hinsichtlich eines Kriteriums zwischen zwei Verfahren eine große Differenz besteht, drückt sich das in der Darstellung auch in einer großen Differenz graphisch aus. Umgekehrt liegen in der Darstellung Urteilsverfahren dicht beieinander, wenn sie hinsichtlich eines Kriteriums ähnlich zu bewerten sind.
Wie das konkret zu verstehen ist, wird wohl am besten in der synoptischen Übersicht selbst deutlich (Tabelle 28).
In zwei Fällen konnte ein Beurteilungsverfahren nicht eindeutig hinsichtlich eines Kriteriums eingeschätzt werden, weil es zu dem Kriterium eigentlich beziehungslos ist. Zu dem Kriterium g) »Auswertungsaufwand« kann das Verfahren der freien Beurteilung nicht eindeutig in Beziehung gesetzt werden, weil eine weitere Auswertung in der Regel überhaupt nicht stattfindet, sondern nur eine impressionistische Interpretation des Geschriebenen.
Hinsichtlich des Eindrucksdifferentials kann nicht eindeutig gesagt werden, welche verfälschende Wirkung Urteilstendenzen (h) haben können; denn nichtrationale Stellungnahmen (etwa stark wertende, gefühlsbezogene Stellungnahmen) sind unter Umständen der eigentliche Gegenstand des Untersuchungsinteresses, haben also insofern keine verfälschende Wirkung.

3.4. Fehlerquellen der Selbst- und Fremdbeurteilung

Über das Problem der menschlichen Urteilsfehler sind schon zahlreiche Untersuchungen angestellt worden. In keinem Buch über Diagnostik oder Personalbeurteilung fehlen Hinweise auf häufige Fehler, vor denen man sich hüten muß.* Es mag deshalb hier eine durch konkrete Beispiele exemplifizierte Aufzählung einer Reihe häufiger Fehler genügen, um dem Leser einen ersten Eindruck von

---

* Zusammenfassende Darstellungen finden sich z. B. bei Brandstätter 1970, Cohen 1969 und Franke und Frech 1968.

Tabelle 28: Zusammenfassender Vergleich der geschilderten Beurteilungsmethoden. Die Verfahren sind in der Tabelle wie folgt abgekürzt:

ED = Eindrucksdifferential
EV = Erzwungene Verteilung
FB = Freie Beurteilung
PL = Prüfliste
PV = Paarvergleich
QS = Q-sort
RV = Rangordnungsverfahren
SS = Schätzskalen

(a) Geringer Konstruktionsaufwand erforderlich	FB		RV			PL SS ED		EV	PV QS
(b) Keine aktuellen Vergleichsobjekte erforderlich	FB QS PL SS ED								PV RV EV
(c) Auch ephemere Objekte beurteilbar	FB	PL	SS ED			QS		EV	RV PV
(d) Geringe Anforderungen an den Urteiler	PV			PL	ED SS		FB	EV QS	RV
(e) Interessant und attraktiv für den Urteiler	FB		QS	PL	ED SS			EV RV	PV
(f) Zeitlicher Aufwand der Beurteilung gering	PL		FB	ED SS		EV QS		RV	PV
(g) Auswertungsaufwand gering	(FB)		PL	ED SS		EV	RV	QS	PV
(h) Wenig durch Urteilstendenzen verfälscht	EV PV RV				QS		(ED) SS	PL	FB
(i) Urteilsergebnisse recht genau	PV				RV EV QS	SS	ED PL		FB
(j) Ergebnisse mehrerer Urteiler gut vergleichbar	PV RV	EV QS	ED SS			PL			FB
(k) Nachträgliche Prüfung auf Urteilskonsistenz möglich	PV								alle übrigen
	trifft voll und ganz zu				trifft in mittlerem Maße zu				trifft gar nicht zu

der Schwierigkeit einer wirklich sachgerechten Beurteilung zu geben. Dabei mag es für den Anfänger hilfreich sein, wenn er erfährt, in welchen verschiedenen Situationskontexten solche Fehler auftreten können. Rechts neben dem laufenden Text ist deshalb in kodierter Form angegeben, in welchen Fällen man auf die genannte Fehlerquelle besonders achten muß. Dabei sind folgende Fälle unterschieden:

F = Fehlerquelle wirksam bei Fremdurteilen über andere Personen oder Dinge.
Q = Fehlerquelle wirksam bei der Sammlung von Q-Daten, also beispielsweise beim Ausfüllen eines Persönlichkeitsfragebogens.
T = Fehlerquelle wirksam bei der Sammlung von T-Daten, also beispielsweise beim Bearbeiten eines Leistungstests.
V = Fehlerquelle kann eine Ursache für den Verifikationseffekt sein, der zum Beispiel beim Lesen eines Gutachtens über einen selbst häufig auftritt (vgl. S. 112).

Häufig sind in der einschlägigen Literatur unterschiedliche Begriffe für ein und dieselbe Fehlerquelle in Umlauf. Solche Begriffe sind jeweils mitgenannt, soweit der Verfasser sie kennt. Mitunter ähneln sich mehrere Fehlerquellen recht stark und stellen nur um Nuancen verschiedene Sichtweisen eines und desselben Problems dar. Sie sind dann im gleichen Zusammenhang, aber doch getrennt voneinander aufgeführt. Es gibt Fehler, zu denen alle Menschen in gleicher Weise neigen, und andere, die man als spezifische Persönlichkeitsmerkmale der urteilenden Person ansehen kann. Sie sind in der folgenden Aufzählung zuerst aufgeführt.

3.4.1. Fehler als Persönlichkeitsvariablen dessen, der reagiert

3.4.1.1. Reaktionsstile (response sets)

Es gibt eine Reihe von Urteilern, bei denen der Durchschnittswert über eine größere Reihe von Urteilen nicht in der Mitte der vorgestellten oder tatsächlich vorgegebenen Urteilsskala liegen würde. Es gibt zum Beispiel Menschen, die zu negativen Wertungen über andere neigen, während andere Personen generell oder auch nur in spezifischen Si- F,Q
tuationskontexten zu übertriebener Milde tendieren. Begriffe, die in diesem Zusammenhang geprägt worden sind, sind Strengefehler, Mildefehler, Schönfärberei, generosity error, error of leniency. Eine damit verwandte Fehlerquelle ist die Tendenz zu unkritischer Ablehnung (Nein-Tendenz, Q

denial) und die Tendenz zu unkritischer Zustimmung (Ja-
Tendenz, acquiescence). Ein Beispiel für einen derartigen Q,V
Fehler wäre es, wenn ein Proband in einem Persönlichkeits-
fragebogen auch die für ihn unzutreffenden Feststellungen
als zutreffend ankreuzt.

Bei der Abgabe mehrerer Urteile über sich selbst oder an-
dere ist es nicht bedeutungslos, in welcher Reihenfolge die
Urteile abgegeben werden. Wenn man zum Beispiel in einer
Beurteilung über sich selbst gleich zu Anfang etwas Positi- V
ves über sich liest, wird man dieser Beurteilung eher zu-
stimmen, als wenn zunächst die negativen und erst dann die
positiven Urteile aufgeführt sind. Auch in einem Fragebo-
gen, den ein Proband zu bearbeiten hat, werden die ersten
Fragen alles Nachfolgende beeinflussen. Man bezeichnet
dieses Phänomen als serialen Positionseffekt. Ein damit Q
verwandter Fehler bezieht sich ebenfalls auf die Anordnung
von mehreren Aussagen in einem Fragebogen oder Gutach-
ten. Diejenigen Aussagen, die in räumlicher oder zeitlicher
Nachbarschaft auftreten, werden leicht auch als sachlich zu-
sammengehörig angesehen. Man bezeichnet diesen Fehler
als »proximity error«. F,Q,V

Im Zusammenhang mit Schätzskalen hatten wir noch einen
weiteren Fehler kennengelernt, der sich bei Urteilsserien
leicht einstellt, und zwar die Verschiebung des Bezugs-
systems im Verlauf der Urteilsserie. Diese Fehlerquelle F,Q
wird vor allem dann auftreten, wenn die Skala, auf der der
Urteiler oder Proband seine Reaktionen zu Papier bringt,
schlecht verankert ist. Wenn eine Schätzskala zum Beispiel
von den verbalen Bezeichnungen her nur positive Urteile
zuläßt, die Urteilsobjekte aber eigentlich schlechte Noten
verdienen würden, wird der Urteiler zunächst schlechtest-
mögliche Urteile vergeben, später aber die Zahl der Stufen
doch stärker ausnutzen, obwohl die zuletzt beurteilten Ob-
jekte ihm durchaus nicht besser erscheinen. Es findet gewis-
sermaßen eine Adaptation des Urteilers an das konkrete Be-
urteilungsmaterial statt, die zu Fehlurteilen führt (vgl.
Witte 1966).

Wie in dem zuletzt genannten Beispiel der Urteiler – be-
dingt durch die besonderen Situationsumstände – zu Beginn
der Urteilsserie die Notenskala nicht voll ausnutzte, so gibt
es Personen, die auch in einer Situation, die die volle Aus-
nutzung der Skala als sachangemessen erscheinen ließe,
trotzdem bestimmte Urteilswerte bevorzugt vergeben.

Meist sind das Urteiler, die extreme Stellungnahmen vermeiden und nur Urteile um die Skalenmitte herum vergeben. Diese Tendenz zu undifferenzierten Urteilen (je nach F,Q Lage des Falles auch Fehler der zentralen Tendenz, evasiveness, indecision oder Ausweichen genannt) ist beispielsweise bei einigen Hochschullehrern anzutreffen, die dazu neigen, fast stets die gleiche Note zu vergeben, und nur bei extrem guten oder schlechten Leistungen von dieser Gewohnheit abweichen.

Etwa gleich häufig wie der Fehler der zentralen Tendenz findet sich die Tendenz zu extremen Urteilen (error of ex- F,Q tremeness), den man recht oft bei der Darbietung von Fragebogentests im Likert-Format beobachten kann, wo manche Probanden dazu neigen, in einer fünfstufigen Antwortskala nur die extremen Urteilsausprägungen zu wählen.

Während man den meisten der bisher genannten Fehler (Ausnahmen: Seriale Positionseffekte, proximity error, Adaptationsfehler) durch Normierung der Urteile (vgl. S. 118) beikommen könnte, ist gegen die nun zu nennende Fehlerquelle nur schwer Abhilfe möglich. Gemeint ist die Tendenz, sozial erwünschte Urteile (Antworten) zu geben F,Q (je nach Kontext social desirability, Dissimulation oder Defensivität genannt). Wer beispielsweise bei einer Firma angestellt werden will und vorher einen Persönlichkeitstest absolvieren muß, wird die Antworten auf die Testfragen verständlicherweise so zu beantworten suchen, daß seine Antworten den vermeintlichen Erwartungen seines Gegenübers in positiver Weise entsprechen. Diese Tendenz, sich beim Testleiter durch sozial erwünschte Reaktionen in ein günstiges Licht zu setzen, ist selbst dann nachweisbar, wenn für den Probanden gar nichts Entscheidendes von dem Testergebnis abhängt. Die gleiche Tendenz ist oft feststellbar, wenn man andere Personen zu beurteilen hat (Schönfärberei). Angenommen, jemand hätte die Aufgabe, zunächst sich selbst und anschließend einen guten Bekannten mit Hilfe eines Q-sorts zu beurteilen. Dann kann man von vornherein eine positive Korrelation zwischen beiden Q-sorts erwarten, weil der Urteiler die generelle Tendenz zeigen wird, sozial erwünschte Merkmale in die Kategorien »zutreffend« einzuordnen, während die negativ getönten Charakteristika mit größerer Wahrscheinlichkeit der Seite »weniger zutreffend« zugeordnet werden. Beim Q-sort könnte man den Faktor der sozialen Erwünschtheit dadurch minimieren, daß man von vornherein nur sozial erwünschte Aussagen in den Q-sort aufnimmt (die soziale Erwünschtheit müßte in Vorversuchen festgestellt werden). In Tests und auch in Personalbeurteilungssystemen hat man die Fehlerquelle durch sogenannte Zwangswahlitems zu vermindern versucht (vgl. Edwards 1970, Brandstätter 1970). Der Ertrag für die Kontrolle des Faktors »soziale Erwünschtheit« steht aber in keinem angemessenen Verhältnis zu dem damit verbundenen hohen Konstruktionsaufwand.

Eine nicht zu unterschätzende Variable in Selbsturteilen
dürfte sein, daß viele Personen zu Selbsttäuschungen nei- Q,V
gen. Man gesteht nicht einmal sich selbst bestimmte Fehler
ein und wird sie dann auch in seinem Testverhalten nicht of-
fenbaren können (vgl. in diesem Zusammenhang die inter-
essanten Arbeiten von Jourard 1971 zur Selbstenthüllungs-
bereitschaft). Damit verbunden ist auch die häufige Un-
kenntnis der eigenen Persönlichkeit. So kann man nicht we- Q,V
nige Personen dazu bringen, objektiv falsche Urteile über
sie als zutreffend anzunehmen (und zwar nicht nur nach au-
ßen, sondern auch für sich persönlich), wenn es sich nur um
positive Urteile handelt.

Damit nicht zu verwechseln ist die bewußt falsche Stellung-
nahme nach außen (Betrug, Lüge, Simulation, Abschrei- F,Q,T
ben, faking). Wenn jemand bewußt homosexuelle Tendenzen simuliert, um nicht zur Bundeswehr eingezogen zu werden, wenn jemand vor einer Bewerbung den dort verwendeten Eignungstest vorher auswendig lernt, oder wenn jemand einen unliebsamen Mitarbeiter durch eine positive Beurteilung »weglobt«, kann das Ergebnis des Tests oder der Beurteilung schwerlich valide sein.

Eine Fehlerquelle, die vornehmlich bei Leistungstests auftritt, also beispielsweise bei Intelligenztests, ist die, daß es Probanden gibt, die in diesen schnelligkeitsorientierten
Tests zu übergroßer Sorgfalt neigen und dadurch schlechter T
abschneiden, als es ihrem Leistungsniveau eigentlich entspricht. Andere Probanden wiederum haben die Tendenz zu großer Schnelligkeit auf Kosten der Sorgfalt. Eine Va-
riante davon ist das Raten der richtigen Lösung, das den T
Probanden, die es tun, Vorteile gegenüber den nichtratenden Testabsolventen einbringt, sofern man keine Zufallskorrekturen am Testergebnis anbringt.

3.4.1.2. Naive Schlüsse des Urteilenden auf Merkmale des anderen

Jedermann, auch der Laie, zieht psychologische Schlüsse. Das ist unvermeidbar, führt aber leicht zu Fehlern, wenn man nicht vorsichtig genug vorgeht. Nicht daß man Hypothesen wie »Gegensätze ziehen sich an« oder »Brillenträger sind im allgemeinen intelligenter« im Alltag verwendet, sondern daß man sie ungeprüft übernimmt und für wahr erachtet, führt zu Fehlern in der Beurteilung anderer Personen und sich selbst. Zu dem Problemkreis der impliziten Persönlichkeitstheorien von Laien sind viele interessante Arbeiten erschienen. Auch dem Anfänger verständlich und zudem eine der neuesten ist die von Laucken 1974.

Viele Urteiler neigen dazu, von einem beim Beurteilten festgestellten Merkmal auf andere zu schließen, die sie nicht festgestellt haben. Man bezeichnet das als Halo-Effekt F,V (Hof-Effekt, Heiligenschein-Effekt). Ein Eindruck (meist der erste) überstrahlt alle übrigen Informationen, die man über den Beurteilten erhält. Franke 1960 hat diese Fehlerquelle deshalb als Überstrahlungseffekt bezeichnet (vgl. auch Franke und Frech 1968), eine Begriffsbildung, die sich in der Literatur zum betrieblichen Beurteilungswesen durchzusetzen scheint.

Eine damit verwandte Fehlerquelle ist der sogenannte logische Fehler. Ein logischer Fehler liegt dann vor, wenn der F,Q,V Urteiler zwei Merkmale nicht nur bei einer Person, sondern ganz allgemein als miteinander verkoppelt ansieht, etwa die Eigenschaften »ordentlich« und »sauber«. Das gleiche gilt auch für den Zusammenhang zwischen Merkmalen des äußeren Erscheinungsbildes, von denen leichtfertig auf andere Merkmale geschlossen wird. Franke spricht in diesem Zusammenhang von einer Überformung des Erscheinungsbildes und hebt dabei eine Ausdrucksüberformung (a) durch das Ausdrucksverhalten (zum Beispiel mißdeutet der Urteiler das Hochziehen der Augenbrauen als Zeichen von Arroganz), (b) durch die Physiognomie (zum Beispiel mißdeutet der Urteiler einen starken Pickelbefall des Beurteilten als Zeichen für mangelnde Körperpflege) und (c) durch äußere Veränderungen (Bart, Brille, Kleidung, Frisur usw.) von einer Verhaltensüberformung (Händedruck, Schnelligkeit der Bewegungen usw.) ab. All die genannten Phänomene, die häufig zu fehlerhaften Urteilen führen, können relativ

unabhängig von den Merkmalen des Urteilers selbst sein (auch intelligente Brillenträger können sich in der Intelligenz von Brillenträgern täuschen).
Davon abzuheben sind Fehler, die davon abhängen, welche Stellung der Urteiler selbst auf dem psychologischen Kontinuum einnimmt. Zum Beispiel neigen sehr intelligente Menschen dazu, andere für dümmer zu halten, als diese tatsächlich sind. Man bezeichnet das als Kontrastfehler. Auch F
das umgekehrte ist häufig. Der Geizige neigt dazu, in allen anderen Menschen die Eigenschaft »Geiz« zu entdecken. In politischen Diskussionen reden zwei Gesprächspartner aneinander vorbei, weil jeder meint, der andere müsse die gleichen politischen Aspekte zur Verfügung haben wie er selbst. Dieser Fehler wird Assimilationsfehler genannt. F
Beide Fehlerarten können unter der Bezeichnung Projektionsfehler zusammengefaßt werden. Der Urteiler projiziert gewissermaßen eigene Ansichten und Charakteristika in seinen Partner (vgl. den Projektionsbegriff, der den projektiven Testverfahren zugrunde liegt – Hörmann 1964).

3.4.2. Interaktion zwischen Urteiler und Beurteiltem als Fehlerquelle

Nicht nur der Eindruck, den der Beurteilte auf den Urteiler macht, ist für den Urteilsprozeß wichtig, sondern umgekehrt auch der Eindruck, den der Beurteilte von seinem Gegenüber gewinnt. Ist der Urteiler ihm unsympathisch, wird er sich nur schwer normal und unbefangen verhalten können. Dies wiederum führt zu einem negativen Eindruck bei dem Beurteiler. Es kommt eine Interaktion zwischen beiden Gesprächspartnern zustande, die unter Umständen in F
einem gänzlich unangemessenen Urteil resultiert. Das gleiche gilt in umgekehrter Weise, wenn der Urteiler auf den Beurteilten sympathisch wirkt. Ursachen für die gegenseitige Steuerung des Verhaltens können Verhaltensweisen sein, Äußerlichkeiten, das Geschlecht des Urteilers und des Beurteilten u. v. a.

3.4.3. Situationseinflüsse als Fehlerquelle

Es sind viele Situationseinflüsse, die zu Fehlurteilen führen können. An dieser Stelle seien nur einige besonders auffällige Fehlerquellen erwähnt.

Wenn sich ein Bewerber bei einem Unternehmen vorstellen will und dazu früher als gewöhnlich aufstehen muß, könnte es sein, daß er nervöser und weniger reaktionsschnell wirkt als sonst. Die Tageszeit der Beurteilung wird also Einfluß F,Q,T
auf das abgegebene Urteil haben.
Auch unabhängig von der Tageszeit kann sowohl der Urteiler als auch der Beurteilte in unterschiedlicher Verfassung F,Q,T
sein. Wenn jemand auf dem Weg zu einer wichtigen Testsitzung einen schweren Verkehrsunfall gesehen hat, in den er selbst noch beinahe mit verwickelt wurde, wird ihm dieses Ereignis während des Tests im Kopf herumgehen und das Testergebnis verfälschen.
Kompliziert ist eine Urteilssituation auch dann, wenn außer dem Urteiler und Beurteilten noch weitere Personen anwesend sind. Man weiß in einer solchen Konstellation nicht, ob sich der Beurteilte in Anwesenheit anderer Personen F,Q,T
normal benimmt, oder ob sie sein Erscheinungsbild in spezifischer Weise beeinflussen. Wenn sich ein Vorgesetzter zum Beispiel ein Urteil über die Arbeitsweise eines Mitarbeiters bilden will, wäre es sicherlich sehr störend, wenn während der Beobachtungsphase (die für den Betreffenden schon an sich eine Belastung darstellt) noch ein Kollege anwesend ist, den der zu Beurteilende nicht ausstehen kann. Eine ähnliche Konstellation kann sich in Testsituationen einstellen, etwa wenn jemand im Verlauf einer Testuntersuchung einen Bekannten entdeckt, vor dem ihm seine Anwesenheit peinlich ist.
Eine weitere Fehlerquelle, die in diesem Zusammenhang genannt werden muß, ist die Begrenzung des Erfahrungsbereichs des Urteilers mit dem zu Beurteilenden. Dazu ein F
Beispiel: Fachlehrer in Gymnasien machen immer wieder die Erfahrung, daß Schüler, die sie für sehr schlecht gehalten haben, glatt durch das Abitur kommen und umgekehrt. Für den Englischlehrer ist der Fehlschluß naheliegend, daß Schüler, die im Fach Englisch schlecht abschneiden, generell schlecht seien und Schüler, die in »Englisch« gut sind, eben überall gut sein müssen. Das mündliche Abitur ist für den Englischlehrer im allgemeinen die erste Gelegenheit, einen Schüler auch einmal in einer anderen Leistungssituation zu beobachten. Ähnliche Erfahrungen können wohl auch Studenten machen, die einen Kommilitonen, den sie als Streber abgestempelt haben, plötzlich auf einem Faschingsfest erleben.

3.4.4. Fehlerquellen bei der Kommunikation von Urteilen

Jeder ist auf die Urteile anderer angewiesen, und jeder weiß auch, daß er sich auf die Urteile bestimmter Leute mehr verlassen kann als auf die anderer. Das muß keineswegs bedeuten, daß die Urteile jener Leute richtiger, wahrer sind. Bekanntlich sieht jeder die Welt durch die eigene Brille, so daß sich schon dadurch Divergenzen zwischen den Urteilen verschiedener Personen ergeben können. Hinzu kommt, daß man die Urteile auch in seiner eigenen Sprache an andere weitergibt, und ob meine Sprache die meines Partners ist, stellt sich häufig erst nachträglich heraus. Jemand, der einen anderen lange und intensiv kennt, ist in der Lage, diesem seine Urteile über Dritte in wenigen Worten und dennoch präzise mitzuteilen. Die gleiche Information einem Fremden zu übermitteln, würde viele Worte und Überlegungen beanspruchen. Die Situation ist dann die, in der der Verfasser einer freien Beurteilung steht. Die Kommunikation wird dann durch alle Mängel unserer Sprache gestört, die wir bereits angelegentlich der freien Beurteilungsform erörtert hatten (vgl. S. 113ff.).

Psychische Nuancen sind mit den Mitteln der Alltagssprache
che nur schwer exakt ausdrückbar. Wenn Sender und Emp- F,Q,V
fänger der Kommunikation einander fremd sind, wissen sie
nicht, ob sie unter Begriffen wie »manchmal«, »oft«, »teilweise«, »ein wenig« usw. dasselbe verstehen. Eigen-
schaftswörter sind nicht bedeutungsscharf oder sogar F,Q,V
mehrdeutig. Das Wort »anständig« kann man als »wohlerzogen« und »angepaßt« verstehen, man kann es aber auch als »integer« und »ehrlich« auffassen.

Alltagssprachliche Beschreibungsbegriffe sind nur in Ausnahmefällen wertneutral. Meist haben sie eine wertende
Mitbedeutung, die zudem nicht einmal eindeutig sein muß. F,V
Wenn jemand einen anderen als »konservativ« beschreibt, wird der Kommunikationsempfänger sich daraus ein positives oder negatives Urteil über den Begutachteten machen, je nachdem, ob er selbst konservativ eingestellt ist oder nicht.

Es wurde oben gesagt, daß sich langjährige Partner häufig mit nur wenigen Worten über Dritte verständigen können. Nur zum Teil liegt das an der allmählichen gegenseitigen Angleichung des Sprachverständnisses, das die Formulierungen des anderen präziser auffaßbar macht. Ein zweites Moment, das die Effektivität der Kommunikation steigert, liegt darin, daß der kommunizierende Partner weiß, welche Aspekte neu und wesentlich sind und welche er als für den anderen selbstverständlich weglassen kann.

Das Fehlen von Selbstverständlichkeiten wurde ja bereits oben (S. 115) als ein Merkmal einer guten freien Beurteilung bezeichnet. Wenn Sender und Empfänger einer freien Beurteilung einander nicht kennen, weiß der Sender leider nicht so genau, was für den Empfänger selbstverständlich ist. Er wird sich darauf beschränken müssen, Merkmale von sehr
hoher Auftretensrate wegzulassen, also Merkmale, die zur F,V
Differenzierung mehrerer Personen untauglich sind.

III. Die Untersuchung von Zusammenhängen zwischen mehreren psychischen Phänomenen

1. *Einige Unterscheidungen*

Wenn man sich für die Frage interessiert, ob mehrere psychische Erscheinungen miteinander zusammenhängen, gibt es zwei prinzipiell verschiedene Möglichkeiten, zu einer Antwort zu kommen. Die eine Möglichkeit besteht darin, die psychischen Erscheinungen zu messen und dann miteinander zu vergleichen. Die zweite Möglichkeit ist die, eine oder mehrere psychische Erscheinungen durch gezielte Eingriffe in voraussagbarer Weise zu verändern und dann zu sehen, was mit der oder den übrigen interessierenden psychischen Erscheinungen passiert, ob sie sich mit verändern oder nicht. Nach einer von Selg bevorzugten Begriffsbildung spricht man im ersten Fall von einer *Interdependenzanalyse,* während die zweite Angehensweise als *Dependenzanalyse* bezeichnet werden kann (Selg und Bauer 1971). Zum Bedeutungshof des ersten Begriffs gehören Worte wie *Korrelationsanalyse, Feldstudie, Felduntersuchung.* Zum zweiten Begriff gehören Termini wie *Laboratoriumsexperiment* und *Feldexperiment.* Interdependenzanalysen begnügen sich mit dem Aufzeigen oder Überprüfen von Zusammenhängen, die lediglich als statistische Zusammenhänge charakterisiert werden können (vgl. S. 10f.). Dependenzanalysen gehen darüber hinaus und dienen der empirischen Prüfung als ursächlich angenommener Zusammenhänge.

Es ist wichtig, sich den Unterschied zwischen den beiden Untersuchungsmöglichkeiten stets vor Augen zu halten; denn von der praktischen Untersuchung her können sich beide Fragerichtungen sehr ähnlich sehen. Wie im folgenden anschaulich klarwerden wird, kann man einen bestimmten Versuchsplan sowohl als Interdependenzanalyse als auch als Dependenzanalyse realisieren. Lediglich die Interpretation der Versuchsergebnisse ist dann eine andere, nicht aber die statistische Auswertung.

Bestimmte Techniken der Interdependenzanalyse haben wir schon im Abschnitt über Dimensionsanalyse (S. 43ff.) kennengelernt. Die meisten statistischen Verfahren, die in der Fachliteratur unter dem Stichwort *Multivariate Datenanalyse* abgehandelt werden, gehören hierher. Es würde den Rahmen dieser Einführung bei weitem sprengen, wollten wir diese Techniken im einzelnen erörtern.

Außerdem gibt es sehr gute Bücher, die sich speziell an den Anwender der Techniken richten, so daß hier nur auf diese Literatur verwiesen werden soll (vgl. etwa Cooley und Lohnes 1971, Gaensslen und Schubö 1973, Overall und Klett 1972, Van de Geer 1971). Im Prinzip kann jede Untersuchung, die von der Berechnung von Korrelationskoeffizienten Gebrauch macht, als Interdependenzanalyse bezeichnet werden. So könnte man beispielsweise auch die Berechnung und Interpretation eines Trennschärfekoeffizienten unter diesem Gesichtspunkt betrachten; denn die Frage, die dem Vorgehen bei der Aufgabenanalyse zugrunde liegt, lautet: Mißt das einzelne Item eines Tests etwas Ähnliches wie der Gesamttest oder nicht (Näheres siehe auf S. 47 ff.)? Im folgenden sind einige Versuchstypen geschildert, die primär als Instrumente der Kausalanalyse entwickelt wurden, die aber ebensogut zur Untersuchung statistischer Zusammenhänge herangezogen werden können.
Jede wissenschaftliche Untersuchung setzt eine Fragestellung (Hypothese) voraus. Eine wissenschaftliche Hypothese kann als Frage oder Behauptung formuliert sein. Sie sollte vor der empirischen Untersuchung explizit formuliert werden. Wie eine experimentelle Untersuchung konkret ablaufen könnte, und welche Fehlerquellen dabei zu beachten sind, sei an einigen Beispielen demonstriert. Dem Leser, dem die folgenden Ausführungen zu verkürzt und abstrakt erscheinen, sei als Ergänzung das Buch von Heckhausen 1969 empfohlen, der an einer Fülle von Beispielen zeigt, wie experimentelle Untersuchungen in der Psychologie praktisch durchgeführt werden können (vgl. auch die ausgezeichnete Einführung von Wormser 1974).

2. *Die Untersuchung von Hypothesen mit Hilfe von Experimenten*

Eine *Hypothese* besteht in der Vermutung einer Abhängigkeitsbeziehung zwischen bestimmten Erscheinungen. Sie muß so abgefaßt sein, daß sie für die Beobachtungsdaten gilt, die die Erscheinungen empirisch repräsentieren. Darüber hinaus sollte sie als Wenn-Dann-Aussage abgefaßt sein. Mit anderen Worten: Wenn diese oder jene Bedingungen erfüllt sind, dann geschieht dieses oder jenes. Sowohl die Bedingungen als auch das, was dann passieren soll, müssen operational definiert sein, das heißt, der Untersucher formuliert die Variablen des Experiments (Bedingungen und das, was sie auslösen sollen) so, daß sie mit den Operationen identisch werden, die man zu ihrer Bestimmung ausführen muß. Diese Operationen können sein: experimentelle Manipulationen oder Meßanweisungen.

Nach diesen Vorbereitungen kann man darangehen, das Experiment durchzuführen. Ein *Experiment* kann definiert werden als die planmäßige Herbeiführung eines Vorganges (wiederholbar und variierbar), der zum Zwecke der Analyse systematisch beobachtet wird. Damit die Analyse erfolgreich sein kann, müssen die einen interessierenden Bedingungen *(= experimentelle Bedingungen)* systematisch variieren, während die einen nicht interessierenden Nebenbedingungen (= *Störbedingungen)* konstant gehalten (kontrolliert) oder zumindest gemessen werden müssen.
Man unterscheidet dabei zwei Arten von Beobachtungsvariablen, erstens die *unabhängigen Variablen* (das sind solche, die von der Versuchsperson unabhängig sind, also vom Versuchsleiter manipuliert werden), und zweitens die *abhängigen Variablen* (das sind die, in denen sich die angenommenen Wirkungen der unabhängigen Variablen zeigen sollen, die also gewissermaßen von den Reaktionen der Versuchspersonen abhängig sind).

Wie schon erwähnt, sind Experimente Dependenzanalysen. Häufig wird der Begriff Experiment nicht ganz korrekt auch auf Untersuchungen angewandt, die richtig als Interdependenzanalysen anzusehen wären. Das liegt daran, daß viele Interdependenzanalysen in bezug auf Aufbau und statistische Auswertung wie Experimente aussehen. Auch in solchen Untersuchungen ist es üblich, von unabhängigen und abhängigen Variablen zu sprechen. Allerdings kann die unabhängige Variable in diesen Untersuchungen nicht vom Versuchsleiter manipuliert werden, sondern die experimentellen Gruppen werden nach Messung des Merkmals vom Versuchsleiter zusammengestellt. Man kann auch sagen, die experimentelle Bedingung werde in diesem Fall nicht herstellend, sondern auswählend realisiert. Welche Konsequenzen das für die Interpretation der Untersuchungsergebnisse haben kann, sei an einem kleinen Beispiel erläutert:
Ein Übungsleiter interessiert sich dafür, ob er bei seinen Studenten besser ankäme, wenn er sich dem letzten Modetrend entsprechend kleiden würde. Er beschließt, diese Frage experimentell zu klären. Er hält seine Übung zunächst in seiner normalen Kleidung ab. Im nächsten Semester kleidet er sich völlig neu ein und tritt so vor die Studenten. Am Ende jedes Semesters erkundigt er sich durch Einholung eines anonymen Schätzurteils, wie beliebt er bei den Studenten war. Er stellte also die experimentelle Bedingung »Kleidungsgewohnheiten« in zwei Modalitäten her. Es handelt sich mithin um ein Experiment.
Ein anderes Mal interessiert sich der Übungsleiter dafür, ob er bei den Studenten verschiedener Fachrichtungen in unterschiedlicher Weise ankommt. Er stellt die Fachrichtung jedes Studenten fest und vergleicht anschließend, ob die Studenten verschiedener Fächer ihn unterschiedlich beurteilt haben. Die Modalitäten der experimentellen Bedingung »Fachrichtung« werden also auswählend realisiert. Es handelt sich also strenggenommen nicht um ein Experiment, sondern um eine Interdependenzanalyse. Obwohl beide

Versuche hinsichtlich der Auswertung überhaupt nicht zu unterscheiden sind, ist der Unterschied zwischen beiden Untersuchungstypen fundamental. Während man im ersten Fall – von Mängeln der experimentellen Kontrolle einmal abgesehen – die Differenzen zwischen beiden Kleidungsgruppen auf die Ursache »Kleidungsgewohnheiten« zurückführen kann, weiß man im zweiten Fall letztlich nicht, welche Ursachen die eventuell auftretenden Differenzen zwischen den Studentenurteilen aus verschiedenen Fachrichtungen haben. Vielleicht ist nicht die unterschiedliche Fachrichtung die Ursache der Differenzen, sondern die damit einhergehenden politischen Einstellungen der Studenten. Vielleicht handelt es sich bei den Studenten eines Faches um Nebenfachhörer, während die übrigen die Übung im Hauptfach besuchen. Vielleicht müssen die Studenten eines Faches den Übungsschein zum Examen vorlegen, während die übrigen Studenten die Übung nur fakultativ besuchen. Jedes Merkmal, das mit den Fachrichtungen einhergeht, könnte als Ursache für die festgestellten Differenzen in Frage kommen. Interdependenzanalysen sind deshalb viel kritikanfälliger als echte Experimente; denn die festgestellten Zusammenhänge sind nie als kausal nachweisbar, sondern müssen als lediglich statistische Zusammenhänge interpretiert werden.

Doch auch in echten Experimenten kann die Interpretation der Zusammenhänge als Kausalbeziehungen in Frage gestellt sein, wenn man wesentliche Nebenbedingungen nicht kontrolliert. Auch dazu ein praktisches Beispiel. Die experimentelle Hypothese möge lauten: Wenn man auf den Bundesstraßen der BRD Tempo 100 einführt, verringert sich die Zahl der Verkehrstoten. Zunächst muß sich der Untersucher die Frage stellen, ob die Aussagen der Hypothesen operational klar sind. Die Bedingung »Tempo 100« ist wohl bereits operational eindeutig. Sie ist identisch mit der Handlung, Tempo 100 auf allen Bundesstraßen einzuführen und lückenlos zu überwachen. Über die Definition eines Verkehrstoten könnte man sich dagegen schon streiten. Nach der üblichen Auffassung ist derjenige als Verkehrstoter zu betrachten, der an den Folgen eines Verkehrsunfalls innerhalb von dreißig Tagen nach dem Unfall stirbt. Auch andere Definitionen wären vernünftig.
Diese Hypothese lag den verkehrspolitischen Maßnahmen der Regierung im Jahre 1973 zugrunde, von denen der zuständige Minister sagte, daß es sich dabei um ein Experiment handelte. Gehen wir deshalb einmal die oben aufgeführten Bestimmungsstücke der Definition eines Experiments daraufhin durch, ob sie auf das vorliegende Beispiel passen. Die experimentelle Bedingung ist die Einführung von Tempo 100. An möglichen Störbedingungen wären zu nennen: Die Entwicklung der Verkehrsdichte (je nach Konjunkturlage werden mehr oder weniger Autos gefahren); als Folge der Ölkrise werden vielleicht mehr kleinere und weniger sichere Autos gefahren;

verkehrspolitische Maßnahmen der Regierung (Spikesreifen werden verboten. Deshalb werden neuartige Reifen produziert, die die Bremswege verändern). Jeder kann sich leicht zusätzliche Einflüsse auf die Zahl der Verkehrstoten denken, die mit der Einführung von Tempo 100 nichts zu tun haben, und die zum Teil parallel zu der experimentellen Bedingung, zum Teil auch gegensätzlich wirken können. Damit wird aber die Interpretation der Ergebnisse, also die Zurechnung der Veränderung in der Zahl der Verkehrstoten auf die experimentelle Bedingung, in Frage gestellt. Ein Versuchsplan wie dieser wäre deshalb für wissenschaftliche Zwecke unbrauchbar.

Das wissen natürlich auch die Politiker und ihre Berater. Doch läßt sich leider in vielen Fällen gerade dann nicht methodisch sauber experimentieren, wenn es um sehr wichtige Entscheidungen geht. Eine experimentelle Kontrolle hätte Konsequenzen für die Bürger, die diese wahrscheinlich nicht widerspruchslos hinnehmen würden. Eine Kontrollmaßnahme könnte zum Beispiel vorsehen, daß Tempo 100 zunächst nur in Süddeutschland eingeführt würde, während die Norddeutschen nach wie vor beliebig schnell fahren dürften. Was würden zu einer solchen Art der experimentellen Kontrolle die Bayern sagen? Abgesehen davon, daß eine lückenlose experimentelle Kontrolle im vorliegenden Fall kaum politisch durchsetzbar wäre, wäre sie in dieser Form sogar noch methodisch anfechtbar. Wenn man annimmt, daß in Norddeutschland etwas mehr Schnee fällt als in Süddeutschland, wenn man annimmt, daß die Qualität und der Anteil der Bundesstraßen in Norddeutschland etwas verschieden sind von denen in Süddeutschland, wenn man annimmt, daß sich die norddeutschen Autofahrer in ihrer Mentalität möglicherweise von den süddeutschen unterscheiden, kann man wohl kaum an die Wirksamkeit dieser flankierenden Maßnahme als experimentelle Kontrolle glauben. Untersuchungstypen der geschilderten Art kann man unter dem Stichwort *vorexperimentelle Versuchspläne* zusammenfassen und folgendermaßen symbolisieren:

M(essung) 1	B(edingung)	M(essung) 2
Frühere Zahl der Verkehrstoten	Einführung von Tempo 100	Jetzige Zahl der Verkehrstoten

Das Prinzip des vorexperimentellen Versuchsplans sei noch an einem zweiten Beispiel erläutert, das eher in den Sozialwissenschaften herrschenden Verhältnissen entspricht.

Die Hypothese möge lauten: Wenn man die psychologische Methodenausbildung von Nebenfachhörern von einem auf zwei Semester verlängert, hat das zur Folge, daß die Studenten methodenkritischer sind.

Die experimentellen Variablen seien folgendermaßen operationalisiert:

1. Experimentelle Bedingung: Die Ausbildung wird als eine Übung mit abschließender Klausur durchgeführt. Die Übung wird zum Zwecke des Experiments in einer einsemestrigen und einer zweisemestrigen Variante angeboten.

2. Abhängige Variable: Meßwert (Punktwert oder Note) in der Abschlußklausur.

Der Versuchsplan könnte wie folgt symbolisiert werden:

M 1	B	M 2
Frühere Klausurergebnisse nach Abschluß der einsemestrigen Übung	Einführung der zweisemestrigen Übung	Jetzige Klausurergebnisse nach Abschluß des zweisemestrigen Übungszyklus

Es ist die Frage, ob der Versuchsplan die Frage, die in der Hypothese impliziert ist, wirklich eindeutig beantworten kann; denn es wären viele Einwände möglich, die die durch das Experiment gegebene Antwort mehrdeutig erscheinen lassen könnten. Hier eine Aufzählung einiger Einwände, die der Leser bei näherem Nachdenken sicherlich durch weitere verlängern könnte.

a) Die früheren Abschlußklausuren fanden teilweise im Winter und teilweise im Hochsommer bei sehr schwülem Wetter statt. Die Klausuren zu M 2 dagegen könnten durch den zweisemestrigen Übungszyklus immer im Winter unter angenehmen Prüfungsbedingungen stattfinden. Bessere Leistungen nach Einführung der experimentellen Bedingung B wären nicht auf B, sondern die systematische Störbedingung »Wetter« zurückzuführen.

b) Inzwischen könnte ein sehr gutes Einführungslehrbuch erschienen sein, das den Studenten den Einstieg in die psychologische Methodenlehre leichter macht als früher. Der experimentelle Effekt wäre dann nicht auf B, sondern auf die Nebenbedingung »Lernhilfen« zurückzuführen.

c) Die heutigen Studenten sind, bedingt durch den inzwischen eingeführten Numerus clausus, von vornherein leistungsmotivierter als die früheren Studentengenerationen. Der experimentelle Effekt wäre in diesem Fall auf die Nebenbedingung »Zusammensetzung der Versuchspersonenstichprobe« zurückzuführen.

d) Dadurch, daß die Methodenausbildung sich jetzt über zwei Semester erstreckt, besuchen die Studenten mehr andere Veranstaltungen, die sie unabhängig von der Methodenübung methodenkritischer machen. In diesem Fall wäre der experimentelle Effekt eine Folge der Bedingung »Lernkontext«.

e) Die teilnehmenden Studenten wußten, daß es sich um ein Experiment handelt, und waren anders motiviert als frühere Studentengenerationen. Möglicherweise versuchen sie, durch besonders schlechte Abschlußklausuren, einer generellen Einführung der verlängerten Methodenausbildung vorzubeugen. Hier wird der experimentelle Effekt vielleicht durch die Nebenbedingung »Reaktion auf die experimentelle Bedingung« verhindert.

f) Die verlängerte Methodenausbildung schreckt von vornherein manche Studenten ab. Sie wählen ein anderes Nebenfach. Die experimentelle Bedingung wird durch die Nebenbedingung »Stichprobenzusammensetzung« überdeckt (vgl. c).

g) Die verlängerte Methodenausbildung führt zu einem stärkeren Schwund an Studenten, so daß nur die methodenkritischeren Studenten überhaupt bis zu den Abschlußklausuren in der Veranstaltung bleiben. Der experimentelle Effekt wird hier durch die Nebenbedingung »Ausfälle während des Experiments« (auch *experimentelle Mortalität* genannt) vorgetäuscht.

Was könnte man angesichts dieser Situation tun, um die experimentelle Kontrolle zu steigern. Wir wollen einmal prüfen, ob der nächste Versuchsplan mit einer zeitlich parallelen Kontrollgruppe besser ist.

Gruppe 1	M 1	B 1	M 2
(Experimentelle Gruppe)	Test zur Feststellung des Vorwissens	Neue Übungsform (zweisemestrig)	Abschlußklausur
Gruppe 2	M 1	B 2	M 2
(Kontrollgruppe)	Test zur Feststellung des Vorwissens	Alte Übungsform (einsemestrig)	Abschlußklausur

Die beiden Veranstaltungen mögen zeitlich so angeordnet sein, daß der Vortest M 1 einerseits und die Abschlußklausuren M 2 andererseits jeweils zum gleichen Zeitpunkt stattfinden.

Wenn man die Einwände von oben durchgeht, stellt man fest, daß dieser Versuchsplan in der Tat wesentlich besser ist als der erste. Durch die zeitliche Parallelschaltung der zwei Modalitäten der Versuchsbedingung können die oben aufgeführten Störgrößen a, b, c, d und e das Ergebnis nicht mehr verfälschen. Der Einwand f gilt allerdings in modifizierter Form: Methodisch interessierte Studenten werden die längere, die übrigen werden die kürzere Veranstaltung besuchen. Diese Störgröße kann dadurch aufgefangen werden, daß man es den Studenten nicht freistellt, in welche Veranstaltung sie gehen werden. Statt dessen teilt man sie den Versuchsbedingungen zufällig zu. Man spricht in diesem Zusammenhang von *Randomisierung*. In der symbolischen Darstellung des Versuchsplans drückt man das wie folgt aus:

M 1 B 1 M 2
R
M 1 B 2 M 2

Damit haben wir eine der klassischen experimentellen Anordnungen vor uns. Man bezeichnet diese Anordnung als Prätest-Posttest-Design mit Kontrollgruppe.

Eine zweite, ebenfalls sehr gebräuchliche Versuchsanordnung ist das sogenannte Posttest-Only-Design:

B 1 M
R
B 2 M

Wie man sieht, entfällt hier die vorherige Messung des Wissens. Man begnügt sich allein mit der zufälligen Zuordnung der Studenten zu den beiden Modalitäten der experimentellen Bedingung und vergleicht die Ergebnisse in den Abschlußklausuren. So bescheiden dieser Versuchsplan auch aussieht, ist er dennoch einer der erfolgreichsten der Sozialwissenschaften. Er ist dem zuvor genannten in einer Hinsicht sogar überlegen. Beim Prätest-Posttest-Design ist es nämlich nicht unwahrscheinlich, daß die Versuchspersonen durch den Vortest für die experimentelle Bedingung sensitiv wird, was in der Regel nicht ohne Auswirkungen auf das Versuchsergebnis bleibt. So könnte es beispielsweise sein, daß die Studenten durch den Vortest bereits eine gewisse Vorstellung davon bekommen, was später abgefragt werden soll. Sie sind deshalb gar nicht so interessiert, die Übungsveranstaltungen regelmäßig zu besuchen, sondern versuchen, sich mit Hilfe der Literatur auf die Abschlußklausur vorzubereiten. Da dies von den Studenten beider Gruppen getan wird, fällt es gar nicht mehr ins Gewicht, wie lang die eigentliche Veranstaltung ist, und das experimentelle Ergebnis scheint zu sein, daß kürzere Übungen genauso effektiv sind wie längere. Im Posttest-Only-Design fällt diese Fehlerquelle fort. Andererseits kann man hier nicht überprüfen, ob die Maßnahme der Randomisierung (Zufallszuteilung der Studenten) wirklich erfolgreich ist. Wenn man nämlich kleine Stichproben untersucht, kann es trotz der Randomisierung

dazu kommen, daß die von vornherein stärker methodenbewanderten Studenten zufällig häufiger in die eine Gruppe kommen. Im Prätest-Posttest-Design würde das an den Vortestergebnissen auffallen. Im Posttest-Only-Design bliebe der Fehler unbemerkt.
In den Sozialwissenschaften wurde außer den beiden geschilderten eine ganze Reihe weiterer Versuchspläne entwickelt, die in einer Einführung wie dieser nicht zur Sprache kommen können. Der Leser sei zu diesen speziellen Fragen auf Bredenkamp 1969, Klauer 1973, Schulz 1970, Schwarz 1970, Seelig 1973 oder Zimmermann 1972 verwiesen.
Nachdem bisher an einem konkreten Beispiel lediglich unsystematisch Einwände gegen das eine oder andere experimentelle Vorgehen zusammengetragen wurden, ist es nun an der Zeit, die möglichen Fehlerquellen ein wenig zu systematisieren.

2.1. Fehlerquellen in Experimenten

2.1.1. Unsystematische Fehler (Zufallsfehler)

Unsystematische Fehler bestehen in der mangelnden Präzision der experimentellen Messungen. Sind zum Beispiel die Punktwerte in der Abschlußklausur sehr unzuverlässig, müßte der experimentelle Effekt, der durch die unterschiedlichen Bedingungsmodalitäten (kurze versus längere Veranstaltung) zustande kommt, sehr gravierend sein, um überhaupt aufzufallen; denn wenn der Meßfehler bei der Messung M 2 groß ist (vgl. S. 83), kann man sich nur sehr eingeschränkt darauf verlassen, daß die besseren Studenten auch immer bessere Klausurnoten erhalten. In jeder der beiden Veranstaltungen wird es sehr gute und sehr schlechte Noten geben, so daß man kaum noch sagen kann, daß die eine Gruppe im Durchschnitt besser abgeschnitten hat als die andere. Durch die geringe Zuverlässigkeit der Meßverfahren gehen also die durch die experimentelle Bedingung verursachten Effekte in der großen Streuung der Testergebnisse unter (s. auch S. 180ff.).
Eine zweite Ursache für unsystematische Fehler ist die natürliche Variabilität in der Stichprobe von Versuchspersonen. Es sei einmal angenommen, die Studenten, die die Veranstaltung besuchen, gehören verschiedenen Fachrichtungen an und verfügen über sehr unterschiedliche Voraussetzungen. Während einige das Denken in formalen mathematischen Begriffen gewohnt sind, müssen sich andere erst daran gewöhnen, daß Psychologie etwas mit Mathematik zu tun hat. Die Unterschiede in den Voraussetzungen werden sich in den Abschlußmessungen niederschlagen. In jeder der beiden Gruppen wird

es sehr gute Klausuren und sehr schlechte geben. Auch hier entsteht für den Untersuchungsleiter die Frage, ob der mittlere Unterschied zwischen beiden Gruppen im Verhältnis zur Streuung der Klausurergebnisse innerhalb jeder Gruppe groß genug ist, um ihn als Folge der experimentellen Bedingung interpretieren zu können.

2.1.2. Systematische Fehler

Während unsystematische Fehler lediglich dazu führen können, daß man einen experimentellen Effekt »übersieht« und nicht als statistisch gesichert (s. u. S. 180ff.) ausgeben kann, ist die Wirkung der systematischen Fehler sehr viel unangenehmer. Systematische Fehler sind nämlich auf unkontrolliert gebliebene Einflußfaktoren zurückzuführen, die das Ergebnis in unvorhersehbarer Weise verfälschen können. Das Problem ist hier für den Untersucher, daß er nicht zu keinem experimentellen Ergebnis kommt, sondern zu einem falschen. Die Fehler führen also zu einer ungültigen Interpretation des Experimentators, sie mindern die Validität des Experiments. In der Literatur über Versuchsplanung werden zwei Aspekte der Validität von Experimenten voneinander unterschieden.

Die erste Fehlerart betrifft die sogenannte *interne Validität* von Experimenten. Ein Experiment ist dann intern valide, wenn für das experimentelle Ergebnis keine anderen Erklärungen möglich sind als die in der Hypothese vorformulierten. Fehler, die die interne Validität betreffen, sind darauf zurückzuführen, daß sich die den verschiedenen Modalitäten der experimentellen Bedingung zugeordneten Versuchspersonen nicht nur in den experimentell herbeigeführten Variablen unterscheiden, sondern zusätzlich in anderen Merkmalen. Man spricht in diesem Zusammenhang von einer *Konfundierung* (Vermengung) der experimentellen Bedingung mit anderen unkontrolliert gebliebenen Einflußgrößen. Einige Beispiele für Konfundierungen: a) Eine der beiden Übungsveranstaltungen wird während des experimentellen Zeitraums bestreikt, die andere nicht; b) die beiden Veranstaltungen werden von unterschiedlichen Übungsleitern abgehalten, die unterschiedlich engagiert sind; c) falls das Experiment als Prätest-Posttest-Design durchgeführt wurde, hat die erste Messung die Versuchspersonen sensitiviert, was dazu führt, daß sie sich unabhängig von der Veranstaltung gezielt auf die zweite Klausur vorbereiten; d) es war nicht durchsetzbar, die Studenten den experimentellen Gruppen zufällig zuzuteilen. So kommen in die eine Gruppe nur Studenten einer Fachrichtung, während die andere Gruppe gemischt zusammengesetzt ist; e) einigen Versuchspersonen gefällt der verlängerte Kurs nicht. Sie scheiden aus und wechseln das Nebenfach.

Es fällt auf, daß ein Teil der schon früher genannten Einwände sich auf Konfundierungen der experimentellen Bedingung mit Störbedingungen bezieht. Generell kann man sagen, daß sich eine ganze Reihe dieser Fehler durch die noch zu schildernden Kontrolltechniken vermeiden läßt.

Eine zweite Gruppe von Fehlern betrifft die sogenannte *externe Validität* des Experiments. Fehler, die die externe Validität betreffen, haben zur Folge, daß die experimentellen Bedingungen von denen abweichen, für die die experimentelle Aussage gemacht werden soll. Sie sind gemeint, wenn Kritiker des experimentellen Vorgehens die Lebensferne vieler Experimente hervorheben. Auch dazu ein paar Beispiele: a) Das Experiment zur Methodenausbildung wurde nur mit einem Übungsleiter durchgeführt, soll aber für alle möglichen Dozenten gelten; b) das Experiment wurde nur im Fach Psychologie durchgeführt, soll aber für alle Fachrichtungen und alle Arten von Veranstaltungen gelten; c) die im Prätest-Posttest-Design vorgenommene Vortestmessung macht die Versuchspersonen neugierig und motiviert sie zu stärkerem Arbeitseinsatz; d) die Teilnahme am Experiment ist freiwillig. Deshalb lassen sich nur die an Forschung interessierten Studenten untersuchen. Ob das Ergebnis später für alle gilt, bleibt ungewiß; e) die Versuchspersonen wissen, daß sie an einem Experiment teilnehmen. Wenn sie ein Interesse daran haben, nur kürzere Übungen besuchen zu müssen, werden sie sich unbewußt oder bewußt so verhalten, daß das gewünschte Versuchsergebnis herauskommt; f) der Versuchsleiter erwartet ein bestimmtes Ergebnis. Er ist – ohne es zu wollen – unter der Übungsform engagierter, die er für die effektivere hält.

Die externe Validität von Experimenten ist wesentlich schwieriger zu erreichen als die interne. Während es zur Sicherstellung der internen Validität einen Kanon von Kontrolltechniken gibt (s. u.), lassen sich in bezug auf die externe Validität nur einige allgemeine Ratschläge geben, weil es eine absolute externe Validität gar nicht geben kann (vgl. Zimmermann 1972, S. 95). Eine Regel ist die, das Experiment so alltagsnah wie möglich durchzuführen. Günstig ist zum Beispiel die sogenannte *vollbiotische Versuchssituation* (vgl. Spiegel 1958), bei der die Versuchsperson nicht weiß, daß sie sich in einer experimentellen Situation befindet. In der Marktforschung könnte eine Firma, die sich für die Werbewirksamkeit einer neuen Verpakkung interessiert, zum Beispiel in einem Supermarkt verschiedene Packungen mit ein und demselben Produkt füllen und prüfen, welche sich besser verkauft hat. Die Hausfrau, die in den Supermarkt geht und einkauft, ist in keiner Weise darüber informiert, daß sie an einem Experiment teilnimmt. In vielen Fällen dürfte sich eine vollbiotische Versuchssituation nicht herstellen lassen. Einen Schritt in diese Richtung stellt das vor allem in der pharmakopsychologischen Forschung übliche *halbwissentliche Verfahren* dar, bei dem der Versuchsperson nur ein Teil der für das Experiment notwendigen Einzelheiten bekannt sind. Zu nennen sind in diesem Zusammenhang die sogenannten Blindversuche und Doppelblindversuche. Die Notwendigkeit zu diesen Versuchstechniken wurde offenkundig, als sich in pharmakopsychologischen Experimenten herausstellte, daß Versuchspersonen, die vorher über die vermutete Wirkung eines Pharmakons informiert waren, diese Wirkung immer zeigten, auch wenn in dem dargebotenen Pharmakon der Wirkstoff gar nicht enthalten war. Wenn man einer Person, die an Schlaflosigkeit leidet, erzählt, sie erhielte ein neuentwickeltes Schlafmittel, ihr aber in Wirklichkeit nur ein Placebo (ein Leerpräparat, das die Wirksubstanz gar nicht enthält) reicht, kann man feststellen, daß viele Versuchspersonen daraufhin besser einschlafen als ohne das Präparat. Deshalb werden pharmakologische Effektivitätstests so durchgeführt, daß die Versuchsperson nicht weiß, ob sie ein Placebo oder ein Präparat mit Wirksubstanz erhält *(Blindversuch).* Bei vielen Versuchen dieser Art stellte sich heraus, daß diese Vorkehrungen noch immer nicht ausreichend waren, weil der Versuchsleiter den Versuchspersonen unbewußt verriet, zu welcher der Versuchsgruppen sie gehörten. Der *Doppelblindversuch* sieht deshalb vor, daß auch derjenige, der das Experiment ausführt, nicht weiß, ob er der Versuchsperson ein echtes Präparat reicht oder ein Placebo.

Es ist schwer abzuschätzen, wie viele experimentelle Ergebnisse in den Sozialwissenschaften darauf zurückzuführen sind, daß der Versuchsleiter den Versuchspersonen unbewußt durch Gesten, durch Wortwahl, Gesichtsausdruck oder ähnliche Kommunikationsmedien mehr Daten über das Experiment verriet, als die Versuchspersonen wissen durften. Es sind sicherlich mehr Untersuchungen, als man zunächst glauben möchte. Das Verdienst, solchen Störgrößen zu größerer Beachtung verholfen zu haben, gebührt Rosenthal, der eine Fülle von aufsehenerregenden Entdeckungen auf diesem Gebiet gemacht hat (vgl. etwa Badia et al. 1970, Friedman 1967, Rosenthal 1966, Rosenthal und Rosnow 1969).

2.2. Experimentelle Kontrolltechniken

Zwischen der internen und externen Validität eines Experiments besteht ein merkwürdiges Verhältnis. Einerseits muß man interne Validität des Experiments anstreben, um alternative Erklärungsmöglichkeiten für das Resultat zu vermeiden. Andererseits läßt sich die interne Validität manchmal nur durch Maßnahmen sichern, die die externe Validität des Versuchs möglicherweise in Frage stellen. Deshalb seien abschließend noch einige Kontrolltechniken erörtert, die zur Sicherstellung der Validität entwickelt worden sind. Sie betreffen primär die interne Validität. Sofern ihre Anwendung die externe Validität beeinflußt, ist das vermerkt.

1. Eine Kontrolltechnik, und zwar die wichtigste, haben wir schon besprochen, nämlich die *Randomisierung.* Die Randomisierung besteht in der zufälligen Zuteilung der Versuchspersonen zu den experimentellen Gruppen. Wenn man also zwei Gruppen hat, wie in unserem Beispiel mit der unabhängigen Variablen »Übungsdauer«, könnte man beispielsweise durch Münzenwurf entscheiden, welcher der beiden Übungsformen die Studenten zugeordnet werden. Die Randomisierung ist übrigens die einzige Kontrolltechnik, die eine vollständige Kontrolle aller möglichen Störgrößen – auch der unbekannten – erlaubt. Der Experimentator braucht also beim Experimentieren nicht die möglichen Störvariablen zu kennen, die einen Einfluß auf das Experiment haben könnten. Wenn er zum Beispiel nicht daran gedacht hat, daß hohe Intelligenz der Studenten eine Mitursache für gute Klausurnoten ist, ist das nicht bedenklich, weil durch die Randomisierung sichergestellt ist, daß in beiden Gruppen ungefähr gleich viele intelligente wie weniger intelligente Studenten anzutreffen sein werden.

Ein Nachteil der Randomisierung besteht darin, daß man verhältnismäßig viele Versuchspersonen braucht. Dadurch, daß in beiden Gruppen sowohl sehr intelligente als auch weniger intelligente Versuchspersonen vorkommen, weisen die Klausurergebnisse innerhalb jeder Gruppe eine so große Variabilität auf, daß die Unterschiede, die zwischen den Gruppen bestehen, möglicherweise gar nicht mehr deutlich erkennbar sind.

Wenn der Experimentator das vermutet, tut er gut daran, sich nicht allein auf die Randomisierung zu verlassen, sondern zusätzliche Kontrolltechniken anzuwenden. An solchen Techniken kommen in Frage:

2. Die *Gleichhaltung* von Störvariablen. Um den Effekt des Intelligenzniveaus zu kontrollieren, könnte man das Experiment beispielsweise nur mit Studenten durchführen, die einen IQ zwischen 110 und 115 aufweisen. Da die Intelligenz der Versuchspersonen näherungsweise gleich ist, kann diese Variable kaum die Variabilität der Klausurergebnisse vergrößern. Der Effekt der Gleichhaltung besteht also darin, daß die Wirkung der experimentellen Variablen deutlicher erkennbar ist, weil die Variabilität innerhalb der Gruppen reduziert worden ist.

Ein Nachteil dieser Kontrolltechnik ist, daß man nicht mehr weiß, ob die experimentellen Befunde vielleicht nur für Studenten mit bestimmten IQ-Werten gelten. Das Experiment wird also durch Konstanthaltung von Störvariablen wirklichkeitsferner. Das heißt, die externe Validität ist eingeschränkt.
3. *Einbau der Störvariable* als zusätzliche unabhängige Variable. Falls es ökonomisch und forschungstechnisch realisierbar ist, kann man die Störvariable messen und als zweite experimentelle Variable behandeln. Man würde also beispielsweise den IQ messen und jede experimentelle Gruppe nach dem IQ wiederum in zwei Untergruppen aufteilen. Wir haben dann ein sogenanntes *faktorielles Design* vor uns, ein Versuchsplan, in dem mehr als eine unabhängige Variable vorkommt. Ein faktorieller Versuchsplan ist komplizierter auszuwerten als ein univariater Versuchsplan, bietet dafür aber einen wesentlichen Vorteil. Man kann nämlich *Wechselwirkungen (Interaktionen)* zwischen den verschiedenen unabhängigen Variablen studieren. Was darunter zu verstehen ist, geht aus der Tabelle 29 hervor.

Tabelle 29: Darstellung eines faktoriellen Vesuchsplans. In den Zellen sind die durchschnittlichen Punktwerte der Versuchspersonen enthalten, die auf die verschiedenen Bedingungskombinationen entfallen sind.

		Übungsdauer kurz	Übungsdauer lang
IQ	hoch	50,2	51,1
	niedrig	20,0	52,8

Es könnte sein, daß die Verlängerung der Übungsdauer nur bei den weniger intelligenten Studenten zu größerer Methodenkritik führt. Die intelligenten Studenten brauchen gewissermaßen nur ein Semester, um die wesentlichen Dinge aufzunehmen. Bei ihnen hat eine Verlängerung der Methodenausbildung keinen oder nur noch einen geringen Effekt. Bei den weniger intelligenten Studenten wirkt sich dagegen die Verlängerung der Methodenausbildung förderlich aus. Man sieht, daß die weniger intelligenten Studenten unter der Bedingung »kurze Übung« nur einen Punktwert von 20.0 in der Abschlußklausur erzielt haben, während sie bei längerer Übungsdauer etwa gleich gut abschneiden wie ihre intelligenteren Kommilitonen.

Ein solches Ergebnis, das zu einem generellen Umdenken der Ausbildungspraxis an der Hochschule führen könnte, ist nur in einem faktoriellen Experiment zu erzielen.

4. *Eliminierung* (Ausschaltung) von Störgrößen. Wenn die beiden Übungsformen zeitlich parallel abgewickelt werden sollen, müssen die Übungen in verschiedenen Räumen stattfinden. Es kann nun sein, daß der eine Raum an einer Straße liegt, auf der sich gerade eine Großbaustelle befindet. Daß Lärm die Konzentration mindert, ist eine Trivialität. Zwei Kontrollmöglichkeiten wären in dieser Situation denkbar. 1. Man legt beide Übungen in ruhige Zimmer. Damit wäre die Störvariable »Lärm« ausgeschaltet. 2. Man wechselt von Sitzung zu Sitzung die Räume, so daß abwechselnd beide Übungsformen unter Lärmeinfluß stattfinden. Damit hätte man die Störvariable »Lärm« gleichgehalten (vgl. 2.). Die Ausschaltung von Störgrößen kann die externe Validität des Experiments tangieren; denn im Alltag müssen die Studenten unter Umständen auch bei Lärm Übungen besuchen. Man muß sich bei der Eliminierung einer Störvariablen also überlegen, ob das Experiment dadurch nicht wirklichkeitsfern wird.

5. Eine weitere Möglichkeit zur experimentellen Kontrolle bekannter Störvariablen ist das *Parallelisieren* (Matching) der Versuchspersonen. Nehmen wir als Beispiel wieder die Störvariable Intelligenz. Man könnte die Intelligenz messen und – bevor das Experiment beginnt – die Gesamtstichprobe der Studenten in Paarlinge mit gleichem IQ aufteilen. Wenn das geschehen ist, weist man jeweils eine Versuchsperson aus einem Paar zufällig der einen und die andere Versuchsperson der anderen Übungsform zu. Die Parallelisierung ist ein sehr effektives Verfahren der experimentellen Kontrolle (Experimente dieser Art werden statistisch anders ausgewertet als vollständig randomisierte Versuchspläne). Voraussetzung dafür ist allerdings, daß die Störvariable, nach der man parallelisiert, tatsächlich einen wesentlichen Einfluß auf das Ergebnis in der abhängigen Variable hat. Im anderen Fall wäre Parallelisieren Zeitverschwendung. (Beispiel: Parallelisieren nach dem Alter wäre im vorliegenden Fall sicherlich wenig effektiv, weil diese Variable zwar möglicherweise einen Einfluß hat, aber nur einen sehr geringen, es sei denn, die Studenten unterscheiden sich sehr stark im Alter.) Ein weiterer Nachteil besteht darin, daß man unter Umständen Versuchspersonen verliert. Zum Beispiel könnte es sein, daß man einen Teilnehmer mit IQ 135 und einen anderen mit IQ 90 in der ursprünglichen Stichprobe hat, zu denen sich kein passender Paarling finden läßt. Solche Versuchspersonen läßt man dann zweckmäßigerweise weg. Sofern man nach mehr als einer Variable parallelisieren will, nimmt

die Zahl solcher unpassenden Fälle stark zu. Parallelisieren reduziert also im allgemeinen die Stichprobe, mit der man arbeitet.
Besonders effektiv ist das Parallelisieren dann, wenn man alle Modalitäten der unabhängigen Variablen an einem und demselben Individuum vornehmen kann (in unserem Beispiel ist das allerdings nicht möglich); denn welches Individuum könnte wohl besser zu den von der Versuchsperson eingebrachten persönlichen Variablen wie Intelligenz, Alter, Geschlecht, Ängstlichkeit usw. besser passen als die Versuchsperson selbst?

2.3. Auswertung von Experimenten

Die Auswertung der im Experiment anfallenden Daten beruht auf statistischen Prinzipien, die heute jeder Student der Wirtschafts- und Sozialwissenschaften in den ersten Semestern seines Studiums erlernt. Es wäre deshalb verfehlt, hier auf technische Einzelheiten näher einzugehen. Statt dessen soll die Vorgehensweise bei der statistischen Auswertung am Beispiel unseres Experiments zur Übungsdauer (vgl. S. 169ff.) plausibel gemacht werden.
Der Untersuchung möge ein Posttest-Only-Design zugrunde gelegen haben, bei dem die Versuchspersonen den Versuchsbedingungen zufällig zugeordnet wurden. Das Versuchsschema sieht dann so aus:

    B 1   M   (Gruppe 1: Kurze Methodenausbildung)
R
    B 2   M   (Gruppe 2: Verlängerte Methodenausbildung)

M sei der Punktwert in der Abschlußklausur. Er stellt das Datum dar, auf das sich die statistische Auswertung stützt.
Wenn man in dem Experiment ähnliche Verhältnisse hätte wie in manchen Bereichen der Naturwissenschaft, müßten alle Versuchspersonen innerhalb einer Gruppe den gleichen Punktwert in der Klausur erzielen. Da man aber in jeder Gruppe intelligente und weniger intelligente, fleißige und weniger fleißige, interessierte und weniger interessierte, erfahrene und weniger erfahrene Studenten haben wird, ist mit einer gewissen Streuung der Punktwerte zu rechnen. Diese Streuung kann in manchen Fällen so groß werden, daß der experimentelle Effekt darin untergeht. Nehmen wir einmal an, die Meßwerte innerhalb der beiden Gruppen verteilten sich wie in Abbildung 22 dargestellt.
Die Meßwerte der jeweils dreißig Studenten verteilen sich in jeder Gruppe in etwa normal. Durch bloßen Augenschein könnte man

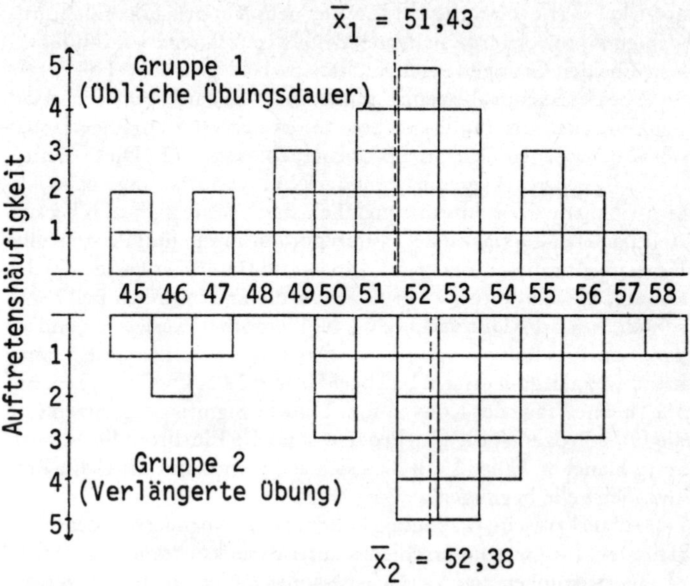

Abbildung 22: Graphische Darstellung der Ergebnisse zweier Versuchsgruppen in der Abschlußklausur. Die Abszisse enthält die erzielten Punktwerte; die Ordinate zeigt nach oben die Auftretenshäufigkeiten für die jeweiligen Punktwerte für Gruppe 1 und nach unten die Häufigkeiten für Gruppe 2 an.

aber nicht abschätzen, ob die Versuchspersonen der Gruppe 2 wesentlich bessere Klausurleistungen erzielt haben. Der durchschnittlich erreichte Punktwert liegt zwar etwas über dem in der Gruppe 1, doch wer wollte ohne nähere Untersuchung entscheiden, ob die Mittelwertdifferenz wirklich auf die experimentelle Bedingung »Übungsdauer« zurückzuführen ist oder nur zufällig zustande kam. Die Statistik gibt dem Untersucher nun Analysemethoden an die Hand, die es erlauben, Ergebnisse wie das geschilderte zufallskritisch abzuwägen. Mit Hilfe statistischer Prüfverfahren kann man berechnen, wie wahrscheinlich ein Ergebnis wie dieses unter der Voraussetzung wäre, daß die bestehenden Unterschiede nur auf Zufälligkeiten und nicht auf den experimentellen Einflußfaktor zurückzuführen sind. Der statistischen Prüfung der Daten liegt eine sogenannte Nullhypothese zugrunde. Sie lautet: Die unterschiedlichen Modalitäten der experimentellen Bedingungen haben sich nicht ausgewirkt. Wenn man die beiden Versuchsgruppen unendlich groß wählen könnte, würde sich eine Mittelwertdifferenz von Null zwischen beiden Gruppen ergeben. Statistisch ausgedrückt: Die Ergebnisse beider Stichproben entstammen der gleichen Population. Auch bei Gültigkeit der Nullhypothese treten nun aber zufällige Unterschiede zwischen den Stichprobenergebnissen auf. Diese Unterschiede werden als vereinbar mit der Nullhypothese angesehen, sofern sie nicht allzu unwahrscheinlich sind. Wenn sich nun herausstellt, daß bei Gültigkeit der Nullhypothese nur in fünf Prozent aller Experimente dieser Art eine Mittelwertdifferenz erwartet werden könnte, die mindestens so groß ist wie die im konkreten Fall beobachtete, wird der Untersucher die Nullhypothese verwerfen und sagen, sein Ergebnis sei *signifikant.* Das von ihm festgesetzte Signifikanzniveau liegt in diesem Fall bei 5% oder 0.05. Die Festlegung auf 5% ist eine Frage der Konvention. Übliche Signifikanzgrenzen sind die Fünf-Prozent-, die Ein-Prozent- und die Ein-Promille-Schwelle. In manchen Fällen kann man sich auch schon mit der Zehn-Prozent-Schwelle begnügen.

Die zufallskritische Abwägung läuft auf eine Normierung des beobachteten Mittelwertunterschiedes unter Berücksichtigung der Stichprobenstreuungen und Versuchspersonenzahlen hinaus. Zu zeigen, wie man die statistische Prüfung rechnerisch durchführt, ist nicht Gegenstand dieser Ausführungen (vgl. hierzu zum Beispiel Clauss und Ebner 1968, S. 184ff.). Nur das Ergebnis sei mitgeteilt: Würde man 100 Experimente mit *nicht* unterschiedlicher Übungsdauer durchführen, so könnte man damit rechnen, daß die Versuchspersonen der Gruppe 2 in 12.8 Prozent aller Fälle eine um mindestens 0.95 Punkte bessere Klausurleistung erzielen würden. Die übliche Signifikanzgrenze von 5% angenommen, muß der beobachtete Mittelwertunterschied als nicht signifikant bezeichnet werden.

Anhang (Normalverteilungstafel)

Flächen (Wahrscheinlichkeiten p) unter der Normalkurve für $0 \leqq z \leqq 4.5$

z	p	z	p	z	p	z	p	z	p	z	p
.00	.500	.55	.709	1.10	.864	1.65	.9505	2.20	.9861	2.75	.99702
.01	.504	.56	.712	1.11	.867	1.66	.9515	2.21	.9864	2.76	.99711
.02	.508	.57	.716	1.12	.869	1.67	.9525	2.22	.9868	2.77	.99720
.03	.512	.58	.719	1.13	.871	1.68	.9535	2.23	.9871	2.78	.99728
.04	.516	.59	.722	1.14	.873	1.69	.9545	2.24	.9875	2.79	.99737
.05	.520	.60	.726	1.15	.875	1.70	.9554	2.25	.9878	2.80	.99745
.06	.524	.61	.729	1.16	.877	1.71	.9564	2.26	.9881	2.81	.99752
.07	.528	.62	.732	1.17	.879	1.72	.9573	2.27	.9884	2.82	.99760
.08	.532	.63	.736	1.18	.881	1.73	.9582	2.28	.9887	2.83	.99767
.09	.536	.64	.739	1.19	.883	1.74	.9591	2.29	.9890	2.84	.99774
.10	.540	.65	.742	1.20	.885	1.75	.9600	2.30	.9893	2.85	.99781
.11	.544	.66	.745	1.21	.887	1.76	.9608	2.31	.9896	2.86	.99788
.12	.548	.67	.749	1.22	.889	1.77	.9616	2.32	.9898	2.87	.99795
.13	.552	.68	.752	1.23	.891	1.78	.9625	2.33	.9901	2.88	.99801
.14	.556	.69	.755	1.24	.893	1.79	.9633	2.34	.9904	2.89	.99807
.15	.560	.70	.758	1.25	.894	1.80	.9641	2.35	.9906	2.90	.99813
.16	.564	.71	.761	1.26	.896	1.81	.9649	2.36	.9909	2.91	.99819
.17	.567	.72	.764	1.27	.898	1.82	.9656	2.37	.9911	2.92	.99825
.18	.571	.73	.767	1.28	.900	1.83	.9664	2.38	.9913	2.93	.99831
.19	.575	.74	.770	1.29	.901	1.84	.9671	2.39	.9916	2.94	.99836
.20	.579	.75	.773	1.30	.903	1.85	.9678	2.40	.9918	2.95	.99841
.21	.583	.76	.776	1.31	.905	1.86	.9686	2.41	.9920	2.96	.99846
.22	.587	.77	.779	1.32	.907	1.87	.9693	2.42	.9922	2.97	.99851
.23	.591	.78	.782	1.33	.908	1.88	.9699	2.43	.9925	2.98	.99856
.24	.595	.79	.785	1.34	.910	1.89	.9706	2.44	.9927	2.99	.99861
.25	.599	.80	.788	1.35	.911	1.90	.9713	2.45	.9929	3.00	.99865
.26	.603	.81	.791	1.36	.913	1.91	.9719	2.46	.9931	3.01	.99869
.27	.606	.82	.794	1.37	.915	1.92	.9726	2.47	.9932	3.02	.99874
.28	.610	.83	.797	1.38	.916	1.93	.9732	2.48	.9934	3.03	.99878
.29	.614	.84	.800	1.39	.918	1.94	.9738	2.49	.9936	3.04	.99882
.30	.618	.85	.802	1.40	.919	1.95	.9744	2.50	.9938	3.05	.99886
.31	.622	.86	.805	1.41	.921	1.96	.9750	2.51	.9940	3.06	.99889
.32	.626	.87	.808	1.42	.922	1.97	.9756	2.52	.9941	3.07	.99893
.33	.629	.88	.811	1.43	.924	1.98	.9761	2.53	.9943	3.08	.99896
.34	.633	.89	.813	1.44	.925	1.99	.9767	2.54	.9945	3.09	.99900
.35	.637	.90	.816	1.45	.926	2.00	.9772	2.55	.9946	3.10	.99903
.36	.641	.91	.819	1.46	.928	2.01	.9778	2.56	.9948	3.11	.99906
.37	.644	.92	.821	1.47	.929	2.02	.9783	2.57	.9949	3.12	.99910
.38	.648	.93	.824	1.48	.931	2.03	.9788	2.58	.9951	3.13	.99913
.39	.652	.94	.826	1.49	.932	2.04	.9793	2.59	.9952	3.14	.99916
.40	.655	.95	.829	1.50	.933	2.05	.9798	2.60	.9953	3.15	.99918
.41	.659	.96	.831	1.51	.934	2.06	.9803	2.61	.9955	3.16	.99921
.42	.663	.97	.834	1.52	.936	2.07	.9808	2.62	.9956	3.17	.99924
.43	.666	.98	.836	1.53	.937	2.08	.9812	2.63	.9957	3.18	.99926
.44	.670	.99	.839	1.54	.938	2.09	.9817	2.64	.9959	3.19	.99929
.45	.674	1.00	.841	1.55	.939	2.10	.9821	2.65	.9960	3.20	.99931
.46	.677	1.01	.844	1.56	.941	2.11	.9826	2.66	.9961	3.30	.99952
.47	.681	1.02	.846	1.57	.942	2.12	.9830	2.67	.9962	3.40	.99966
.48	.684	1.03	.848	1.58	.943	2.13	.9834	2.68	.9963	3.50	.99977
.49	.688	1.04	.851	1.59	.944	2.14	.9838	2.69	.9964	3.60	.99984
.50	.691	1.05	.853	1.60	.945	2.15	.9842	2.70	.9965	3.70	.99989
.51	.695	1.06	.855	1.61	.946	2.16	.9846	2.71	.9966	3.80	.99993
.52	.698	1.07	.858	1.62	.947	2.17	.9850	2.72	.9967	3.90	.99995
.53	.702	1.08	.860	1.63	.948	2.18	.9854	2.73	.9968	4.00	.99997
.54	.705	1.09	.862	1.64	.949	2.19	.9857	2.74	.9969	4.50	.999997

Beispiele:

Gesucht ist die Fläche links von dem Wert $z = 1.96$. Lies ab: $p = 0.9750$.

Gesucht ist der z-Wert für die Wahrscheinlichkeit $p = 0.691$. Lies ab: $z = 0.50$.

Gesucht ist der z-Wert für $p = 0.221$. Bilde die Differenz $p' = 1.0 - 0.221 = 0.779$. Lies ab: $z' = 0.77$. Verändere das Vorzeichen von z': $z = -0.77$.

Gesucht ist die Fläche zwischen $z_1 = 1.28$ und $z_2 = 0.77$. Lies ab: $p_1 = 0.900$; $p_2 = 0.779$. Die Flächendifferenz beträgt $p_1 - p_2 = 0.121$.

Die Tabellenwerte entsprechen den schraffierten Flächenanteilen unter der Normalkurve.

Flächenanteile für negative z-Werte ergeben sich dadurch, daß man den p-Wert für den positiven z-Wert aufsucht und ihn von 1.0 abzieht.

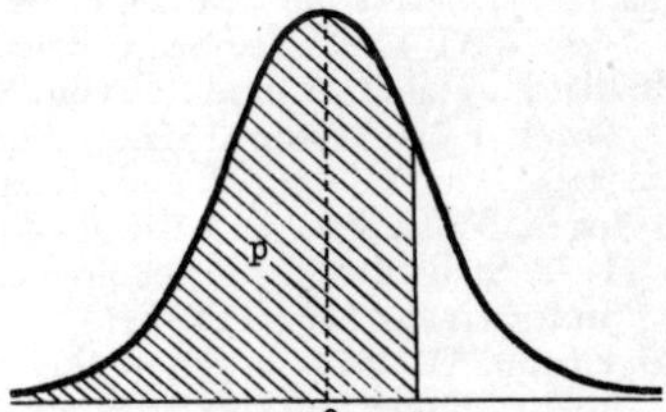

Literatur- und Namenverzeichnis

Anmerkung: Nach jeder Literaturangabe sind in Klammern die Seitenzahlen vermerkt, auf denen die Literaturstelle im Text behandelt wird.

Allport, G. W. 1935. Attitudes. In: Murchinson, C. (Ed.) Handbook of Social Psychology. Worcester, Mass.: Clark Univ. Press. 798–884 (96)

Amthauer, R. 1955. Intelligenz-Struktur-Test (IST). Göttingen: Hogrefe (19)

Anderberg, M. R. 1973. Cluster Analysis for Applications. New York: Academic Press (44)

Andrews, F. M. und Pelz, D. C. 1973. Ford's procedure for combining multiple sets to partially ordered data. Educational and Psychological Measurement 33, 43–52 (124)

Anger, H., Mertendorf, F., Wegner, R. und Wülfing, G. 1971. Wort-Bild-Test WBT 10+. Weinheim: Beltz (67)

Badia, P., Haber, A. und Runyon, R. P. (Eds.) 1970. Research Problems in Psychology. Reading, Mass.: Addison-Wesley (176)

Bartel, H. mit Glaser, W. und Metzger, H.-D. 1971. Statistik I für Psychologen, Pädagogen und Sozialwissenschaftler. Stuttgart: Fischer (UTB); 1972. Statistik II für Psychologen, Pädagogen und Sozialwissenschaftler. Stuttgart: Fischer (UTB) (16)

Baumann, U. 1971. Psychologische Texonometrie. Eine Methodenstudie über Ähnlichkeitskoeffizienten, Q-Clusteranalyse und Q-Faktorenanalyse. Bern usw.: Huber (44)

Belser, H. 1967. Testentwicklung. Weinheim: Beltz (23 f.)

Bernstein, A. L. 1964. A Handbook of Statistics Solutions for the Behavioral Sciences. New York: Holt, Reinhart und Winston (16)

Bijnen, E. J. 1973. Cluster Analysis. Survey and Evaluation of Techniques. Tilburg: Univ. Press (44)

Bonjean, C. M., Hill, R. J. und McLemore, S. D. 1967. Sociological Measurement. An Inventory of Scales and Indices. San Francisco: Chandler Publishing Company (96)

Brandstätter, H. 1970. Die Beurteilung von Mitarbeitern. In: Mayer, A. und Herwig, B. (Eds.) Handbuch der Psychologie. Band 9: Betriebspsychologie. Göttingen: Hogrefe. 668–734 (148, 154, 159)

Bredenkamp, J. 1969. Experiment und Feldexperiment. In: Graumann, C. F. (Ed.) Handbuch der Psychologie. Band 7 – 1. Halbband: Theorien und Methoden. Göttingen: Hogrefe. 332–374 (173)

Brickenkamp, R. 1962. Test d 2. Aufmerksamkeits-Belastungstest. Göttingen: Hogrefe (20)

Bruning, J. L. und Kintz, B. L. 1968. Computational Handbook of Statistics. Glenview, Ill.: Scott, Foresman und Comp. (16)

Bühler, Charlotte und Hetzer, Hildegard 1932. Kleinkindertests. Entwicklungstests vom 1. bis 6. Lebensjahr. Leipzig (19)

Cattell, R. B. 1944. Psychological measurement; normative, ipsative, interactive. Psychological Review 51, 292–303 (151)

–, 1957. Personality and Motivation Structure and Measurement. New York: Harcourt, Brace and World (11)

Child, D. 1970. The Essentials of Factor Analysis. London usw.: Holt, Rinehart und Winston (46)

Clauss, G. 1968. Zur Standardisierung psychodiagnostischer Verfahren. Probleme und Ergebnisse der Psychologie 26, 7–31 (70, 83)

–, 1968a. Zur Methodik von Schätzskalen in der empirischen Forschung. Probleme und Ergebnisse der Psychologie 26, 7–53 (117, 120)

–, und Ebner, H. 1971. Grundlagen der Statistik für Psychologen, Pädagogen und Soziologen. Berlin-Ost: Volk und Wissen Volkseigener Verlag (16, 182)

Cohen, R. 1969. Systematische Tendenzen bei Persönlichkeitsbeurteilungen. Bern: Huber (110, 154)

Comrey, A. L. 1973. A First Course in Factor Analysis. New York: Academic Press (46)

Cooley, W. W. und Lohnes, P. R. 1971. Multivariate Data Analysis. New York: Wiley (166)

Cronbach, L. J. 1951. Coefficient alpha and the internal structure of tests. Psychometrika 16, 297–334 (82)

–, und Gleser, G. C. 1957. Psychological Tests and Personnel Decisions. Urbana, Ill.: Univ. of Illinois Press (71)

–, und Meehl, P. E. 1955. Construct validity in psychological tests. Psychological Bulletin 52, 281–302 (88)

D'Agostino, R. B. 1970. Simple compact portable test of normality: Geary's test revisited. Psychological Bulletin 74, 138–140 (69)

Dawes, R. M. 1972. Fundamentals of Attitude Measurement. New York: Wiley (97)

DeFleur, M. L. und Westie, F. R. 1963. Attitude as a scientific concept. Social Forces 42, 17–31 (96)

Dieterich, R. 1972. Einführung in die methodischen Grundlagen der Pädagogischen Psychologie. München: Reinhardt (8)

–, 1973. Psychodiagnostik. Grundlagen und Probleme. Stuttgart: Reinhardt (UTB) (24)

Dorsch, F. 1963. Psychologisches Wörterbuch. Hamburg/Bern: Meiner/Huber (18)

Edwards, A. L. 1956. Techniques of Attitude Scale Construction. New York: Appleton-Century-Crofts, Inc. (97, 134)

–, 1970. The Measurement of Personality Traits by Scales and Inventories. New York: Holt, Rinehart und Winston (159)

Ertel, S. 1965. Standardisierung eines Eindrucksdifferentials. Zeitschrift für experimentelle und angewandte Psychologie 12, 22–58 (122)

–, 1965a. Weitere Untersuchungen zur Standardisierung eines Eindrucksdifferentials. Zeitschrift für experimentelle und angewandte Psychologie 12, 177–208 (122)

Fischer, G. H. (Ed.) 1968. Psychologische Testtheorie. Bern usw.: Huber (24)

Franke, J. 1960. Methodisches zur Schulung der Menschenkenntnis. Psychologie und Praxis 4, 49–65 (160)

–, und Frech, H. 1968. Die Mitarbeiterbeurteilung. Wiesbaden: Gabler (114, 147f., 154, 160)

Friedman, N. 1967. The Social Nature of Psychological Research. The Psychological Experiment as a Social Interaction. New York: Basic Books (176)

Friedrichs, J. 1973. Methoden der empirischen Sozialforschung. Reinbek: Rororo Studium Bd. 28 (7)

Fröhlich, W. D. und Becker, J. 1971. Forschungsstatistik. Bonn: Bouvier (16)

Fuchs, Al. und Schäfer, B. 1972. Kriterien und Techniken der Merkmals-

selektion bei der Konstruktion eines Eindrucksdifferentials. Archiv für Psychologie 124, 282–302 (122)
Gaensslen, H. und Schubö, W. 1973. Einfache und komplexe statistische Analyse. Stuttgart: Reinhardt (UTB) (166)
Geary, R. C. 1935. Moments of the ratio of the mean deviation to standard deviation for normal samples. Biometrika 27, 310–332
Goodenough, Florence L. 1926. Measurement of Intelligence by Drawings. New York: Yonkers on Hudson (22)
Gordon, L. und Hofmann, R. 1968. The forced choice test as a structured Q-sort. Educational and Psychological Measurement 28, 1103–1110 (152)
Greenwald, H. J. und O'Connell, S. M. 1970. Comparison of dichotomous and Likert formats. Psychological Reports 27, 481–482 (117)
Guilford, J. P. 1928. The method of paired comparisons as a psychometric method. Psychological Review 35, 494–506 (134, 141)
–, 1954. Psychometric Methods. New York: McGraw-Hill (77, 134, 143)
–, und Fruchter, B. 1973. Fundamental Statistics in Psychology and Education. New York: McGraw-Hill (16)
Gulliksen, H. und Tucker, L. R. 1961. A general procedure for obtaining paired comparisons from multiple rank orders. Psychometrika 26, 173–183 (145)
Gutjahr, W. 1971. Die Messung psychischer Eigenschaften. Berlin: VEB Deutscher Verlag der Wissenschaften (24)
Harder, T. 1974. Werkzeug der Sozialforschung. Stuttgart: Fink (UTB) (7)
Hartmann, H. 1970. Psychologische Diagnostik. Stuttgart: Kohlhammer (Urban-TB 135) (112)
Hathaway, S. R. und McKinley, J. C. 1951. Minnesota Multiphasic Personality Inventory. New York (21)
Hays, W. A. 1963. Statistics. New York: Holt, Rinehart und Winston (77)
Heckhausen, H. 1969. Allgemeine Psychologie in Experimenten. Göttingen: Hogrefe (166)
Heiss, R. (Ed.) 1964. Handbuch der Psychologie. Band 6: Psychologische Diagnostik. Göttingen: Hogrefe (18, 23)
–, und Hiltmann, H. 1951. Der Farbpyramidentest nach Max Pfister. Eine Gemeinschaftsarbeit aus dem Institut für Psychologie und Charakterologie an der Universität Freiburg i. Br. Bern: Huber (23)
Herrmann, Th. 1973. Persönlichkeitsmerkmale. Bestimmung und Verwendung in der psychologischen Wissenschaft. Stuttgart: Kohlhammer (90)
Hiltmann, Hildegard 1960. Kompendium der psychodiagnostischen Tests. Bern. Huber (18)
Hörmann, H. 1964. Theoretische Grundlagen der projektiven Tests. In: Heiss 1964, 71–112 (22, 161)
Hofstätter, P. R. 1955. Über Ähnlichkeit. Psyche 9, 54–80 (122)
–, 1957. Psychologie. Frankfurt: Fischer-Lexikon (121)
–, 1957a. Gruppendynamik. Reinbek: Rororo-Enzyklopädie (121)
–, und Wendt, D. 1974. Quantitative Methoden der Psychologie. Bd. 1: Deskriptive, Inferenz- und Korrelationsstatistik. 4. Aufl. Frankfurt: Barth (16)
Holzkamp, K. 1964. Theorie und Experiment in der Psychologie. Berlin: DeGruyter (9)
–, 1968. Wissenschaft als Handlung. Berlin: DeGruyter (9)
Horn, W. 1962. Leistungsprüfsystem (L-P-S). Göttingen: Hogrefe (19)
Horst, P. 1971. Messung und Vorhersage. Weinheim: Beltz (24)
–, 1949. A generalized expression for the reliability of measures. Psychometrika 14, 21–35 (78)

Irle, M. 1955. Berufsinteressentest (BIT). Göttingen: Hogrefe (19)
Jäger, A. O. 1970. Personalauslese. In: Mayer, A. und Herwig, B. (Eds.) Handbuch der Psychologie. Band 9: Betriebspsychologie. Göttingen: Hogrefe. 613–667 (110)
Jourard, S. M. 1971. Self-Disclosure. An Experimental Analysis of the Transparent Self. New York: Wiley (159)
Kerlinger, F. N. 1964. Foundations of Behavioral Research. New York: Holt, Rinehart und Winston (151)
Klauer, K. J. 1973. Das Experiment in der pädagogischen Forschung. Düsseldorf: Schwann (173)
Kleber, E. W. 1973. Grundlagen sonderpädagogischer Diagnostik. Berlin: Marhold (24)
König, R. (Ed.) 1973 ff. Handbuch der empirischen Sozialforschung. 3. Auflage in vier Bänden. Stuttgart: Enke (7)
Komorita, S. S. und Graham, W. K. 1965. Number of scale points and the reliability of scales. Educational and Psychological Measurement 25, 987–995 (117)
Krasemann, Ilse 1966. Skalierungsverfahren. In: Stoljarow, V. (Ed.) Zur Technik und Methodologie einiger quantifizierender Methoden der soziologischen Forschung. Berlin-Ost: Dietz-Verlag, 221–376 (103, 106)
Kriz, J. 1973. Statistik in den Sozialwissenschaften. Reinbek: Rororo-Studium (16)
Krüger, H. und Zietz, K. 1933. Das Verifikationsproblem. Zeitschrift für angewandte Psychologie 45, 140–171 (112)
Laucken, U. 1974. Naive Verhaltenstheorie. Stuttgart: Klett (160)
–, und Schick, A. 1971. Einführung in das Studium der Psychologie. Stuttgart: Klett (9)
Lazarsfeld, P. F. und Menzel, H. 1961. On the relation between individual and collective properties. In: Etzioni, A. Complex Organizations. New York: Holt, Rinehart und Winston (11)
–, und Rosenberg, M. (Eds.) 1955. The Language of Social Research. Glencoe: Free Press (11)
Lienert, G. A. 1973. Testaufbau und Testanalyse. Weinheim: Beltz (24, 53, 55, 60, 84)
–, 1973a. Verteilungsfreie Methoden der Biostatistik. Band 1. Meisenheim: A. Hain (37)
–, und Orlik, P. 1968. Prinzipien und Rechentechniken der Faktorenanalyse. Probleme und Ergebnisse der Psychologie 25, 11–62 (46)
Likert, R. 1932. A technique for the measurement of attitudes. Archives of Psychology 140. 5–53 (97)
Lord, F. und Novick, M. R. 1968. Statistical Theories of Mental Test Scores. Reading, Mass.: Addison-Wesley Publ. Comp. (24, 31)
Magnusson, D. 1969. Testtheorie Wien: Deuticke (24)
Martin, J. D. und Dodd, S. C. 1973. Techniques for obtaining rank orderings. Sociological Methods und Research 1, 317–327 (123)
Matell, M. S. und Jacoby, J. 1971. Is there an optimal number of alternatives for Likert scale items? Study I: Reliability and validity. Educational and Psychological Measurement 31, 657–674 (117)
Miller, G. A. 1956. The magical number seven, plus or minus two: Some limits on our capacity for processing information. Psychological Review 63, 81–97 (109)
Michel, L. und Mai, N. 1968. Entscheidungstheorie und Probleme der Diagnostik bei Cronbach und Gleser. Diagnostika 14, 99–120 (91)
Mischel, W. 1968. Personality and Assessment. New York: Wiley (90)

Mittenecker, E. 1958. Planung und statistische Auswertung von Experimenten. Wien: Deuticke (16)
Nelson, E. 1939. Attitudes. Journal of General Psychology 21, 367–436 (96)
Nunnally, J. C. 1967. Psychometric Theory. New York: McGraw-Hill (18)
O'Connor, J. O. 1920. Finger Dexerity Test (19)
Oppholzer, S. (Ed.) 1969. Denkformen und Forschungsmethoden der Erziehungswissenschaft. Bd. 2: Empirische Forschungsmethoden. München: Ehrenwirth (8)
Osgood, Ch. 1952. The nature and measurement of meaning. Psychological Bulletin 49, 197–237 (120)
Overall, J. E. und Klett, C. J. 1972. Applied multivariate Analysis. New York: McGraw-Hill (166)
Raven, J. C. 1938. Standard Progressive Matrices, Sets A, B, C, D, and E. London: Lewis (19)
Robinson, J. P., Athanasiou, R. und Head, Kendra B. 1969. Measures of Occupational Attitudes and Occupational Characteristics. Ann Arbor: ISR Institute for Social Research, Univ. of Michigan (96)
–, Rusk, J. G. und Head, K. B. 1969. Measures of Political Attitudes. Ann Arbor: ISR Institute for Social Research, Univ. of Michigan (96)
–, und Shaver, Ph. R. 1970. Measures of Social Psychological Attitudes. Ann Arbor: ISR Institute for Social Research, Univ. of Michigan (96, 98)
Rosenthal, R. 1966. Experimenter Effect in Behavioral Research. New York: Appleton Century Croft (176)
–, und Rosnow, R. L. (Eds.) 1969. Artifact in Behavioral Research. New York: Academic Press (176)
Roth, E. 1969. Persönlichkeitspsychologie. Stuttgart: Urban TB 115 (97)
Rütter, Th. 1973. Formen der Testaufgabe. München: Beck (18, 24)
Rummel, R. J. 1970. Applied Factor Analysis. Evanston: Northwestern Univ. Press (46)
Sachs, L. 1970. Statistische Methoden. Ein Soforthelfer. Berlin usw.: Springer (16)
Sahner, H. 1971. Schließende Statistik. Stuttgart: Teubner Studienskripten (16)
Schmidt, H. D. 1966. Über die Zuverlässigkeit von Verhaltensbeurteilungen durch Rating-Skalen. Archiv für die gesamte Psychologie 118, 47–72 (118)
Schneewind, K. A. 1969. Methodisches Denken in der Psychologie. Bern: Huber (9)
Schönpflug, W. 1972. Ein Problem bei der Arbeit mit Kategorienskalen: Welchen Einfluß hat die Zahl der Skalenkategorien? Zeitschrift für experimentelle und angewandte Psychologie 19, 141–171 (117, 148)
Schuler, H. 1972. Das Bild vom Mitarbeiter. München: Goldmann (111)
Schulz, W. 1970. Kausalität und Experiment in den Sozialwissenschaften. Methodologie und Forschungstechnik. Mainz: Hase und Koehler (173).
Schwarz, E. 1970. Experimentelle und quasiexperimentelle Anordnungen in der Unterrichtsforschung. In: Ingenkamp, K. (Ed.) Handbuch der Unterrichtsforschung Teil I: Theoretische und methodologische Grundlegung. Weinheim: Beltz, Sp. 445–632 (173)
Secord, P. F. und Backman, C. W. 1964. Social Psychology. New York: McGraw-Hill (96)
Seelig, G. F. 1973. Praxis empirischer Untersuchungen. Braunschweig: Westermann-TB (173)
Seiler, L. H. und Hough, R. L. 1970. Empirical comparison of the Thurstone and Likert techniques. In: Summers 1970, 159–173 (106)

Selg, H. und Bauer, W. 1971. Forschungsmethoden der Psychologie. Stuttgart: Urban TB 121 (8, 55, 165)
Selltiz, Claire, Jahoda, Marie, Deutsch, M. und Cook, S. W. 1972. Untersuchungsmethoden der Sozialforschung (2 Bände). Neuwied: Luchterhand (7)
Shaw, M. E. und Wright, J. M. 1967. Scales for the Measurement of Attitudes. New York: McGraw-Hill (96)
Sieber, G. 1971. Achtung Test. Reinbek: Rororo 6683 (23)
Silverstein, A. B. 1970. Reliability of a composite in the case of ranked data. Psychological Reports 26, 67–69 (125)
Sixtl, F. 1967. Meßmethoden der Psychologie. Weinheim: Beltz (17f., 104, 134, 138, 145)
Snider, J. G. und Osgood, Ch. E. 1969. Semantic Differential Technique. A Sourcebook. Chicago: Aldine Publ. Comp. (122)
Spiegel, B. 1958. Werbepsychologische Untersuchungsmethoden. Berlin: Duncker und Humblot (175)
Spreen, O. 1963. MMPI-Saarbrücken. Bern: Huber (21)
Staabs, Gerhild v. 1951. Der Scenotest. Stuttgart (23)
Stegmüller, W. 1969. Probleme und Resultate der Wissenschaftstheorie und Analytischen Philosophie. Band I: Wissenschaftliche Erklärung und Begründung. Heidelberg: Springer (9)
–, 1970. Probleme und Resultate der Wissenschaftstheorie und Analytischen Philosophie. Band II: Theorie und Erfahrung. Heidelberg: Springer (9)
–, 1973. Probleme und Resultate der Wissenschaftstheorie und Analytischen Philosophie. Band IV: Personelle und Statistische Wahrscheinlichkeit. Heidelberg: Springer (9)
Summers, G. F. (Ed.) 1970. Attitude Measurement. Chicago: Rand McNally und Comp. (15, 97)
Szondi, L. 1947. Experimentelle Triebdiagnostik. Bern: Huber (23)
Tent, L. 1970. Schätzverfahren in der Unterrichtsforschung. In: Ingenkamp, K. H. (Ed.) Handbuch der Unterrichtsforschung Teil I: Theoretische und methodologische Grundlegung. Weinheim: Beltz, Sp. 853–1000 (117)
Thurstone, L. L. und Chave, E. J. 1929. The Measurement of Attitude. Chicago: Univ. Chicago Press (98)
Todt, E. 1967. Differentieller Interessentest (DIT). Bern: Huber (20)
Traxel, W. 1974. Grundlagen und Methoden der Psychologie. Bern: Huber (9)
Überla, K. 1968. Faktorenanalyse. Heidelberg: Springer (46)
Van de Geer, J. P. 1971. Introduction to Multivariate Analysis for the Social Sciences. San Francisco: Freeman and Company (166)
Wechsler, D. 1944. The Measurement of Adult Intelligence. Baltimore (19)
Wehrle-Eggers 1968. Deutscher Wortschatz (2 Bände). Frankfurt: Fischer-Bücherei (17)
Witte, W. 1966. Das Problem der Bezugssysteme. In: Metzger, W. (Ed.) Handbuch der Psychologie. 1. Band: Allgemeine Psychologie. I. Der Aufbau des Erkennens. 1. Halbband: Wahrnehmung und Bewußtsein. Göttingen: Hogrefe, 1003–1027 (157)
Wolf, R. 1967. Evaluation of several formulae for correction of item-total correlations in item analysis. Journal of Educational Measurement 4, 21–26 (48)
Wormser, R. 1974. Experimentelle Psychologie. München: Reinhardt (UTB) (166)
Zimmermann, E. 1972. Das Experiment in den Sozialwissenschaften. Stuttgart: Teubner Studienskripten (173, 175)

Sachverzeichnis